VALTION RYPÄLEET

MIKKO ALKIO & PETRI KUOPPAMÄKI

VALTION RYPÄLEET

2., uudistamaton painos
© 2025 Mikko Alkio ja Petri Kuoppamäki

Kansi: Susanna Zographos
Taitto: Anni Savolainen

Kustantaja: BoD · Books on Demand, Mannerheimintie 12 B, 00100 Helsinki, bod@bod.fi
Kirjapaino: Libri Plureos GmbH, Friedensallee 273, 22763 Hampuri, Saksa
ISBN: 978-952-80-9621-4

ESIPUHE

Tämä kirja on keskustelunavaus. Se on erityisesti kutsu ajatella tarkemmin yhtä Suomen kiistellyimmistä ja institutionaalisesti vakiintuneimmista sääntelyjärjestelmistä – valtion alkoholimonopolia. Samalla se on laaja-alainen katsaus Suomen alkoholipolitiikkaan, erityisesti viinin sääntelyyn ja sen historialliseen, oikeudelliseen sekä yhteiskunnalliseen kehykseen.

Kirjan tarkoituksena on tarjota välineitä ymmärtää nykytilaa ja sen vaihtoehtoja. Teos alkaa historiallisella katsauksella viinin ja alkoholin asemaan kulttuurissa, uskonnossa ja yhteiskunnassa – matkasta Dionysoksen hurmoksesta suomalaiseen sääntelyperinteeseen. Tämän jälkeen siirrymme analysoimaan Suomen alkoholilainsäädäntöä, sen keskeisiä tavoitteita ja keinoja, mukaan lukien alkoholiverotus, vähittäismyynnin sääntely ja Alkon erityisasema.

Kirjan keskiosassa tarkastelemme laaja-alaisesti EU:n sisämarkkinoiden ja kilpailuoikeuden asettamia reunaehtoja suomalaiselle alkoholimonopolille. Erityistä huomiota saavat muun muassa EU-tuomioistuimen oikeuskäytäntö, valtiollisten monopolien syrjimättömyysperiaatteet sekä kilpailulainsäädännön soveltaminen Alkon asemaan ja tukkumyyntimarkkinoihin.

Kirjan loppuluvuissa tarkastelemme vertailun vuoksi valikoituja eurooppalaisia ja pohjoisamerikkalaisia sääntelymalleja. Ruotsi, Norja, Tanska, Yhdysvaltojen osavaltiot ja Kanadan provinssit ovat kukin ratkaisseet viinien vähittäismyyntiin liittyvät kysymykset eri tavoin – ratkaisumallit tarjoavat tärkeitä viitepisteitä myös Suomen uudistuskeskusteluun.

Viimeisessä, yhdeksännessä luvussa esitämme kokoavan analyysin ja ehdotuksen Suomen alkoholijärjestelmän uudistamiseksi. Luvussa hahmottelemme periaatteet ja konkreettisen mallin, jossa viinien vähittäismyynti vapautettaisiin. Mallissa huomioi-

V

daan niin kansanterveyden, sääntelyn toimivuuden kuin kilpailun ja kuluttajavalinnan näkökulmat. Tavoitteena on ratkaisu, joka ei luovu vastuullisuudesta, mutta joka tunnistaa yhteiskunnan ja markkinoiden muutoksen – ja antaa tilaa sivistyneelle viinikulttuurille kehittyä myös Suomessa.

Kirjan ovat kirjoittaneet **Mikko Alkio** ja **Petri Kuoppamäki**. Mikko on asianajaja, joka työskentelee kilpailu- ja EU-oikeuteen erikoistuneessa Geradin Partners -asianajotoimistossa, jossa hän avustaa suomalaisia ja kansainvälisiä asiakkaita erityisesti sääntelyyn, kilpailuun ja teknologiaan liittyvissä kysymyksissä. Lisäksi Mikko on viiniyrittäjä, ja hän on oman viininvalmistustoimintansa myötä perehtynyt viinin myynnin sääntelyyn. Petri on oikeustieteen tohtori ja toimii professorina Aalto-yliopiston kauppakorkeakoulussa. Hänellä on pitkä kokemus EU- ja kilpailuoikeudesta.

Kirjan kirjoitustyössä meitä on tukenut joukko lahjakkaita nuoria juristeja ja harjoittelijoita, joiden työpanos on ollut korvaamaton. **Annagreta Sirén** (OTM, VT) ja **Rikhard Halmesmäki** (OTM) ovat vastanneet erityisesti Suomen alkoholilainsäädäntöön ja sisämarkkinaoikeudellisiin kysymyksiin liittyvän aineiston keräämisestä. **Ahti Alkio** (oik. yo.) on laatinut katsaukset eurooppalaisiin ja pohjoisamerikkalaisiin järjestelmiin. **Joose Luoma** (oik. yo., valtiot. yo.) on osallistunut laajasti kirjan loppuvaiheen työskentelyyn, erityisesti kilpailu- ja EU-oikeudellisen analyysin viimeistelyyn yhdessä Ahdin ja **Elvi Heikkisen** (oik. yo.) kanssa. Elvillä on lisäksi vahva kokemus kustannustoimittamisesta, ja hän on auttanut meitä huomattavasti kirjoitusasun hiomisessa.

Kaikesta kirjassa esitetystä sisällöstä, näkemyksistä ja mahdollisista virheistä vastaamme kuitenkin yksin me kirjoittajat.

Tämä on kirjan **ensimmäinen painos**. Se julkaistaan huhtikuun 2025 aikana, jolloin viinien vähittäismyynti ja Alkon monopoli ovat ajankohtaisen uudistamistyön kohteena. Hallitus on nimittänyt selvitysmiehen ja linjauksia odotetaan kevään ja alkukesän aikana. Meillä ei ole ennakkotietoja siitä, mitä hallitus tai selvitysmies aikovat esittää – mutta näemme, että laaja-alainen tausta-analyysi on juuri nyt tarpeellinen.

Aikomuksemme on julkaista **syksyllä 2025 toinen, päivitetty painos**, jossa otetaan huomioon hallituksen linjaukset ja mahdolliset lainsäädäntöesitykset. Toivomme, että tämä kirja toimii siihen asti ajattelun virittäjänä ja rakentavan keskustelun pohjana.

Lopuksi haluamme osoittaa erityiset kiitokset **MaRa ry:lle (Matkailu- ja Ravintolapalvelut)** sekä **Suomalaisen yhteiskunnan tukisäätiölle**, joiden taloudellinen tuki on tehnyt tämän projektin mahdolliseksi. Saamamme tuki on käytännössä mahdollistanut nuorten juristien osallistumisen kirjan aineiston kokoamiseen – ja sitä kautta rikastuttanut koko hankkeen sisältöä ja laajuutta. Tällaisessa työssä ei ole kyse vain oikeudellisista yksityiskohdista, vaan monipuolisesta yhteiskunnallisesta keskustelusta. Iloksemme tässä keskustelussa nuoret osaajat ovat olleet mukana omine mielipiteineen täydellä sydämellä. Ilman näiden nuorten juristien ja oikustieteen opiskelijoiden panosta kirjaa ei olisi ollut mahdollista saattaa valmiiksi tässä aikataulussa. Heille osoitamme niin ikään lämpimät kiitoksemme.

Helsingissä, 7.4.2025

Mikko Alkio ja Petri Kuoppamäki

SISÄLLYSLUETTELO

1
JOHDANTO – VIININ TIE VALTIOLLISEEN SÄÄNTELYYN

Monopolit eivät synny tyhjästä. Ne ovat historian, arvojen ja vallankäytön kerrostumia – järjestelmiä, jotka heijastavat yhteiskunnan syvimpiä pelkoja ja toiveita. Alkoholimonopoli on yksi niistä rakenteista, joka kätkee sisäänsä enemmän kuin yksittäinen säädös tai liiketaloudellinen rakenne voi paljastaa. Se on peili, joka kertoo, miten valtio näkee kansalaisensa: itseohjautuvana yksilönä vai kurinalaisuutta vaativana alamaisena.

Suomen alkoholimonopoli juontaa juurensa ajanjaksoon, jolloin valtiovalta pyrki lujittamaan asemaansa sääntelyn ja kurin kautta. Tämän tarinan varhainen luku alkaa jo ennen itsenäisyyttä, mutta kiihtyy erityisesti kieltolain aikakaudella. Kieltolaki (1919–1932) oli yhteiskunnallinen kokeilu, jossa viinistä tuli symboli joko rappiolle tai hyveelle – riippuen siitä, keneltä kysyttiin. Kieltolain kumoutuminen ei poistanut pelkoa alkoholista, vaan johti sen kontrollin siirtämiseen toiseen muotoon: valtion yksinoikeuteen.

Vuonna 1932 perustettiin Oy Alkoholiliike Ab – myöhemmin tunnettu nimellä Alko. Alun perin tavoitteena oli säädellä väkevien alkoholien saatavuutta ja ehkäistä väärinkäyttöä. Viini, tuo antiikin lahja ja keskiajan munkkien vaalima sivistyksen juoma, tuli samaan sääntelyn piiriin – yhtenä alkoholina muiden joukossa. Mutta oliko viini todella samanlainen tuote kuin paloviina? Entä olisiko ollut syytä tehdä eroa viinien ja väkevien välillä jo tuolloin?

Antiikin mytologiassa Dionysos – tai roomalaisittain Bacchus – toi viinin ihmiskunnalle lahjana. Hän ei ollut vain juhlan jumala, vaan myös järjestyksen vastapooli, arjen järkevän rytmin rikkoja. Viini merkitsi nautintoa, mutta samalla irrottautumista vallasta ja kontrollista. Dionysos ei pyytänyt lupaa – hän astui kaupunkiin tanssien ja kutsui kaikki mukaan. Siksi hän oli myös vaarallinen jumala: hän ei sopinut hierarkiaan. Tämän asema on ollut myös viinillä, valtion viinillä.

Suomalainen sääntelyjärjestelmä on aina ollut enemmän Apollon kuin Dionysoksen kaltainen. Se on rakentunut järjestykselle, valvonnalle ja kurinalaisuudelle. Juoma, joka antiikin maailmassa liitettiin juhlaan, musiikkiin ja teatteriin, kääntyi Suomessa kontrollin kohteeksi – valtion hallinnoimaksi hyödykkeeksi, jonka saatavuutta säädellään huolellisesti. Tämä ulottui niin vähittäismyynnistä ravintoloihin.

Monopolista oli pitkään suomalaisten kesken poliittinen yhteisymmärrys. Se nähtiin tehokkaana keinona ehkäistä alkoholihaittoja ja säilyttää kansanterveys. Mutta voiko samaa järjestelmää, joka syntyi kieltolain raunioista, pitää perusteltuna vielä sata vuotta myöhemmin? Onko sama sääntelymalli mielekäs, kun ympäröivä yhteiskunta, markkinat ja arvomaailma ovat muuttuneet radikaalisti?

Viinin kulutus kasvoi Suomessa erityisesti 1980-luvulta alkaen, kun matkustaminen lisääntyi ja kuluttajien maku laajeni oluesta ja väkevistä myös miedompiin ja monimuotoisempiin vaihtoehtoihin. Viini alkoi edustaa paitsi nautintoa, myös kulttuurista sivistystä – osaa ruokakulttuuria ja kansainvälistymistä. Silti viini pysyi sääntelyn piirissä yhtä tiukasti kuin väkevätkin. Miksi? Johtuuko tämä historiallisesta pelosta, tottumuksesta – vai poliittisesta laskelmoinnista?

Vasta EU- ja ETA-jäsenyyden kynnyksellä suomalainen alkoholipolitiikka joutui kunnolla kansainvälisen tarkastelun kohteeksi. Suomi sai liittymisneuvotteluissa poikkeuksen, jonka turvin alkoholimonopoli voitiin säilyttää. Tämä poikkeus ei kuitenkaan ole ikuinen. Se on poliittinen sopimus, joka edellyttää jatkuvaa uudelleenarviointia. Voidaanko sitä yhä perustella sillä, että monopoli suojelee kansanterveyttä? Vai pitäisikö poikkeuksen ehtoja tarkastella uudelleen, nyt kun saatavuus, kulutus ja markkinat ovat muuttuneet?

Alkon asema suomalaisessa yhteiskunnassa on vakiintunut. Moni suomalainen mieltää Alkon osaksi kansallista instituutioverkostoa, ei pelkkänä vähittäismyyntiliikkeenä. Mutta tämänkin aseman takana on valikoima, joka on rakennettu keskitetysti ja kaupallisesti. Alko ei ole puolueeton näyttämö viinikulttuurille – se on portinvartija, joka valitsee, mitä kuluttaja saa nähdä. Tällä on suora vaikutus siihen, miten suomalainen viinikulttuuri kehittyy – ja kehittyykö se ollenkaan.

Tässä kirjassa olemme hahmotelleet polkua, joka on johtanut nykyiseen järjestelmään. Viini on tullut pitkän matkan Dionysoksen maljasta Alkon hyllyyn.

Mutta kenties nyt on aika katsoa eteenpäin ja kysyä: millainen järjestelmä palvelisi 2020-luvun Suomea? Onko nykyinen malli vapauden ja vastuun tasapainossa – vai onko se jäänyt kiinni aikaan, jota ei enää ole?

2
VIININ TIE SÄÄNTELYYN – KIRKON, VALTION JA VIININ YHTEINEN HISTORIA

Ensimmäiset todisteet alkoholijuomien valmistuksesta ovat peräisin vuodelta 7000 eaa.[1] Ihmiset ovat siis nauttineet alkoholia jo tuhansien vuosien ajan. Alkoholi onkin monilla alueilla tärkeä osa historiaa, kulttuuria ja ruokailutottumuksia. Suhtautuminen alkoholiin on muuttunut vuosituhansien saatossa, mikä heijastuu suoraan alkoholin sääntelyyn. Alkoholin historiaa tarkastelemalla voidaan siis paremmin ymmärtää nykyistä suhdettamme alkoholiin sekä syitä eri maiden alkoholilainsäädännön eroavaisuuksille. Tarkastelu voidaan aloittaa keskiajalta, jolloin alkoholin asema yhteiskunnassa muuttui. Alkoholi alkoi saada yhä enemmän merkitystä kauppatavarana, mikä lisäsi tarvetta alkoholin sääntelylle.

Keskiajalla Euroopan väkiluku kasvoi ja kaupankäynti kaupungeissa kehittyi. Aiemmin alkoholia oli tuotettu lähinnä itse kotona. Nyt kaupungeissa asuttiin ahtaammin, mikä loi alkoholin kaupallista kysyntää. Keskiajalla voidaankin katsoa pienimuotoisen alkoholimarkkinan syntyneen. Joissain kaupungeissa kehitykseen reagoitiin sääntelemällä alkoholin valmistusta. Alkoholin tuotanto kotona saatettiin muuttaa luvanvaraiseksi tai kieltää kokonaan, kuten esimerkiksi Alankomaissa sijaitsevassa Utrechtin kaupungissa tehtiin. Oluen markkina oli alkuun melko paikallinen, sillä olut ei ollut riittävän säilyvää, jotta sitä olisi voitu kuljettaa kauemmaksi.[2]

Myös viinin tuotanto kehittyi myöhäisemmällä keskiajalla. Väestönkasvu, lämpimämpi ilmasto ja alkoholimarkkinan kasvu lisäsivät viinin tuotantoa. Viiniä tuotettiin erityisesti Ranskassa ja Välimeren alueella, mistä sitä kuljetettiin muualle Eurooppaan. Oluen ohella myös viinistä alettiin käydä kauppaa. Kirkot ja muut uskonnolliset yhteisöt omistivat viinitarhoja. Erityisesti monissa luostareissa viljeltiin viiniä. Munkit olivat mer-

---

1   *Phillips 2014, s. 6.*
2   *Phillips 2014, s. 66–68.*

kittävässä osassa osana viinintuotantoa, sillä he esimerkiksi kehittivät viljelytekniikoita ja kokeilivat uusia viinilajikkeita. Munkit olivat taitavia viinin valmistuksessa ja he onnistuivat parantamaan viinin säilyvyyttä. Luostarit tarvitsivat viiniä omaan käyttöönsä esimerkiksi ehtoollisella jaettavaksi. Viiniä myös myytiin, mikä oli luostareille tärkeä tulonlähde. Moni nykyäänkin tunnettu viinintuotantoalue on alkujaan ollut luostarin perustama viinitarha. Luostarit olivat mukana luomassa viinin eurooppalaista kulttuuriperintöä.[3]

Keskiajalla viini ja olut olivat merkittävä osa ruokavaliota. Vesi ei aina ollut juomakelpoista, jonka takia alkoholijuomia pidettiin jopa turvallisempana vaihtoehtona. Kuten todettua, olut ja viini olivat alkoholijuomista merkittävämpiä. Myös väkeviä alkoholijuomia alettiin valmistaa keskiajalla. Niiden valmistus kuului kuitenkin uskonnollisille yhteisöille ja väkeviä alkoholijuomia käytettiin ainoastaan lääkinnällisiin tarkoituksiin.[4]

Viinin asemaan Euroopassa on vaikuttanut vahvasti kristinusko. Viini mainitaan Raamatun useissa kohdissa. Katolisessa kirkossa viinin asema vakiintui eukaristian sakramentin syntymisen myötä. Eukaristian sakramentti oli ja on yhä edelleen yksi katolisen kirkon tärkeimmistä sakramenteista. Eukaristiaan kuuluu olennaisena osana ehtoollinen. Eukaristian sakramentin syntyessä uskottiin, että kun pappi pyhitti ehtoollisviinin, se muuttui Kristuksen vereksi. Tätä kutsutaan transsubstantiaatio-opiksi. Viinistä tuli niin pyhää, että vain papisto sai nauttia sitä.[5]

Viinin pyhyydestä huolimatta sillä oli jo ennen uskonpuhdistusta myös taloudellista merkitystä vaihdon välineenä. Katolinen kirkko tarjosi mahdollisuutta järjestää vuosittain messu kuolleen henkilön muistoksi. Kuolleen henkilön omaiset maksoivat messun pitämisestä seurakunnan papille. Yleensä rahoitus tapahtui siten, että papille luvattiin tietty osuus viinitarhan tuotannosta. Täten useat papit toimivat viinin välittäjänä ja saivat siten tuloja seurakunnalle.[6]

Uskonpuhdistus eli reformaatio alkoi 1500-luvulla. Uskonpuhdistuksessa viini säilyi osana ehtoollista. Kuitenkin transsubstantiaatio-oppi viinin muuttumisesta Kristuksen vereksi kyseenalaistettiin. Uskonpuhdistuksessa vaikuttaneet Martin Luther ja Jean Calvin katsoivat molemmat, ettei viini voi kirjaimellisesti muuttua Kristuksen vereksi. Luther kuitenkin hyväksyi Kristuksen läsnäolon ehtoollisella, kun taas Calvin katsoi ehtoollisviinin merkityksen täysin symboliseksi. Koska viiniä ei enää pidetty yhtä

---

3 *Phillips 2014, s. 71–77.*
4 *Phillips 2014, s. 76–77.*
5 *Holt 2006, s. 26–27.*
6 *Holt 2006, s. 27–28.*

pyhänä, sitä alettiin jakaa kaikille ehtoolliselle osallistuville, myös maallikoille. Viinin tärkeä osa messussa ja ehtoollisessa siis säilyi. Viinin pyhä asema kuitenkin heikkeni protestanttisissa kirkoissa, ja viinistä tuli pikemminkin symboli Kristuksen verelle. Uskonpuhdistuksesta huolimatta oppi viinin muuttumisesta Kristuksen vereksi säilyi katolisessa kirkossa.

Reformaatiossa pyrkimyksenä ei ollut ainoastaan korjata katolisen kirkon epäkohtia, vaan myös vahvistaa kirkon yhteiskunnallista asemaa sekä edistää väestön sosiaalista ja moraalista kurinalaisuutta. Tämä vaikutti myös siihen, miten alkoholiin suhtauduttiin. Kirkot pyrkivät rajoittamaan alkoholinkäyttöä. Koska viini oli tärkeä osa Etelä-Euroopan ruokavaliota ja kulttuuria, pääasiallisesti kirkot eivät halunneet kieltää alkoholia kokonaan. Raamattukaan ei antanut perustetta alkoholin täyskieltoon, vaan siinä korostettiin alkoholinkulutuksen kohtuullisuutta.[7] Suurin osa kirkoista hyväksyi alkoholin osana ruokavaliota, mutta alkoholin liikakäyttöä paheksuttiin ja yritettiin kitkeä. Toisaalta oli myös muutamia radikaaleja protestanttikirkkoja, jotka pyrkivät kieltämään alkoholin kokonaan. Protestanttisen liikkeen voidaan katsoa vaikuttaneen alkoholilainsäädännön syntyyn.

Protestanttisen liikkeen vaikutuksesta 1500-luvulla varsinkin Pohjois-Euroopassa suhtautuminen alkoholiin oli tiukentunut ja alkoholinkäyttöä saatettiin pitää moraalin vastaisena. Joillain alueilla alkoholiin liittyvää lainsäädäntöä tiukennettiin aiemmasta. Protestanttinen liike ei ollut kuitenkaan vaikuttanut asenteisiin Etelä-Euroopassa, jossa viini oli säilyttänyt arvostetun asemansa osana ruokakulttuuria ja yhteisöllisiä kohtaamisia. 1500-luvulla aiemmin vain lääkinnälliseen käyttöön tarkoitettuja väkeviä alkoholeja alettiin käyttää myös juomina.[8]

Teollistumisen aikaan 1800-luvulla alettiin kiinnittää huomiota alkoholinkäytöstä aiheutuviin sosiaalisiin haittoihin. Katsottiin, että alkoholi aiheutti esimerkiksi rikollisuutta ja ongelmia perheissä. Alkoholinkäyttö lisääntyi erityisesti työväenluokan keskuudessa. Ranskassa ja eteläisemmässä Euroopassa kulutetuin juoma oli viini, kun taas muualla Euroopassa juotiin enemmän olutta ja väkeviä alkoholijuomia. Vesijohto- ja viemäröintijärjestelmät olivat vasta kehitysvaiheessa. Varsinkin kaupungeissa juomavesi oli huonolaatuista ja sen kautta levisi sairauksia, mikä lisäsi alkoholinkäyttöä entisestään. Alkoholia pidettiin turvallisempana ja puhtaampana vaihtoehtona. Suhtautuminen alkoholiin kuitenkin muuttui, kun kaupunkien vesijohtojärjestelmät kehittyivät. Tämän

---

7   *Holt 2006, s. 27-37*
8   *Phillips 2014, s. 87-90*

jälkeen vettä alettiin pitää terveellisenä ja alkoholia haitallisena juomavaihtoehtona.[9] 1830-luvulla alkoholinkäytön lisääntymisen ja alkoholittomien juomien, erityisesti juomaveden saatavuuden paranemisen myötä syntyi raittiusseuroja. Raittiusseurat kampanjoivat alkoholijuomien kulutuksen vähentämisen tai jopa alkoholijuomien kieltämisen puolesta. Perusteina käytettiin alkoholista aiheutuvia terveydellisiä ja sosiaalisia haittoja, kuten vanhempien alkoholinkäytön vaikutusta lapsiin. Nationalismin myötä alkoholi nähtiin myös uhkana kansakuntien kasvulle ja hyvinvoinnille.

Raittiusliikkeitä esiintyi erityisesti Yhdysvalloissa, Iso-Britanniassa ja Pohjois-Euroopan maissa. Ranskassa, jossa juotiin paljon viiniä, alkoholinkäyttöä ei aluksi nähty ongelmana. Viinin kulutuksen ajateltiin olevan sivistynyttä ja vain väkeviä alkoholijuomia pidettiin haitallisina. Tätä näkemystä kuitenkin koeteltiin, kun tieteilijät osoittivat, että kaikki alkoholi on haitallista, riippumatta alkoholijuoman tyypistä. Viini oli kuitenkin juurtunut niin olennaiseksi osaksi Ranskan kulttuuria ja elinkeinoa, että tieteellisetkään faktat eivät pystyneet horjuttamaan sen asemaa. Ranskassa ei lopulta pyritty kieltämään alkoholia, vaan korostettiin kohtuullista kulutusta.[10]

Suhtautuminen alkoholiin oli siis muuttunut 1800-luvulla. 1900-luvun alussa ensimmäisen maailmansodan aikaan kielteisiksi muuttuneet asenteet heijastuivat myös lainsäädäntöön. Alkoholi nähtiin uhkana kansalliselle tehokkuudelle ja moraalille. Sen ajateltiin heikentävän niin armeijan taistelukykyä kuin kotirintaman sotateollisuuden tuottavuutta. Britanniassa alkoholilainsäädäntöä tiukennettiin. Samaa harkittiin myös Ranskassa, mutta lainsäädännön kiristyksiin ei viinin merkittävän aseman vuoksi ryhdytty. Yhdysvalloissa ja Suomessa otettiin käyttöön kieltolait, joissa kiellettiin alkoholin myynti ja kulutus kokonaan. Yhdysvalloissa kieltolaki oli käytössä vuosina 1920–1933. Tavoite alkoholinkäytön loppumisesta ei Yhdysvalloissa toteutunut, vaan alkoholia salakuljetettiin ja valmistettiin itse.[11]

Suomessa kieltolaki astui voimaan vuonna 1919. Alkoholin myynti oli sallittua vain lääketieteellisiin, teknisiin ja tieteellisiin tarkoituksiin. Alkoholilainsäädäntö oli kuitenkin ollut tiukkaa ensimmäisestä maailmansodasta lähtien, joten alkoholinkäyttö oli vähentynyt jo ennen kieltolain voimaantuloa. Kieltolain tavoitteena korostettiin yhteiskunnan ja perheiden etua. Alkoholinkäytön katsottiin aiheuttavan esimerkiksi köyhyyttä, väkivaltaa, rikoksia ja "siveettömyyttä". Ylemmät yhteiskuntaluokat pystyivät ostamaan ap-

---

9   *Phillips 2014, s. 173-191*
10   *Phillips 2014, s. 192-215.*
11   *Phillips 2014, s. 240-243.*

teekeista laillista lääkealkoholia. Työväestö taas joutui hankkimaan alkoholia laittomasti. Kieltolain oli Suomessa toivottu lopettavan alkoholijuomien kulutus kokonaan. Tavoite ei kuitenkaan toteutunut ja alkoholinkäytöstä aiheutuvia ongelmia ilmeni yhteiskunnassa edelleen. Kieltolakia ei pidetty tehokkaana ja lopulta valtaosa väestöstä alkoi vastustaa sitä. Kieltolaki kumottiin vuonna 1932. Kieltolain voidaan katsoa vaikuttaneen juomatapoihin siten, että se lisäsi väkevien alkoholijuomien osuutta kokonaiskulutuksesta sekä lisäsi kotona juomista. Kieltolain vaikutusta kulutetun alkoholin määrään on kuitenkin vaikea arvioida, sillä kieltolain aikana laittomasti tuotetun, maahantuodun ja myydyn alkoholin määrästä ei ole tarkkaa tietoa. Lisäksi yhteiskunnan muutos olisi todennäköisesti vaikuttanut alkoholin kulutukseen, vaikka kieltolakia ei olisi säädetty.[12]

1930-luvulla suhtautuminen alkoholiin alkoi taas vapautua. Kieltolait purettiin vedoten yksilönvapauteen. Toisaalta voimaan jäi muuta alkoholilainsäädäntöä esimerkiksi ikärajoihin ja anniskeluaikoihin liittyen. Ruotsissa, Suomessa ja Norjassa alkoholin vähittäismyyntiä varten perustettiin valtion monopolit, jotka ovat toiminnassa edelleen. Alkoholista tuli taas arkipäiväisempää ja sen kulutus kasvoi. Ranskassa alettiin jopa kampanjoida viinin kulutuksen puolesta. Viini esitettiin tärkeänä kansallisena kulttuuriperinteenä ja sillä sanottiin olevan terveyshyötyjä. Lisäksi viinin hintatasoa laskettiin ja saatavuutta parannettiin.[13]

Toisen maailmansodan jälkeen vuodesta 1945 eteenpäin alkoholi vakiinnutti asemaansa länsimaisessa arjessa edelleen. Alkoholi näkyi esimerkiksi mainonnassa ja alkoholin nauttiminen oli yleistä niin kotona kuin ravintoloissakin. Toisaalta maiden välillä oli suuria eroja alkoholin kulutuksessa. 1960-luvulta lähtien suhtautuminen alkoholiin muuttui vielä aiempaa liberaalimmaksi. Esimerkiksi joissain Yhdysvaltojen osavaltioissa valtion sääntelemä monopoli purettiin ja alkoholin myynti yksityistettiin. Alkoholin arkipäiväistyminen ja kulutuksen vakiintuminen nosti keskusteluun alkoholinkäyttöön liittyviä ongelmia, kuten rattijuopumukset ja humalahakuisen juomisen. Myös alkoholin terveyshaittoihin alettiin kiinnittää huomioita.[14]

2000-luvulle tultaessa suhtautuminen alkoholiin on pääosin sallivaa, vaikka eri maiden alkoholilainsäädännöt poikkeavatkin toisistaan huomattavasti. Lailla säädellään esimerkiksi alkoholin myyntiajoista ja ikärajoista. Alkoholia myydään kuluttajille, mutta alkoholin käytössä korostetaan kohtuullisuutta. Alkoholi on useissa maissa merkittävä

---

12   Kaartinen 2012.
13   Phillips 2014, s. 279–288.
14   Phillips 2014, s. 279–275.

osa ruokakulttuuria ja sosiaalista elämää. Kuitenkin alkoholinkäyttöön liitetään myös useita riskejä. Usein merkittävämpinä mainitaan terveyshaitat, kuten sydän- ja verisuonisairaudet. Alkoholiin liittyvinä sosiaalisina haittoina pidetään esimerkiksi perhe- ja ihmissuhdeongelmia, syrjäytymistä sekä yksilön taloudellisia vaikeuksia. On katsottu, että alkoholi aiheuttaa haittoja myös koko yhteiskunnalle, jotka ilmenevät esimerkiksi rikollisuutena, yleisen järjestyksen heikkenemisenä sekä terveydenhuollon kustannuksina.

Nykypäivänä alkoholikulttuuri eri puolilla Eurooppaa vaihtelee merkittävästi. Etelä-Euroopan maat, kuten Ranska, Italia ja Espanja ovat suuria viinintuottajamaita. Etelä-Euroopassa viini on siis tärkeää myös talouden ja elinkeinon kannalta. Viini on perinteisesti ollut merkittävä osa Etelä-Euroopan maiden ruoka- ja tapakulttuuria. Viini on ruokajuoma ja osa ateriaa. Viiniä juodaan ruoan yhteydessä myös arkisin. Ruokailu on sosiaalinen tapahtuma, jossa perheet ja ystävät kokoontuvat yhteen viettämään aikaa ja nauttimaan ruoasta ja viinistä. Paikalliset viinit ovat suosiossa ja niiden hintataso on pääosin alhainen, mikä mahdollistaa kulutuksen arjessa. Viinipullon voi saada kaupasta vain muutamalla eurolla. Etelä-Euroopassa on monia viinin pientuottajia ja alueilla on omia tyypillisiä viinilajikkeitaan. Vaikka viini on pääosin arkipäiväinen juoma, se kuuluu myös juhliin.

Viinin merkittävä kulttuurinen rooli heijastuu myös Etelä-Euroopan alkoholilainsäädäntöön. Viinin vähittäismyynti on melko vapaata. Viinejä on saatavilla ruokakaupoista, mikä korostaa niiden asemaa osana arkiruokailua. Lisäksi viinejä myydään niihin erikoistuneissa viinikaupoissa. Paikallisia pientuottajien viinejä voi käydä ostamassa suoraan viinitiloilta. Vähittäismyyntiajoissa maiden välillä on vaihtelua, mutta joillain alueilla viiniä ei myydä öisin. Alkoholin ostamisen ikäraja on pääsääntöisesti 18 vuotta. Tätäkin nuorempien mahdollisuutta maistaa viiniä esimerkiksi perheen kanssa ruokaillessa pidetään kuitenkin yleisesti hyväksyttävänä.

Myös Keski-Euroopassa, kuten Itävallassa ja Saksassa, viljellään ja tuotetaan viiniä. Viinin kulutus ei kuitenkaan ole aivan yhtä arkipäiväistä verrattuna Etelä-Eurooppaan. Monessa Keski-Euroopan maassa arkinen juomavalinta on olut, kun taas viini liittyy yhteisöllisiin hetkiin. Viiniä kulutetaan esimerkiksi isommassa seurueessa ruokaillessa tai juhlissa. Viiniä nautitaan yhdessä laadukkaan ruoan kanssa ja se on osa ateriakokonaisuutta. Myös Keski-Euroopassa suositaan paikallisia viinejä sekä pientuottajien viinejä. Viinejä löytyy useista hintaluokista edullisista viineistä hintavampiin laatuviineihin. Viini on siis hintatasonsa puolesta kaikkien saatavilla. Moni haluaa panostaa määrän sijaan viinin laatuun.

Keski-Euroopassa alkoholilainsäädäntö on melko vapaata. Kansallisia monopoleja ei ole alkoholin vähittäismyynnissä. Viiniä voi ostaa niin ruokakaupoista kuin erikoisliikkeistäkin. Paikallisia viinejä voi ostaa suoraan viinitiloilta joko paikan päältä tai verkkokaupan kautta. Saksassa ja Itävallassa ikäraja oluen ja viinin ostamiselle on 16 vuotta.

Pohjois-Euroopassa alkoholin käyttö ei yleensä liity yhtä vahvasti arkeen, vaan se liitetään pääasiassa viikonloppuihin, juhliin ja sosiaaliseen elämään. Pohjois-Euroopassa suhtautuminen alkoholiin on historiassa ollut tiukkaa, esimerkiksi Suomessa oli 1900-luvulla käytössä alkoholinkulutuksen täysin kieltävä kieltolaki. Tiukka suhtautuminen alkoholiin näkyy Pohjois-Euroopan alkoholikulttuurissa edelleen. Monissa maissa esimerkiksi viinien ja väkevien alkoholien myynti on valtion monopolin yksinoikeus. Alkoholi ei Etelä-Euroopan tapaan liity yhtä vahvasti ruokailuihin eikä sitä tyypillisesti käytetä päivittäin. Kun varsinkin Etelä-Euroopassa kulutuksen ihanteena on kohtuullisuus, Pohjois-Euroopassa kulutus on pääsääntöisesti ollut humalahakuisempaa. Alkoholi on usein merkittävä osana erilaisia juhlia, kuten vappua tai juhannusta. Alkoholin ajatellaan rentouttavan ja luovan juhlatunnelmaa.

Kaikissa muissa Pohjoismaissa paitsi Tanskassa vahvempia alkoholijuomia pystyy ostamaan vain valtion alkoholimonopolin liikkeistä. Saatavuutta siis rajoitetaan voimakkaasti lainsäädännöllä. Alkoholin verotus on korkeaa, joten alkoholijuomien hintatasokin on muuhun Eurooppaan verrattuna korkea. Myös esimerkiksi alkoholin myyntiaikoja ja alkoholijuomien mainontaa on säännelty laissa. Pohjois-Euroopassa viinintuotanto on vähäistä eikä viini ole yhtä merkittävä osa maiden historiaa ja kulttuuria. Viinin suosio on Pohjois-Euroopassa kasvussa ja yhä useampi ottaa mallia Etelä-Euroopan kohtuullisesta viinin kulutuksesta ruokailun yhteydessä. Suosituin juoma Pohjois-Euroopassa on kuitenkin olut, myös erilaiset juomasekoitukset ovat osa juomakulttuuria. Väkeviä alkoholijuomia nautitaan varsinkin juhlissa. Toisaalta Pohjois-Euroopassa alkoholinkulutus on laskussa ja varsinkin nuoremmat sukupolvet juovat alkoholia aiempaa vähemmän.

Vuonna 2019 yksi kahdestatoista EU-jäsenvaltion yli 15-vuotiaasta kansalaisesta joi alkoholia joka päivä. Juomatavoissa näkyy selkeää alueellista vaihtelua. Päivittäinen alkoholinkulutus korostui Portugalissa, Italiassa ja Espanjassa. Romaniassa taas juotiin harvemmin, mutta suuria määriä kerralla. Yksi neljäsosa EU-kansalaisista ei kuluttanut alkoholia ollenkaan.[15] Keskimääräinen kulutus yli 15-vuotiasta EU-kansalaista kohden oli 11 litraa puhdasta alkoholia vuodessa. Vuotuinen kulutus on EU:ssa laskenut prosentilla

---

15   Euroopan komission Eurostat-verkkosivut, kohta Alcohol consumption statistics.

19

vuodesta 2010. Kokonaiskulutuksesta 40,5 % on olutta ja 36,9 % viiniä.[16] Toisaalta Euroopan alueella kulutetaan edelleen eniten alkoholia maailmassa. Maailman kymmenestä eniten alkoholia kuluttavasta maasta seitsemän oli EU-jäsenvaltioita vuonna 2020.[17] EU-maissa alkoholin kuluttajahintataso vuonna 2020 oli alhaisin Unkarissa ja Romaniassa. Kalleinta alkoholi oli Suomessa, Irlannissa ja Ruotsissa.[18]

Kuten aiemmin todettu, sataprosenttisen alkoholin keskimääräinen kulutus EU-kansalaista kohden oli vuonna 2019 laskenut verrattuna vuoteen 2010. Euroopassa on luotu viitekehys vuosille 2022–2025, jonka tarkoituksena on vähentää alkoholinkulutuksesta aiheutuvia haittoja. Viitekehyksen keskeisenä tavoitteena on vuoteen 2025 mennessä vähentää alkoholinkulutusta 10 % henkilöä kohden verrattuna vuoteen 2010. Tavoitteen saavuttamiseksi viitekehyksessä on esitetty keinoja liittyen esimerkiksi hinnoitteluun, markkinointiin, saatavuuteen, tiedonvälitykseen ja terveyspalveluihin. Viitekehityksessä esitetään, että alkoholinkulutusta vähentäisivät esimerkiksi korotettu valmistevero, saatavuuden rajoittaminen, markkinoinnin sääntely sekä terveysvaroitukset alkoholipakkauksissa.[19]

Euroopassa tavoitteena on siis vähentää alkoholinkulutusta. Tavoitetta on perusteltu kuolleisuuden ja alkoholiliitännäisten sairauksien vähentämisellä. Keskimäärin alkoholinkulutus on ollut Euroopassa loivasti laskusuuntaista. Varsinkin nuoret kuluttavat alkoholia vähemmän. Kiinnostus alkoholittomia juomavaihtoehtoja kohtaan on lisääntynyt. Alkoholinkulutuksen vähentymisen voidaan katsoa johtuvan ns. "hyvinvointikulttuurin" lisääntymisestä. Julkisessa keskustelussa kiinnitetään yhä enemmän huomiota mielenterveyteen, terveellisiin elämäntapoihin sekä ihmisten tuottavuuteen.

Asenteet alkoholia kohtaan ovat siis kehittyneet vuorovaikutuksessa yhteiskunnan, kulttuurin ja talouden kanssa. Eri aikoina ja eri kulttuureissa alkoholiin on suhtauduttu vaihtelevasti – sitä on pidetty niin pyhänä juomana, lääkkeenä kuin moraalisenakin uhkana. Menneisyys vaikuttaa yhä edelleen kulutustottumuksiin ja alkoholin sääntelyyn. Nykyään kulutustottumusten yleisenä kehityssuuntana voidaan pitää alkoholinkulutuksen kohtuullistumista. Lainsäädännössä joudutaan tasapainottelemaan kansanterveyden, yksilönvapauden sekä EU-oikeuden asettamien vaatimusten välillä.

---

16   *WHO:n raportti "Alcohol, health and policy response in the European Union", s. 1-2.*
17   *WHO:n raportti "European health report 2024", s. 107.*
18   *Euroopan komission Eurostat-verkkosivut, kohta How alcohol prices vary across the EU.*
19   *WHO:n julkaisu "European framework for action on alcohol 2022-2025. Information sheet".*

3
ALKOHOLIPOLITIIKKA JA
ALKON MONOPOLI

3.1 Alkoholipolitiikka

Alkoholipolitiikalla tarkoitetaan julkisen vallan toimia, joilla ehkäistään alkoholista aiheutuvia sosiaalisia, terveydellisiä ja yhteiskunnallisia haittoja. Suomessa alkoholipolitiikan keskeisiä välineitä ovat alkoholilainsäädäntö, verotus ja myynninrajoitukset. Näillä välineillä pyritään rajaamaan alkoholin saatavuutta, kulutusta sekä väärinkäytöstä aiheutuvia haittoja.

Alkoholipolitiikan raskaita keinoja ovat hinta- ja veropolitiikka sekä saatavuuden sääntely, johon kuuluvat rajoitettu jakeluverkosto, myymälöiden ja ravintoloiden myynti- ja anniskeluaikarajoitukset, ikärajat sekä kieltäytyminen myymästä päihtyneille. Myös alkoholin anniskeluun ravintoloissa kohdistuva tarkka ohjaus ja valvonta kuuluvat näihin keinoihin. Kevyitä keinoja taas ovat mainonnan ohjaaminen, valistus ja asennekasvatus. Suomessa alkoholipolitiikan historian suurena linjana viime vuosikymmenien aikana on ollut lisätä alkoholin saatavuutta. Kuitenkin samaan aikaan on luotu mielikuvaa rajoittavasta alkoholipolitiikasta puuttumalla mainontaan, valvomalla ostotapahtumaa ja puhumalla valistuksesta.[20]

Keskeinen alkoholipolitiikan toteuttamisen väline on Suomessa valtiollinen monopoli Alko Oy (myöhemmin **"Alko"**), jolla on osittainen monopoli alkoholin vähittäismyynnissä. Alkoa käsitellään jäljempänä yksityiskohtaisemmin. Tiettyjen alkoholituotteiden vähittäismyynti on sallittua päivittäistavarakaupoissa, elintarvikeliikkeissä ja anniskeluravintoloissa, mutta tätä myyntiä koskevat myyntiaikarajoitukset, ja se on luvanvaraista. Niin ikään alkoholin anniskelu on luvanvaraista ja anniskeluaikoja

---

20   *Häikiö 2007, s. 167.*

säädellään. Muita kulutuksen rajoittamisen keinoja ovat alkoholin käytön ikärajat ja sen mainonnan sääntely.

Alkoholiin kohdistuu Suomessa korkea verotus, mikä tekee alkoholijuomista hintavia verrattuna moniin muihin maihin. Verotuksella pyritään sekä vähentämään kulutusta että keräämään tuloja valtiolle. Alkoholivero on porrastettu siten, että vahvemmista juomista peritään korkeampi vero. Alkoholijuomien vähittäismyynnistä ja anniskelusta maksetaan 25,5 prosentin arvonlisäveroa, joka on EU-maiden toiseksi korkein.

Suomen alkoholipolitiikka on käynyt läpi paljon muutoksia viimeisen vuosisadan aikana. Sitä on kuitenkin koko ajan leimannut tarkka sääntely ja taustalla vaikuttava eetos väestön alkoholinkäytön vähentämisestä kansanterveydellisistä syistä. Alkoholipolitiikkaa on asteittain liberalisoitu viime vuosina. Esimerkiksi vuonna 2018 säädettiin laki, joka salli vahvempien (enintään 5,5 tilavuusprosenttisten) juomien myynnin päivittäistavarakaupoissa. Samassa yhteydessä myös anniskelun sääntelyä kevennettiin. Vuonna 2024 lainsäädäntöä löyhennettiin edelleen sallimalla käymisteitse valmistettujen enintään 8 tilavuusprosenttisten alkoholijuomien myynti päivittäistavarakaupoissa, elintarvikeliikkeissä ja anniskeluravintoloissa.

Alkoholipolitiikan höllentäminen on herättänyt sekä kiitosta että huolta. Kannattajat näkivät alkoholilain muutoksen vuonna 2018 positiivisena kehityksenä, joka lisäsi vapautta ja kuluttajien valinnanmahdollisuuksia. Monien mielestä lakimuutos oli askel kohti nykyaikaisempaa ja yksilönvapautta korostavaa alkoholipolitiikkaa. Lisäksi helpotukset pienpanimoiden toiminnalle nähtiin merkittävänä tukena kotimaiselle käsityöläisteollisuudelle ja matkailulle. Pienpanimot saivat mahdollisuuden myydä tuotteitaan suoraan kuluttajille, mikä vahvisti niiden asemaa markkinoilla. Samalla päivittäistavarakauppojen kilpailukyky parani suhteessa Alkoon, ja kuluttajien oli entistä helpompi hankkia vahvempia juomia. Anniskelupaikkojen sääntelyn keventäminen vähensi ravintoloiden hallinnollista taakkaa ja poisti asiakaspalvelua haittaavia sääntöjä.

Kriitikot suhtautuivat vuoden 2018 alkoholilain muutokseen varauksellisesti, sillä he pelkäsivät sen johtavan alkoholin kulutuksen ja siitä aiheutuvien haittojen lisääntymiseen. Huoli kohdistui erityisesti siihen, että vahvempien alkoholijuomien helpompi saatavuus päivittäistavarakaupoissa voisi kasvattaa alkoholin kokonaiskulutusta ja lisätä siihen liittyviä ongelmia, kuten terveysongelmia, perheväkivaltaa ja onnettomuuksia. Lisäksi lakimuutoksen pelättiin voivan altistaa nuoria alkoholin käytölle entistä enemmän, millä puolestaan katsottiin voivan olevan vaikutusta tulevien sukupolvien terveyteen ja hyvinvointiin. Kokonaisuudistuksen vaikutuksia alkoholinkäyttöön käsitellään tarkemmin luvussa 5.

3.2 Viinakortista viinilehteen - Suomen alkoholipolitiikan ja Alkon historia

"Uhmaa tarvitsee alistettu ja voimaton ihminen. Suomalainen on perinteisesti hakenut pullosta voimaa eikä niinkään yhteisyyttä ja vapautta."[21]

"Onko vuotta 1969 pidettävä viivästyneen vapautuksen vai suunnittelemattoman katastrofin merkkipaaluna?"[22]

Valtion alkoholiliike perustettiin jo vuonna 1919 kieltolain tullessa voimaan tarkoituksenaan hoitaa lääkinnällisiin, teknisiin ja tieteellisiin tarkoituksiin tarvittavan alkoholin kauppaa. Oy Alkoholiliike Ab, eli nykyinen Alko, perustettiin vuonna 1932 kieltolain kumoamisen jälkeen. Samaan aikaan säädettiin väkijuomista annettu laki (45/1932). Oy Alkoholiliike Ab:n perustaminen ajoittui keskelle lama-aikaa ja valtion taloudellista kriisiä, ja yhtiön tarkoituksena tällöin olikin ennen muuta laittoman kaupan estäminen ja valtion kassan kerryttäminen laillisella kaupalla ennemmin kuin kansanterveyden edistäminen.

Valtion omistamalle yhtiölle annettiin yksinoikeus tuoda, viedä, valmistaa ja myydä alkoholijuomia Suomessa. Ensimmäiset 48 myymälää avattiin 5.4.1932, mutta huomionarvoista on, että väkijuomista annetun lain 28 §:n nojalla alkoholin anniskelua ja vähittäismyyntiä sai harjoittaa vain kaupungeissa ja kauppaloissa, ei siis maaseudulla.[23]

Alkoholin kulutus kasvoi Suomessa voimakkaasti 30-luvulla, mutta sota-aika keskeytti tämän kehityksen tilapäisesti. Toisen maailmansodan syttyminen syyskuussa 1939 toi Suomeen ensi alkuun alkoholituotteiden hinnankorotukset sekä Alkon myymälöiden ja anniskelupaikkojen aukiolojen rajoitukset. Osa myymälöistä pidettiin kiinni koko talvisodan ajan.

Jatkosodan alkupuolella suljettuna olleita myymälöitä alettiin avata. Samaan aikaan alkoholituotteiden enimmäisostomääriä rajoitettiin ja hintoja korotettiin merkittävästi, viinan hintaa jopa 51 %:a. Vuoden 1944 aikana kaikki Alkon myymälät olivat kolmeen otteeseen kokonaan kiinni. Lisäksi paikallisia myymälöiden sulkemisia tai anniskelun rajoituksia toteutettiin sotatoimien tai niiden vuoksi tehtyjen väestönsiirtojen takia.

Vuonna 1943 Helsingin kaupungissa sekä Haagan ja Grankullan kauppaloissa

---

21   Virtanen 1982.
22   Häikiö 2007, s. 157.
23   Warsell 2005, s. 17.

otettiin käyttöön kansalaisten myymälätodistukset, jotka toimivat virallisina henkilöto-distuksina ja oikeuttivat ostamaan väkijuomaa tietystä myymälästä. Järjestelmä, joka tunnettiin hienostuneemmalla nimellä ostajaintarkkailu, ja vähemmän hienostuneella viinakortti, levisi pikkuhiljaa muuallekin Suomeen. Jokainen käynti leimattiin korttiin, ja jos leimoja kertyi liikaa, saatettiin asiakkaan "ryyppyputki" katkaista ottamalla kortti kuivumaan. Järjestelmän tavoitteeksi ilmoitettiinkin sen alkuvaiheessa "estää kontrol-loimaton ostaminen".[24]

Huolimatta sotien aikaisista myyntirajoituksista ja myymälöiden sulkemisista Alko osoittautui odotettua paremmaksi tulolähteeksi valtiolle, mistä on kiittäminen hintojen korotuksia yhdistettynä kulutuksen jatkuvaan kasvuun.[25] Alkoholin kulutuksen voimakas kasvu jatkui myös sotien jälkeen. Vuonna 1945 alkoholin myynti nousi litroina 64 %:a ja raha-arvoltaan 125 %:a.

Kulutuksen kasvavaa kehityssuuntaa pyrittiin suitsimaan paitsi ostajaintark-kailujärjestelmällä, myös asennekasvatuksella. Vuonna 1949 sosiaaliministeriö asetti toimikunnan johtamaan juoppous- ja alkoholikysymyksen tutkimista Suomessa, mitä tutkimusta Alko puolestaan rahoitti.[26] Toisaalta väkevien juomien käytön vähentämisek-si alkoholipolitiikassa alettiin suosia viinejä vuonna 1949, jolloin miedot viinit vapautettiin viinakortista. Sekä viinien että oluiden hintoja alennettiin. Liennytyspolitiikan linjaa jat-kettiin vuonna 1952, kun myös väkevät juomat vapautettiin ostajaintarkkailusta.[27]

Vuonna 1959 aloitettiin viinikampanja, jonka tavoitteena oli edelleen siirtää ku-lutusta miedompiin juomiin. Kampanjaan kuului muun muassa Alkon pullottamien mie-tojen viinien hintojen alentaminen 15 %:lla ja viiniopastuksen tarjoaminen myymälöissä aktiivisesti. Vaikutuksia saatiinkin aikaiseksi. Vain vuodessa Suomessa pullotettujen mietojen juomien myynti kasvoi peräti 87,7 prosenttia. Alkon asiakaslehti Viiniposti, nykyinen Etiketti, perustettiin vuonna 1965.

Viinikampanjan lisäksi myös oluen kulutusta pyrittiin edistämään esimerkiksi olutravintoloita perustamalla. Taustalla oli ajatus siitä, että oluen ja muiden miedom-pien alkoholijuomien kuluttaminen olisi vähemmän haitallista kuin väkevien juomien. Alkoholin kokonaiskulutukseen ei siis niinkään kiinnitetty huomiota, vaan yksittäisten juomalaatujen.

Oluesta muodostui 60-luvun puoliväliin tultaessa todellinen poliittinen veden-

---

24   *Häikiö 2007, s. 128.*
25   *Häikiö 2007, s. 123.*
26   *Häikiö 2007, s. 141.*
27   *Alkon verkkosivut, kohta 5-4-3-2-1-0: Alkon historia.*

jakaja. Raittiusliikkeen kannattajat halusivat estää keskioluen myynnin laajentamisen päivittäistavarakauppoihin. He olivat valmiita sallimaan Alkojen perustamisen ja alkoholin anniskelun laajentamisen maaseututaajamiin. Alko puolestaan halusi perustaa lisää olutravintoloita. Lopulta vuonna 1969 uusi alkoholi- ja keskiolutlaki tuli voimaan ja toi tullessaan lukuisia sääntelyä vapauttavia muutoksia. Alkoholimyymälöitä sai perustaa maaseudulle, aikaisemmin voimassa ollutta 21 vuoden ikärajoitusta muutettiin niin, että 18-vuotias saattoi ostaa mietoja alkoholijuomia ja 20 vuotta täyttänyt kaikkia alkoholijuomia. Keskiolut vapautui myytäväksi yli 17 000 elintarvikeliikkeeseen. Uudistuksen seurauksena keskioluen kulutus nousi vuoden 1969 aikana 125 prosenttia.[28]

Seuraavan kerran alkoholin kulutus lähti nousuun vuonna 1971. Samana vuonna viinakortin käytöstä luovuttiin kokonaan. Alko päätti laajentaa mietoja alkoholijuomia suosivan valistuskampanjansa laajemmaksi kuluttajavalistustoiminnaksi koskien muun muassa hintapolitiikkaa ja alkoholikaupan rajoituksia, alkoholijuomien poikkeavuuksia yleisestä kulutushyödykkeistä sekä tietoja alkoholijuomien fysiologisista vaikutuksista.

Myöhemmin 1970-luvulla asenneilmapiiri alkoholia kohtaan kiristyi jälleen, ja esimerkiksi keskioluen laimentaminen oli esillä eduskunnassa. Lisäksi kokeiltiin Alkon myymälöiden lauantaisulkemista.[29] Vuonna 1976 eduskunta päätyi kuitenkin turvautumaan ennemmin pehmeisiin kuin koviin alkoholipoliittisiin keinoihin, mikä johti käytännöllisesti katsoen kaiken alkoholin mainonnan kieltämiseen. Myös ajatus alkoholin kokonaiskulutuksen merkityksestä terveydelle löi vihdoin läpi, ja Alko myönsi mietojen juomien suosimisen johtaneen alkoholin kokonaiskulutuksen kasvuun.[30]

Vuonna 1990 Suomi kävi neuvotteluita Euroopan talousalueeseen (ETA) liittymiseksi. Alkoholimonopolilla ei ollut keskustelussa suurta roolia, mutta Suomi, Ruotsi, Norja ja Islanti esittivät yksipuolisen julistuksen omista alkoholimonopoleistaan 2.5.1992 allekirjoitetun ETA-sopimuksen lopullisessa versiossa. Julistuksessa todettiin alkoholimonopolien perustuvan tärkeisiin terveys- ja sosiaalipoliittisiin näkökohtiin.[31]

Vuonna 1990 Suomi valmistautui myös hakemaan Euroopan Yhteisöjen (nykyinen EU) jäsenyyttä. EY:n komissio antoi lausuntonsa Suomen jäsenyyshakemuksesta marraskuussa 1992. Komissio tunnusti alkoholimonopolin terveyspoliittiset näkökulmat, mutta totesi, että ne olisivat saavutettavissa vähemmän kilpailua vääristävillä

---

28   *Häikiö 2007, s. 200.*
29   *Alkon verkkosivut, kohta 5-4-3-2-1-0: Alkon historia.*
30   *Häikiö 2007, s. 244.*
31   *Häikiö 2007, s. 296.*

keinoilla.[32]

Vuonna 1994 Suomesta tuli ETA:n jäsen. Suomen hallitus oli myös hyväksynyt Euroopan unionin näkemyksen siitä, että sosiaali- ja terveyspoliittisin perusteisiin rakentuva vähittäismyyntimonopoli voi jatkossakin säilyä, mutta kaikki muut alkoholimonopolin osa-alueet puretaan. Täten uuden alkoholilain valmistelu aloitettiin. Seuraavana vuonna Suomi liittyi EU:hun.

Vuoden 1995 alusta muodostettiin konserni, jossa emoyhtiönä toimi Alko-Yhtiöt Oyj. Alko-Yhtiöt Oyj omisti vähittäismyyntiä yksinoikeudella harjoittavan Alko Oy:n sekä teollisuutta ja vientiä harjoittavan Primalco Oy:n. Lisäksi konserniin kuului hotelli- ja ravintolayhtiö Arctia Oy, jonka omisti Alko Oy. Alkon viranomaistehtävät siirrettiin sosiaali- ja terveydenhuollon tuotevalvontakeskukselle (nykyinen Sosiaali- ja terveydenhuollon lupa- ja valvontavirasto, Valvira).

Jo vuonna 1997 Alko-Yhtiöt Oy -konserni alkoi kuitenkin osoittaa murenemisen merkkejä. Arctia Oy:n liiketoiminnat myytiin ruotsalaiselle Scandic Ab:lle vuoden lopulla. Toisaalta samana vuonna konserniin tuli osaksi uusi yhtiö: alkoholijuomien tukkumyyntiä ja jakelua Itämeren alueella hoitava Havistra Oy. Seuraavana vuonna puolestaan valtioneuvoston talouspoliittinen ministerivaliokunta päätti irrottaa Alko Oy:n konsernista, mikä toteutuikin vuonna 1999. Primalcon ja Havistran emoyhtiön nimeksi vaihdettiin tällöin Altia Group Oy ja se siirtyi kauppa- ja teollisuusministeriön alaiseksi. Primalco ja Havistra sulautettiin emoyhtiöönsä vuonna 2002. Yhtiön nimeksi muutettiin Altia Oyj.

Vuonna 2004 päättyivät EU:n kanssa neuvotellut matkustajatuonnin siirtymäajat ja Suomessa tulivat voimaan EU:n yleiset alkoholijuomien matkustajatuontia koskevat säännökset. Alkoholin maahantuonnista tuli siis käytännössä vapaata. Myös Suomen alkoholijuomaverotusta alennettiin 1.3.2004 alkaen enemmän kuin koskaan historian aikana, keskimäärin 33 %:a. Syy tähän ratkaisuun oli, että Virosta tuli samana vuonna EU:n jäsen, ja Suomessa pelättiin turistituonnin Virosta muodostavan merkittävän alkoholijakelun väylän. Toimenpiteet johtivat alkoholinkulutuksen merkittävään kasvuun. Alkoholin kokonaiskulutus kasvoikin vuonna 2004 noin 10 %:a, mihin vaikutti erityisesti väkevien juomien kulutuksen kasvu noin 17,5 %:a.

Euroopan Unioniin liittymisen yhteydessä alkoholijuomien tuotanto-, tuonti-, vienti- ja tukkumyyntimonopoleista luovuttiin Suomessa vuonna 1995. Jäljelle jäi alkoholijuomien vähittäismyyntimonopoli, joka vuoteen 2018 saakka myi yksinoikeudella yli 4,7 tilavuusprosenttia alkoholia sisältäviä alkoholijuomia. Uuden alkoholilain (1102/2017)

---

32   *EY-komission lausunto Suomen jäsenyyshakemuksesta 4.11.1992, s. 34.*

astuttua voimaan 1.1.2018 päivittäistavarakaupassa myytävien alkoholijuomien enimmäisvahvuus nostettiin 5,5 prosenttiin ja ns. valmistustaparajoitus poistui. Vuonna 2024 kesäkuun 10. päivänä voimaan tulleen alkoholilain muutoksen jälkeen alkoholilaki mahdollistaa korkeintaan 8 %:n alkoholijuomien myynnin vähittäiskaupoille. Samalla valmistustaparajoitus palautettiin lakiin yli 5,5 prosenttisten alkoholijuomien osalta. Vuoden 2018 ja 2024 uudistukset eivät sen sijaan kääntäneet alkoholin kokonaiskulutuksen laskevaa trendiä.

3.3 Alko tänään

Vuoteen 2025 tultaessa Alko on edelleen täysin Suomen valtion omistama yhtiö. Sosiaali- ja terveysministeriö vastaa Alkon toiminnan ohjauksesta ja valvonnasta yhtiön erityistehtävän vuoksi. Alkon alkoholin vähittäismyyntimonopoli Suomessa on säilytetty, mutta siihen on tehty viime vuosina useita rajoituksia, joita käsitellään tarkemmin jäljempänä luvussa 4. Alkolla on pääsäännön mukaan yksinoikeus enemmän kuin 8,0 tilavuusprosenttia etyylialkoholia sisältävän ja muulla tavoin valmistetun enemmän kuin 5,5 tilavuusprosenttia etyylialkoholia sisältävän alkoholijuomien vähittäismyyntiin.

Alkon tehtävänä on monopoliyhtiönä toteuttaa alkoholilain tarkoitusta, eli vähentää alkoholipitoisten aineiden kulutusta rajoittamalla ja valvomalla niihin liittyvää elinkeinotoimintaa alkoholin käyttäjillfor, muille ihmisille ja koko yhteiskunnalle aiheuttamien haittojen ehkäisemiseksi. Alkon tehtävä ei sen omienkaan sanojen mukaan ole siis maksimoida myyntiä tulojen tuottamiseksi omistajalleen, eli Suomen valtiolle.

3.3.1 Alkon myynti vuonna 2024

Vuonna 2024 Alkosta ostettiin noin 71,2 miljoonaa litraa juomia. Myyntilitroissa mitattuna Alkon selvästi myydyin tuoteryhmä oli viinit, jotka muodostivat 62 prosenttia kokonaismyynnistä. Väkevien osuus litramyynnistä oli 27 prosenttia, panimotuotteiden vajaa 10 prosenttia ja alkoholittomien tuotteiden myynti noin prosentin.[33]

Vertailun vuoksi todettakoon, että muut vähittäiskaupat myivät vuonna 2024 noin 375,6 miljoonaa litraa alkoholijuomia.[34] Olutta myytiin vähittäiskaupoissa ja Alkossa

---

33   *Alkon verkkosivut, kohta Alkon myyntilitrat vuonna 2024: väkevien ja viinien myynti laski, oluiden myynti ennallaan, alkoholittomien myynti nousi.*

34   *Valviran tilasto "Jakelutiet tammi-joulukuu 2024".*

yhteensä noin 299,7 miljoonaa litraa, mistä ylivoimaisesti suurin osuus myytiin vähittäiskaupoissa.[35] Viimeisimmän saatavilla olevan tilaston mukaan alkoholin tilastoimaton kulutus eli alkoholin matkustajatuonti ja alkoholijuomien ostot ulkomaisista verkkokaupoista oli puolestaan yhteensä 59,9 miljoonaa litraa vuonna 2023.[36]

Alkon vuoden 2024 puolivuosikatsauksen mukaan Alkon myynti tammi-kesäkuussa 2024 oli 34,8 miljoonaa litraa, joka oli 5,5 prosenttia alhaisempi kuin edellisvuonna vastaavana ajankohtana. Alkoholijuomaverollinen liikevaihto oli 536,4 miljoonaa euroa, joka oli 9,8 miljoonaa euroa eli 1,8 % vähemmän kuin edellisenä vuonna. Alkon liikevoitto oli 15,8 miljoonaa euroa ja kauden voitto oli 13,1 miljoonaa euroa. Oman pääoman tuotto olikin Alkon näkemyksen mukaan hyvällä tasolla eli 32,6 prosenttia.[37]

3.3.2 Alkon myymäläverkosto ja tuotevalikoima

Kirjoitushetkellä Alkolla on 370 myymälää ympäri Suomea Hangosta Nuorgamiin sekä yli sata myymäläverkostoa täydentävää noutopistettä. Noutopisteet ovat paikallisia Alkon yhteistyökumppaneita, jotka voivat luovuttaa asiakkaille näiden Alkon verkkokaupasta tilaamat tuotteet varsinaisen Alko-myymälän sijaan. Alko ilmoittaa tavoitteekseen sijoittaa myymälänsä keskeisille liikepaikoille muiden palveluiden läheisyyteen, esimerkiksi kauppakeskuksiin. Alkon uusien myymälöiden perustamiskriteerit ovat asiakaspalvelunäkökohdat, yhteiskuntavastuu, taloudellinen kannattavuus, alueen väestöpohja sekä myymäläverkoston kattavuus.

Alko kasvatti myymäläverkostoaan tasaiseen tahtiin lähes koko 2000-luvun, muutamaa poikkeusvuotta lukuun ottamatta. 2000-luvun alussa Alkon myymälöitä oli noin 300 (300. myymälä avattiin Turun Kupittaalle 22.1.2003). Laajimmillaan verkosto oli vuonna 2022, jolloin myymälöitä oli yhteensä 372. 2020-luvulla Alko on kuitenkin taas sulkenut muutamia myymälöitään, viimeisimpänä Espoon Otaniemen myymälän 31.12.2024.

Alkon valikoimaan kuuluu yhteensä yli 11 000 tuotetta, myymäläkohtaisen valikoiman ollessa 300–3000 myymälän koon mukaan. Alkolla on neljä valikoimatyyppiä: vakiovalikoima, kausivalikoima, erikoiserät ja tilausvalikoima. Pääosa vakiovalikoiman tuotteista on jatkuvasti valikoimassa myymälöissä ja verkkokaupassa. Vakiovalikoimas-

---

35 *Valviran tilasto "Alkoholin myyntitilasto tammi-joulukuu 2024".*

36 *THL:n raportti "Alkoholin matkustajatuonti ja verkko-ostaminen 2023: Alkoholin matkustajatuonti lisääntyi, mutta verkko-ostot vähenivät vuonna 2023", s. 1.*

37 *Alkon Puolivuosikatsaus 2024, s. 6.*

sa on yli 4600 tuotetta. Kausituotevalikoima sisältää erityistä sesonkia tai tapahtumaa varten valikoimassa olevat tuotteet, kuten esimerkiksi joulunajan glögit tai lokakuun oktoberfest-ajan erikoisoluet. Erikoiserä-tuotteita on saatavilla rajallisemmin kuin muita Alkon valikoiman tuotteita. Tuotteet ovat laatuviinejä ja -oluita sekä väkevien erikoisuuksia. Tilausvalikoima koostuu tuotteista, joita tavarantoimittajat tarjoavat Alkon kautta myyntiin omista varastoistaan. Lisäksi tilausvalikoimaan kuuluu paikallisesti saatavia pientuottajien tuotteita. Tuottajat saavat valita 1–10 Alkon myymälää, joihin haluavat tuotteitaan tarjolle ja lisäksi myynnin verkkokaupan kautta niin halutessaan.

Vuonna 2023 Alkon valikoimassa oli tarkalleen 413 eri alkoholitonta tuotetta, 8718 viiniä, 1678 panimotuotetta ja 2594 väkevää alkoholijuomaa.[38]

3.3.3 Alkon hankintamenettely ja hinnoittelu

Alkon hankintamenettelystä säädetään ylätasoisesti alkoholilaissa ja valtioneuvoston asetuksessa alkoholilain täytäntöönpanosta (jäljempänä "**alkoholiasetus**"). Syynä tähän ratkaisuun on Alkon asema valtiollisena monopolina. EU-oikeus asettaa nimittäin valtiollisille monopoleille tiettyjä vaatimuksia, jotka niiden on täytettävä, jotta EU:n jäsenvaltiot voivat säilyttää ne. Keskeistä monopolin toiminnassa on, että toisista jäsenvaltioista peräisin olevilla tuottajilla ja myyjillä on yhdenvertaiset mahdollisuudet tarjota ja saada tuotteitaan monopolin valikoimiin kuin kotimaisilla tuottajilla. EU-oikeuden vaatimuksia valtiollisille monopoleille käsitellään tarkemmin jäljempänä luvussa 6.

Alkoholilain vuoden 2018 kokonaisuudistuksen yhteydessä nostettiin Alkon syrjimätöntä toimintaa koskeva vaatimus lain tasolle. Uudistusta koskevassa hallituksen esityksessä HE 100/2007 vp viitataan EU-oikeudessa keskeiseen syrjintäkieltoon: "[s]yrjintäkielto merkitsee vakiintuneesti sitä, että eri toimijoita ei saa ilman hyväksyttävää perustetta asettaa eri asemaan säännöksessä mainitun seikan tai syyn, tässä valmistajan tai myyjän kansallisuuden tai kotipaikan, vuoksi. Esimerkiksi kaikkia alkoholijuomia ei säännöksen mukaan tarvitse kohdella tasapuolisesti. Hyväksyttävä erottelu voi perustua esimerkiksi alkoholilain tarkoitukseen ja erityisesti esimerkiksi lasten ja nuorten suojeluun alkoholin aiheuttamilta haitoilta."[39]

Alkoholilain 25 §:n mukaan alkoholiyhtiön, eli Alkon, päätökset alkoholijuomien ottamisesta vähittäismyyntiin, niiden poistamisesta vähittäismyynnistä ja niiden

---

38   *Alkon vuosikertomus 2023, s. 4.*
39   *HE 100/2017 vp, s. 89.*

hinnoittelusta tulee tehdä julkisin ja tasapuolisin perustein riippumatta niiden valmistajan tai myyjän kansalaisuudesta tai kotipaikasta. Tämä koskee myös alkoholijuomien esillepanoa ja muita myyntijärjestelyitä alkoholijuomamyymälässä sekä alkoholijuomien muuta esittelyä kuluttajille.

Edelleen alkoholiasetuksen 14 §:n mukaan alkoholiyhtiön päättämät alkoholilain 25 §:ssä tarkoitetut alkoholijuomien valikoimaan ottamista, valikoimista poistamista ja hinnoittelua koskevat yleiset valintaperusteet, sopimusehdot ja menettelysäännöt tulevat voimaan aikaisintaan 30 päivän kuluttua siitä, kun ne on julkistettu. Alkoholiyhtiön tulee varata tavarantoimittajille tai niitä edustaville järjestöille sopivalla tavalla ennen julkistamista tilaisuus lausua valintaperusteita, sopimusehtoja ja menettelysääntöjä koskevasta ehdotuksesta.

Alkoholiyhtiön tulee vähintään kerran vuodessa
julkistaa tarjousten tekijöiden käyttöön:
1) menettelyohjeet ja tarkemmat määräykset tarjousten
tekemisestä ja niiden käsittelystä;
2) olemassa oleva myyntivalikoima tavarantoimittajineen;
3) arvio tarjousten kohtuullisesta käsittelyajasta.

15 §:n mukaan puolestaan alkoholiyhtiö saa ottaa alkoholijuomia valikoimiinsa ainoastaan tarjousten perusteella. Alkoholiyhtiön tulee päättää alkoholijuomien ottamisesta vähittäismyyntiin ja niiden poistamisesta valikoimistaan 14 §:n 1 momentissa tarkoitettujen sopimusehtojensa ja yleisten valintaperusteidensa mukaisesti. Jos alkoholijuoman poistaminen valikoimasta perustuu alkoholijuoman laatuun tai myyjän menettelyyn, alkoholiyhtiön tulee varata myyjälle kohtuullinen aika korjata laatuun tai menettelyyn liittyvä puutteellisuus.

Alkoholilain 25 §:n ja alkoholiasetuksen 14 ja 15 §:ien noudattamiseksi Alkolla on käytössään yksityiskohtainen valikoimaanotto-ohje, jonka viimeisin versio on annettu 24.9.2024. Ohjeen mukaan Alko päättää tuotteiden ottamisesta valikoimaan, niiden hinnoittelusta ja valikoimasta poistamisesta tasapuolisin ja syrjimättömin perustein riippumatta myyjän kansalaisuudesta tai kotipaikasta. Valikoimaanottopäätöstä tehtäessä Alko arvioi tuotetta erityisesti asiakkaan, laadun, kysynnän, valikoiman sekä vastuullisuuden näkökulmasta. Valinnassa huomioidaan myös lain ja asetusten vaatimukset (esim. pakkaus ja markkinointi).[40]

Valikoimaanotto-ohje sisältää kuvaukset Alkon tuotevalikoimista ja niiden suun-

---

40   *Alkon valikoimaanotto-ohje 24.9.2024, s. 1.*

nittelusta, ohjeet osallistumisesta tuotehakuihin ja tarjousmenettelyyn sekä tuotteiden tarjoamisesta tilausvalikoimaan. Valikoimaanotto-ohje sisältää niin ikään tietoa tuotteiden poistamisesta valikoimasta sekä kaupankäynnin ehdoista ja tuotteiden hinnoittelusta. Lisäksi Alkolla on käytössä kolme kertaa vuodessa päivittyvä valikoimasuunnitelma, josta käy ilmi kunkin vuosikolmanneksen tarkka tuotevalikoima.

Alkolla on käytössä valikoimaprofiilit, joiden perusteella vakiovalikoimassa olevat tuotteet ohjataan myymälöihin. Valikoimaprofiili muodostuu myymälän myyntiprofiiliin (normaali, perus, plus) ja myymäläkoon (6 kokoluokkaa, XS-XXL) yhdistelmänä. Alkon mukaan normaali-myyntiprofiiliin verrattuna plus-myyntiprofiilin myymälöissä korostuvat etenkin viinit, oluet sekä keskimääräistä kalliimmat tuotteet. Perusmyyntiprofiilin myymälöissä myynti painottuu puolestaan enemmän väkevien tuoteryhmien tuotteisiin sekä osaan panimoryhmän tuotteita. Lisäksi Alko luokittelee jotkin myymälät jokeri-tyypin myymälöiksi, joille ei poikkeuksellisten olosuhteiden, kuten pienen pinta-alan tai kausittaisen kysynnän voimakkaan vaihtelun, takia ole kannattavaa tehdä keskitetysti ohjattua valikoimanhallintaa.[41]

Valikoimaanotto-ohjeesta ja valikoimasuunitelmasta käy ilmi, että Alkon valikoimanhallinta on varsin keskitettyä. Alkon mukaan tuotteita ohjataan keskitetysti myymälöihin enintään 90 %:a ja keskimäärin noin 70 %:a. Alko kohdistaa vakiovalikoiman volyymiltaan suurimmat tuotteet lähtökohtaisesti suoraan kaikkiin keskitetyn ohjauksen piirissä oleviin myymälöihin.

Alko jakaa kaikki valikoimassaan olevat tuotteet tuoteryhmäpuun mukaisesti alatuoteryhmiin ja sitten segmentteihin. Segmenttien suurimmat tuotteet saavat keskitetyn kohdennuksen useampaan myymälään kuin alemman sijoituksen saaneet tuotteet. Osa tuotteista tai segmenteistä voi jäädä keskitetyn kohdennuksen ulkopuolelle. Lisäksi viinituotteiden tapauksessa myös pakkauksen ympäristöystävällisyydellä voi olla vaikutusta tuotteen myymäläkohdennuksen laajuuteen.

Varsinainen tuotteiden valinta Alkon valikoimaan tapahtuu tuotehaun ja tarjousmenettelyn kautta. Tuotteet tulee tarjota sähköisesti Alkolle sen Kumppaniverkko-palvelun kautta. Tarjouksia tuotehakuihin voi tehdä alkoholijuomien maahantuoja, muu tavarantoimittaja, tuottaja, valmistaja, sekä valtuutettu edustaja. Tarjoajalla tulee olla toiminnan edellyttämät voimassa olevat luvat. Tarjoajan tai myyjän on ilmoitettava välittömästi mahdollisista lupien muutoksista Alkolle. Tarjouksen hyväksyminen edellyttää, että tarjous on oikein ja haun mukaisin ehdoin täytetty.

---

41   *Alkon valikoimaanotto-ohje 24.9.2024, s. 4.*

Alko pyytää tarjotuista tuotteista näytteitä ja arvioi tuotteet pyydettyjen näytteiden perusteella käyttäen sokko- ja/tai avointa arviota. Alkon mukaan arvioinnissa huomioidaan erityisesti tuotteen laatuun, mutta sen lisäksi myös vastuullisuustekijöihin, tuotteen saatavuuden varmuuteen, materiaalivirran toimivuuteen sekä pakkauksen tilanhallinnalliseen soveltuvuuteen.

Valitut tuotteet jatkavat prosessissa eteenpäin. Kaksi seuraavaa tuotetta jäävät varatuotteeksi ja loput tarjotut tuotteet hylätään. Arvioinnin jälkeen valittu tuote toimitetaan Alkoholintarkastuslaboratorion (ACL) analysoitavaksi. Jos valitut tuotteet eivät ole kelpoisia valikoimaan tuleviksi, valitaan seuraava varatuote. Varatuotteet hylätään oston yhteydessä.

Tuotteiden varsinainen osto tapahtuu noin 1–3 kuukauden kuluttua hakuajan päättymisestä ja tuote tulee valikoimaan yleensä noin 2–4 kuukauden kuluttua tuotteen ostosta.

Tilausvalikoiman tuotteiden osalta ei ole käytössä hakumenettelyä. Kuitenkin myös tilausvalikoimaan tarjoaminen tapahtuu Alkon Kumppaniverkko-palvelun kautta. Tarjoajan itsenäisesti täytettäväksi tulevien tietojen määrä on suurempi kuin tarjottaessa tuotteita muihin valikoimiin hakumenettelyn kautta. Yksittäiset Alkon myymälät voivat täydentää valinnaista valikoimaansa haluamallaan määrällä tilausvalikoiman tuotteita, mutta niiden tulee pysyä asetetun kokonaisnimikemäärän rajoissa. Myymälävalikoimissa pidettävät tilausvalikoiman tuotteet ovat joko paikallisia erikoisuuksia tai vakiovalikoimaa täydentäviä tuotteita.

Valikoimaanotto-ohje sisältää myös ohjeet siitä, kuinka Alkon valikoimassa olevien tuotteiden vähittäismyyntihinnat määritellään. Hinnan määrittelyyn käytetään moniosaista taulukkoa. Yksinkertaistaen tuotteen hinnanmuodostus alkaa tavarantoimittajan Alkolle ilmoittamasta ostohinnasta, joka sisältää tavarantoimittajan hankintakustannukset, katteen ja muut kulut. Hankintahintaan lisätään hinnoittelukerroin eli myyntikate, mahdolliset logistiikkakustannukset, pantti, kierrätysmaksu, alkoholijuomavero ja arvonlisävero, jolloin saadaan lopullinen vähittäismyyntihinta.

Alkon keskimääräinen myyntikate on 17 % tuotteen verollisesta hinnasta. Alkolla on myös käytössä minimikatteet, joita sovelletaan, mikäli tuotteelle hinnoittelukertoimella saatu kate jää määriteltyä minimikatetta pienemmäksi. Alkon minimikatteet hinnoitteluryhmille 1, 2 ja 3 ovat 1,25 euroa litralta, kuitenkin vähintään 0,64 euroa pullolta/tölkiltä. Hinnoitteluryhmille 4 ja 5 minimikate on 0,78 euroa litralta, kuitenkin vähintään 0,29 euroa pullolta/tölkiltä.

Alkon valikoimaanottopäätöksiin on mahdollista hakea muutosta. Alkoholilain

80 §:n 2 momentin mukaan oikaisua Alkon päätökseen alkoholijuomien valikoimaan ottamisesta, valikoimasta poistamisesta sekä hinnoitteluperusteista haetaan Sosiaali- ja terveysalan lupa- ja valvontavirastolta Valviralta siten kuin hallintolaissa säädetään. Alko toimittaa erillisestä, kirjallisesta pyynnöstä oikaisuvaatimusta varten tarvittavan perustellun päätöksen ja ohjeet oikaisuvaatimuksen esittämiseen viivytyksettä pyynnön saapumisesta. Vaatimus perustellusta päätöksestä on esitettävä Alkolle 30 päivän kuluessa siitä, kun tarjouksen tekijä tai tavarantoimittaja sai tiedon Alkon menettelystä.

3.3.3.1 Alkon taloudellinen merkitys Suomen valtiolle

Kuten edellä on jo todettu, Alkon tehtävä on myydä alkoholia Suomessa siten, että se vähentää alkoholin haittoja. Kuitenkin samanaikaisesti Alko on Suomen valtiolle keskeinen tulonlähde, kuten Alko itsekin verkkosivuillaan kertoo.[42] Alkon mukaan se tuottaa valtiolle vuodessa tuloja julkisten menojen kattamiseksi noin miljardi euroa.

Vuoden 2023 myynnin kautta alkoholijuomaveroa kertyi 575,6 (599,2) miljoonaa euroa ja arvonlisäveroa 278,6 (285,0) miljoonaa euroa. Tavarantoimittajat maksavat suurimman osan myytyjen tuotteiden alkoholijuomaveroista suoraan valtiolle. Maksettujen yhteisöverojen kertymä oli 8,7 (10,7) miljoonaa euroa.

Kuten todettu, Alko on valtion kokonaan omistama osakeyhtiö. Näin ollen Alko maksaa valtiolle myös osinkoja tuloksestaan. Vuoden 2023 tuloksesta Alko maksoi osinkoa 40,0 miljoonaa euroa.[43] Vuoden 2024 ensimmäisellä puoliskolla alkoholijuomaveroa kertyi Alkon myynnistä valtiolle 278,1 miljoonaa euroa.[44] Alko ei saa valtiolta taloudellisia avustuksia.

Henkilöstölle Alko maksoi puolestaan palkkoja, palkkioita ja sivukuluja vuonna 2023 yhteensä 96,5 (89,0) miljoonaa euroa. Alko tekee yhteistyötä useiden järjestöjen ja yhteistyökumppaneiden kanssa. Vuoden 2023 tulosvaikutteiset avustukset ja yhteistyökorvaukset olivat 600 000 euroa. Ylivoimaisesti suurimmat tuensaajat olivat Alkoholitutkimussäätiö, jolle Alko lahjoitti 180 000 euroa, ja Helsinki Missio ry:n yksinäisyystyö, jolle Alko lahjoitti 100 000 euroa.[45]

---

42   *Alkon verkkosivut, kohta Alkon taloudellinen merkitys yhteiskunnalle yli miljardi euroa.*
43   *Alkon vuosikertomus 2023, s. 53.*
44   *Alkon puolivuosikatsaus 2024, s. 6.*
45   *Alkon vuosikertomus 2023, s. 20.*

4
SUOMEN VOIMASSA OLEVAN ALKOHOLILAINSÄÄDÄNNÖN KUVAUS

4.1 Alkoholilain tausta, soveltamisala ja tavoitteet

Keskeisin säädös Alkon toiminnan kannalta on alkoholilaki (1102/2017), jonka 3 luku koskee alkoholiyhtiötä. Alkoholilakia sovelletaan alkoholipitoisten aineiden valmistukseen, maahantuontiin, maastavientiin, kuljetukseen, myyntiin ja muuhun luovuttamiseen, käyttöön, hallussapitoon ja markkinointiin. Lain 1 §:n mukaan lain tarkoituksena on vähentää alkoholipitoisten aineiden kulutusta rajoittamalla ja valvomalla niihin liittyvää elinkeinotoimintaa alkoholin käyttäjilleen, muille ihmisille ja koko yhteiskunnalle aiheuttamien haittojen ehkäisemiseksi.

Alkoholilain (28.12.2017/1102) tavoitteena on lain 1 §:n mukaan vähentää alkoholipitoisten aineiden kulutusta rajoittamalla ja valvomalla niihin liittyvää elinkeinotoimintaa alkoholin käyttäjilleen, muille ihmisille ja koko yhteiskunnalle aiheuttamien haittojen ehkäisemiseksi. kansanterveyden suojelu alkoholijuomien aiheuttamilta haitoilta. Alkoholilakia sovelletaan 2 §:n mukaan muun ohella alkoholipitoisten aineiden valmistukseen, maahantuontiin, maastavientiin, kuljetukseen, myyntiin ja muuhun luovuttamiseen, käyttöön, hallussapitoon ja markkinointiin.

Alkoholilain 3 luvun 23 §:n mukaan alkoholiyhtiöllä on 1 §:ssä tarkoitettujen haittojen vähentämiseksi 6 §:ssä säädetyin poikkeuksin yksinoikeus harjoittaa alkoholijuomien vähittäismyyntiä. Alkoholiyhtiöön ja sen harjoittamaan alkoholijuomien vähittäismyyntiin sovelletaan alkoholijuomien vähittäismyyntiluvanhaltijaa ja vähittäismyyntiä koskevia säännöksiä, ellei yksinoikeudesta muuta johdu tai toisin säädetä.

Viime vuosien hallitusten ajamat uudistukset ovat muovanneet uudelleen Alkon monopolia. Vuonna 2018 alkoholilain kokonaisuudistuksen yhteydessä Alkon monopoli enimmäisvahvuudeltaan 5,5-prosenttisten alkoholijuomien myynnissä purettiin, ravintoloiden aukioloajat vapautettiin, anniskeluaikarajoituksia kevennettiin ja Alkon aukiolo-aikoja laajennettiin.

Kokonaisuudistusta koskevassa hallituksen esityksessä todettiin sen tavoit-teista, että "[j]os uudistuksen päätavoite olisi vähentää alkoholin aiheuttamia haittoja, kustannushyötysuhteeltaan tehokkaimmat keinot ovat WHO:n ja OECD:n sekä lääketie-teellisten ja yhteiskuntatieteellisten tiedeyhteisöjen mukaan koko väestöön kohdistu-vat keinot: saatavuuden rajoittaminen, verotus ja mainonnan rajoitukset. Näitä keinoja käytetään tavalla tai toisella kaikissa EU-maissa alkoholihaittojen vähentämiseksi ja myös tupakoinnin vähentämiseksi lähes kaikissa maailman maissa."

Toisaalta hallituksen esityksessä todetaan myös: "[e]simerkiksi alkoholijuomien saatavuuden rajoittamista myös vastustetaan etenkin elinkeinoelämän piirissä. Vastus-tusta on kansalaistenkin piirissä, joskin enemmistö suomalaisista pitää hyväksyttävänä nykyistä vähittäismyyntijärjestelmää. Vuoden 2016 juomatapatutkimuksessa ja THL:n vuonna 2017 teettämässä mielipidekyselyssä lähes kaksi kolmannesta vastaajista kannatti nykyistä tai nykyistä tiukempaa alkoholipoliittista linjaa. Alkoholipolitiikan väljentämistä kannatti vajaa kolmannes."

Viimeisin uudistus tehtiin vuonna 2024 pääministeri Petteri Orpon hallitusohjel-man tavoitteiden mukaisesti. Hallitusohjelman mukaisesti hallitus uudistaa alkoholipoli-tiikkaa vastuullisesti eurooppalaiseen suuntaan ja jatkaa vuonna 2018 tehtyä alkoholilain kokonaisuudistusta. Hallituksen tavoitteena on reilun ja avoimen kilpailun edistäminen.

Hallitusohjelmassa on sovittu useista alkoholikauppaa koskevista markkinoiden avaamiseen ja kilpailun lisäämiseen liittyvistä lainsäädäntömuutoksista. Uudistuksella vähittäismyyntiä koskevia säännöksiä muutettiin sallimalla luvanvaraiseen vähittäis-myyntiin enintään 5,5 tilavuusprosenttia etyylialkoholia sisältävien alkoholijuomien lisäksi myös enintään 8,0 tilavuusprosenttia etyylialkoholia sisältävät käymisteitse valmistetut alkoholijuomat.

Uudistusta koskevassa hallituksen esityksessä 7/2024 todetaan, että alkoholilain tavoitteena on vähentää alkoholipitoisten aineiden kulutusta rajoittamalla ja valvomalla niihin liittyvää elinkeinotoimintaa. Hallituksen esityksen mukaan kuitenkin "[v]aikka valtion ohjaama alkoholin vähittäismyynnin yksinoikeusjärjestelmä on kansainvälisen tutkimustiedon ja Maailman terveysjärjestön WHO:n mukaan tehokas keino ehkäistä ja vähentää alkoholin kulutusta ja haittoja, tällainen alkoholijuomien saatavuuden sääntely rajoittaa edelleen markkinoiden toimivuutta ja kilpailua."

Edelleen hallituksen esityksessä todetaan, että "[l]akiehdotuksen keskeisimmät vaikutukset liittyvät alkoholin saatavuuden lisääntymiseen sekä kilpailun lisääntymiseen alkoholin vähittäismyynnissä." Esityksessä arvioidaan myös, että alkoholin kulutusta siirtyy todennäköisesti miedommista alkoholituotteista vahvempiin niiden saatavuuden parantuessa ja että valtion verotuotot kasvaisivat uudistuksen myötä noin 10 miljoonalla euroa vuodessa.

4.2 Alkoholijuomien valmistusluvat, myynti ja maahantuonti

4.2.1 Alkoholijuomien vähittäismyynti muualla kuin Alkon toimipaikoissa

Suomen alkoholilainsäädäntö säätelee tarkasti alkoholijuomien vähittäismyyntiä muualla kuin Alkon myymälöissä. Vähittäismyynnillä tarkoitetaan alkoholijuoman myyntiä nautittavaksi muualla kuin myyjän hallitsemissa tiloissa tai myyjän järjestämässä valvonnassa. Vähittäismyynnissä yli 2,8 tilavuusprosenttisten alkoholijuomien myynti on luvanvaraista toimintaa, jota varten täytyy olla vähittäismyyntilupa. Lupaviranomaisena toimii liikkeen sijaintipaikan aluehallintovirasto, joka on yhdessä Sosiaali- ja terveysalan lupa- ja valvontavirasto Valviran (myöhemmin "**Valvira**") kanssa valvontaviranomainen.[46] Eduskunnan käsiteltävänä olevassa aluehallintouudistusta koskevalla lakiesityksellä alkoholin lupa- ja valvonta-asiat keskitettäisiin yhteen valtakunnalliseen Lupa- ja valvontavirastoon, joka aloittaisi toimintansa vuoden 2026 alussa.[47]

Valviralle kuuluu alkoholilain (1102/2017) 60 §:n mukaan keskusvirastona aluehallintovirastojen lupahallinnon ja valvonnan ohjaus, yhteensovittaminen ja kehittäminen, alkoholihallinnon tieto-, tilastointi- ja viestintäpalveluiden tuottaminen sekä alkoholijuomien vähittäismyynnin ja anniskelun sekä markkinoinnin valvonta koko maassa sekä aluksilla, joilla on Suomen kansallisuus. Aluehallintovirastot valvovat alkoholijuomien vähittäismyyntiä, anniskelua ja markkinointia alueellaan.[48]

Alkoholijuomien vähittäismyyntilupa voidaan myöntää luonnolliselle henkilölle tai oikeushenkilölle, jolla harkitaan olevan tähän toimintaan tarvittavat taloudelliset edellytykset ja vaadittava luotettavuus. Luvansaannin esteitä voivat olla muun muassa hakijaa koskeva konkurssi tai selvitystila, maksuvelvoitteiden laiminlyönti tai henkilökohtainen soveltumattomuus, kuten päihteiden väärinkäyttö tai rikoksiin syyllistyminen.

Vähittäismyyntilupa on myyntipaikka- ja luvanhaltijakohtainen. Luvanhaltija ei

---

46   *Valviran ohje alkoholijuomien vähittäismyynnistä 4.9.2024, s. 4.*
47   *HE 13/2025 vp.*
48   *Alkoholilaki (1102/2017), 60 §.*

voi siis myydä alkoholijuomia eri paikoissa samalla luvalla. Vähittäismyyntilupa myönnetään pääsääntöisesti toistaiseksi voimassa olevana. Poikkeukset ovat mahdollisia, jos erityiset syyt puoltavat määräaikaisuutta.[49]

Myyntipaikassa saa myydä vain luvassa tarkoitettuja alkoholijuomia, jotka luvanhaltija on hankkinut myymälän lupanumerolla alkoholijuomien valmistajalta tai tukkumyyjältä. Luvanhaltija voi myös tuoda maahan alkoholijuomat omassa vähittäismyyntipaikassa tapahtuvaa myyntiä varten. Ennen maahantuonnin aloittamista luvanhaltijan on tehtävä ilmoitus Valviralle toimimisestaan alkoholijuomien maahantuojana. Maahantuojaa koskee omat erityiset velvoitteet, joita käydään läpi alla kappaleessa 4.2.4.

Alkoholilaissa määritellään tarkemmin, millaisia alkoholijuomia voi myydä tavallisissa vähittäismyyntipisteissä. Alkoholijuomien vähittäismyyntilupa koskee käymisteitse valmistettuja alkoholijuomia, joiden enimmäisalkoholipitoisuus on 8,0 %, sekä muulla tavoin valmistettuja alkoholijuomia, joiden enimmäisalkoholipitoisuus on 5,5 %. Lupa oikeuttaa näiden juomien vähittäismyyntiin vähittäismyyntipaikan sisätiloissa.[50]

Lupa voidaan myöntää ensinnäkin elintarvikemyymälään, jonka tuotevalikoima koostuu monipuolisista päivittäin tarvittavista elintarvikkeista. Alkoholijuomien myynti ei kuitenkaan saa olla selvästi muiden elintarvikkeiden myyntiä suurempaa.[51] Toiseksi lupa voidaan myöntää myymäläautoon tai -veneeseen, joka kulkee aluehallintoviraston vahvistamalla säännöllisellä reitillä. Myymäläautossa tai -veneessä pitää olla monipuolinen valikoima päivittäin tarvittavia elintarvikkeita.

Kolmanneksi lupa voidaan myöntää anniskelupaikkaan, jolloin anniskelupaikka pystyy anniskelun lisäksi myymään tuotteita mukaan. Tuotteiden täytyy tosin olla samoja, joita anniskelupaikassa anniskellaan. Neljänneksi lupa voidaan myös myöntää alkoholijuomien valmistuspaikkaan. Lisäksi tilaviinin ja käsityöläisoluen valmistajalle voidaan myöntää vähittäismyyntilupa, kun myyntipaikka sijaitsee valmistuspaikan yhteydessä tai sen välittömässä läheisyydessä ja juoman käymisprosessi on suoritettu valmistuspaikassa, jota vähittäismyyntilupa koskee.[52]

Alkoholilaki sisältää erityisen kiellon, jonka mukaan alkoholijuomien valmistuksessa, maahantuonnissa, myynnissä ja markkinoinnissa ei saa toimia hyvän tavan vastaisesti. Toimea pidetään hyvän tavan vastaisena, jos se on selvästi ristiriidassa yleisesti

---

49   *Valviran ohje alkoholijuomien vähittäismyynnistä 4.9.2024, s. 24.*
50   *Alkoholilaki (1102/2017), 17 §.*
51   *HE 100/2017 vp, s. 81.*
52   *Alkoholilaki (1102/2017).*

hyväksyttyjen yhteiskunnallisten arvojen kanssa ja erityisesti, jos siinä suhtaudutaan hyväksyvästi tai välinpitämättömästi terveyden vaarantamiseen alkoholin vaikutuksen alaisena taikka huumausaineilla, lääkevalmisteilla tai kemikaaleilla.[53] Valvontaviranomainen voi kieltää luvanhaltijaa jatkamasta elinkeinotoimintaa siltä osin kuin se olennaisesti on hyvän tavan vastaista eikä kyseistä toimintaa ole korjattu tai lopetettu asetetussa kohtuullisessa määräajassa kohtuullisessa ajassa valvontaviranomaisen kehotuksesta huolimatta.[54]

Vähittäismyynnissä on noudatettava myös alkoholilaissa määriteltyjä ikärajoja. Alle 18-vuotiaille alkoholijuomien myyminen tai luovuttaminen on kiellettyä. Lain esitöissä ikärajaa on perusteltu lasten ja nuorten oikeuksien toteutumisella sekä nuorille aiheutuvien haittojen ehkäisyllä. Nuorille alkoholinkäytöstä aiheutuviksi haitoiksi on katsottu esimerkiksi syrjäytymisen ja itsemurhariskin kasvu.[55] Ikäraja asettaa tiettyjä vaatimuksia vähittäismyynnin henkilökunnan pätevyydelle, kuten heidän perehtyneisyytensä alkoholilain sääntöihin. Henkilökunnan tulee valvoa myyntikieltojen ja alkoholilaissa asetettujen velvoitteiden noudattamista.[56]

Valviran ohjeen mukaan kaikilta alkoholijuomaa ostavilta nuoren näköisiltä asiakkailta on tarkastettava ikä. Toisaalta osa nuorista näyttää paljon todellista ikäänsä vanhemmilta, ja siksi on syytä tarkastaa ikä myös nuorelta, joka vaikuttaa kahdeksaatoista vuotta vanhemmalta. Tältä osin Päivittäistavarakauppa Ry:n ja Alkon ohje, jonka mukaan asiakkaan ikä tulee tarkistaa, jos asiakas vaikuttaa alle 30-vuotiaalta, on Valviran ohjetta tiukempi. Iän todistamiseen kelpaa viranomaisen myöntämä kuvallinen henkilökortti, passi, ajokortti tai muu viranomaisen myöntämä luotettava kuvallinen asiakirja.

Myynti on kiellettyä henkilölle, jonka päihtymys on selvästi havaittavissa tai joka käyttäytyy häiritsevästi. Valviran ohjeessa on lueteltu eri merkkejä, jotka viittaavat henkilön olevan selvästi päihtynyt. Näitä on esimerkiksi tilanteet, joissa henkilöllä on vaikeuksia kiinnittää katsetta tai henkilöllä on lasittunut katse, henkilöllä on vaikeuksia käsittää asioita ja ymmärtää toisen sanomaa, henkilö kävelee huojuen eikä pysty kävelemään suoraan tai kaatuu ilman tukea tai jos henkilö voi pahoin.[57]

Alkoholia ei myöskään saa myydä, jos syntyy perusteltu syy olettaa alkoholijuoman luvatonta luovuttamista tai välitystä esimerkiksi alaikäiselle. Välityspäily voi

---

53 *Alkoholilaki (1102/2017), 4 §.*
54 *Alkoholilaki (1102/2017), 68 §.*
55 *HE 100/2017 vp, s. 58–59.*
56 *Alkoholilaki (1102/2017), 38 §.*
57 *Valviran ohje alkoholijuomien vähittäismyynnistä 4.9.2024, s. 7.*

syntyä esimerkiksi tilanteissa, jossa ostajan seurassa oleva nuori tai henkilö, jonka päihtymys on selvästi havaittavissa, keskustelee alkoholituotteista, valitsee ostettavia juomia tai antaa rahaa alkoholijuomien ostajalle, asiakas ostaa suuren määrän erilaisia alkoholijuomia ja maksaa ne pienillä seteleillä ja kolikoilla tai ostokset jaetaan useammalle maksuvälineelle, tai jos alkoholijuomia ostava asiakas saapuu paikalle autolla, jonka kyydissä on päihtyneitä tai nuoria.[58]

Vähittäismyyntipaikan henkilökunta osallistuu siis työtehtävissään alkoholijuomien myynnin valvontaan. Valvontavelvoite asettaa vaatimuksia henkilökunnan määrälle. Alkoholilain mukaan vähittäismyyntipaikassa tulee siten olla lukumäärältään riittävästi henkilökuntaa, jotta tehokas valvonta ja järjestyksenpito onnistuu.[59] Luvanhaltija vastaa riittävän henkilökuntamäärän mitoittamisesta osana laatimaansa omavalvontasuunnitelmaa.

Vähittäismyyntipaikassa tulee olla paikalla myös luvanhaltijan edustajana tämän määräämä vastaava hoitaja tai muu luvanhaltijan tähän tehtävään nimeämä henkilö, jos paikka on avoinna asiakkaille.

Omavalvontasuunnitelmalla tarkoitetaan luvanhaltijan kirjallisesti laatimaa suunnitelmaa toimintansa lainmukaisuuden varmistamiseksi. Luvanhaltijan on osana omavalvontaa huolehdittava siitä, että henkilökunta tuntee alkoholilaissa säädetyt ja omavalvontasuunnitelmassa määrätyt velvoitteensa. Luvanhaltijan on pidettävä kirjaa toimipaikassa työskentelevien henkilöiden koulutuksesta ja osaamisesta ja pyydettäessä esitettävä tiedot valvontaviranomaiselle. On selvää, että alkoholijuomien myyntiin ja vähittäismyynnin valvontaan osallistuva henkilö ei tehtävässään saa olla alkoholin eikä muun päihdyttävän aineen vaikutuksen alaisena.

Vähittäismyyntiluvanhaltijan täytyy muiden säännösten lisäksi noudattaa alkoholilaissa säänneltyä alkoholin vähittäismyyntiaikaa. Yli 2,8 prosenttisten alkoholijuomien vähittäismyynti on sallittua kello 9:stä kello 21:een. Alkoholijuomaa saa myydä vähittäismyynnissä vain valmiiksi täytetyissä suljetuissa pakkauksissa, kuten pulloissa tai tölkeissä.[60] Alkoholijuomien nauttiminen vähittäismyyntipaikassa tai sen välittömässä läheisyydessä on kielletty.

Valviran ohjeen mukaan alkoholin vähittäismyyntiä koskevien säännösten tarkoituksena on vähentää alkoholipitoisten aineiden kulutusta. Tämä tapahtuu rajoittamalla

---

58   *Valviran ohje alkoholijuomien vähittäismyynnistä 4.9.2024, s. 9.*
59   *Alkoholilaki (1102/2017), 37–39 §.*
60   *Alkoholilaki (1102/2017), 41–42 §.*

ja valvomalla vähittäismyyntiin liittyvää elinkeinotoimintaa alkoholin käyttäjilleen, muille ihmisille ja koko yhteiskunnalle aiheuttamien haittojen ehkäisemiseksi. Säännöksillä pyritään myös ehkäisemään alaikäisten alkoholinkäyttöä ja liiallisesta alkoholinkäytöstä aiheutuvia haittoja. Ohjeen mukaan myynnin valvonta johtaa myös järjestyshäiriöiden vähenemiseen.[61]

4.2.2 Anniskelutoiminta ravintoloissa ja muissa anniskelupaikoissa

Alkoholijuomien anniskelulla tarkoitetaan alkoholin myyntiä tai välittämistä siten, että alkoholia nautitaan myyjän tiloissa tai myyjän valvonnassa. Anniskelutoiminta, jossa myydään, välitetään tai luovutetaan yli 2,8 % alkoholijuomia palkkiota vastaan, on luvanvaraista toimintaa. On tärkeää huomioida, että alkoholijuoman tarjoaminen maksua vastaan tai oheistuotteena palvelun tai hyödykkeen yhteydessä elinkeinotoiminnassa edellyttää myös anniskelulupaa. Alkoholijuomien nauttiminen on sallittua kokoontumislaissa tarkoitetussa yleisötilaisuudessa tai ravitsemisliikkeessä vain anniskeluluvalla.

Anniskeluluvan myöntää hakemuksesta aluehallintovirasto, joka on yhdessä Valviran kanssa valvontaviranomainen. Anniskelulupa voidaan myöntää täysi-ikäiselle luonnolliselle henkilölle tai oikeushenkilölle, joka täyttää alkoholilaissa määrätyt edellytykset. Hakijan on harjoitettava ravitsemistoimintaa majoitus- ja ravitsemistoiminnasta annetun lain mukaisesti. Hakijan on myös laadittava omavalvontasuunnitelma, jonka avulla varmistetaan anniskelutoiminnan lainmukaisuus.

Anniskelupaikassa tulee olla tietty alue, joka on osoitettu alkoholijuomien anniskeluun. Tätä aluetta kutsutaan anniskelualueeksi. Anniskelualueen tulee olla sellainen, että se on sekä viranomaisten että luvanhaltijan valvottavissa. Anniskeltuja juomia ei saa viedä anniskelualueen ulkopuolelle. Urheilu-, liikunta-, musiikki- tai muissa vastaavissa tapahtumissa anniskelualueeksi voidaan hyväksyä yleisön katsomotila, jos se on varattu yksinomaan 18 vuotta täyttäneille henkilöille. Lupa voidaan myöntää myös tiettyä tilaisuutta tai tapahtumaa varten, jos anniskelualue täyttää edellä kuvatut vaatimukset. Anniskelualue voi olla myös yhteinen, jossa kaksi tai useampi luvanhaltijaa voi anniskella samanaikaisesti. [62]

Tapahtuma-, kokous- ja juhlatila ja vastaava alue voidaan tilan tai alueen omistajan tai haltijan hakemuksesta hyväksyä anniskelualueeksi, joissa anniskeluluvanhaltijat

---

61 *Valviran ohje alkoholijuomien vähittäismyynnistä 4.9.2024, s. 4–5.*
62 *Alkoholilaki (1102/2017), 18–20 §.*

voivat anniskella ilmoituksella.

Anniskelulupa voidaan myöntää myös majoitus- ja ravitsemistoiminnasta annetussa laissa tarkoitetulle matkustajalle tapahtuvaan anniskeluun majoitushuoneessa sekä suljetuille seurueille tapahtuvaan anniskeluun luvanhaltijan kokoustilassa tai vastaavalla alueella.

Aluehallintovirasto voi asettaa erityisiä ehtoja ja rajoituksia anniskelulupaan, jos anniskelualueen sijainti tai tapahtuma sitä vaatii. Rajoituksia saatettaisiin asettaa esimerkiksi, jos anniskelualue sijaitsee lasten tai nuorten käyttämien tilojen välittömässä läheisyydessä tai anniskelulupaa on haettu perheille suunnattua tapahtumaa varten.[63] Mahdollisuus asettaa anniskelulupaan rajoituksia on keino varmistaa, että anniskelutoiminta on asiallisessa suhteessa tilaisuuden luonteeseen nähden. Rajoituksilla voidaan esimerkiksi pyrkiä turvaamaan anniskelun valvonta ja ylläpitää yleistä järjestystä.[64]

Anniskeluajan pääsääntönä on, että yli 2,8 % alkoholijuomia voi anniskella kello 9:stä kello 1.30:een. Luvanhaltija voi myös jatkaa anniskeluaikaa enintään kello 4.00 asti tekemällä siitä ilmoituksen aluehallintovirastolle. Ulkotiloissa jatkoaika edellyttää jatkoaikalupaa. Anniskelua jatkoajalla koskee järjestyksenvalvontavaatimus. Asiakkaat voivat nauttia anniskeltuja alkoholijuomia yhden tunnin ajan sen jälkeen, kun anniskeluaika on päättynyt. Lupa anniskelun aloittamiseen aikaisintaan kello 7 voidaan myöntää luvanhaltijan majoituspaikan aamiaistarjoilun yhteyteen. Anniskeluaika voi siis poiketa anniskelupaikan aukioloajasta. Lupaviranomaisella on alkoholilaissa säädetyillä edellytyksillä oikeus rajoittaa anniskeluaikaa tai jatkoaikaa.[65]

Anniskelussa on vähittäismyynnin tapaan noudatettava alkoholilaissa määriteltyjä ikärajoja ja alle 18-vuotiaille alkoholijuoman myyminen tai luovuttaminen anniskelussa on kiellettyä. Anniskelupaikan henkilökunnan on tarkistettava asiakkaan ikä, jos tämä vaikuttaa alle 18-vuotiaalta. Alkoholin myynti on kiellettyä myös henkilölle, jonka päihtymys on selvästi havaittavissa tai joka käyttäytyy häiritsevästi.

Anniskeluluvanhaltija sekä hänen henkilökuntansa valvoo alkoholilaissa säädettyjen kieltojen ja velvoitteiden noudattamista sekä vastaa järjestyksenpidosta vähittäismyynti- ja anniskelupaikassa. Asiakasta, joka on selvästi päihtynyt, ei saa ylipäätään päästää anniskelupaikkaan ja asiakas, joka on selvästi päihtynyt, tulee poistaa anniskelupaikasta.[66]

---

63 *Alkoholilaki (1102/2017), 22 §.*
64 *HE 100/2017 vp, s. 86–87.*
65 *Aluehallintoviraston verkkosivut, kohta Anniskelulupa.*
66 *Alkoholilaki (1102/2017), 36–37 §.*

Velvoitteet asettavat siis vastaavan vaatimuksen anniskelupaikan henkilökunnan pätevyydelle, kuten edellä vähittäismyynnin tapaan. Henkilökunnan tarkemmat tehtävät on käytävä ilmi luvanhaltijan omavalvontasuunnitelmassa. Omavalvontasuunnitelmaan kuuluu myös suunnitelma siitä, kuinka alkoholilain kieltoja ja velvoitteita noudatetaan käytännössä. Anniskelupaikan ollessa avoinna asiakkaille, pitää paikalla olla luvanhaltijan edustajana tämän määräämä vastaava hoitaja tai muu luvanhaltijan tehtävään nimeämä henkilö. Vastaavan hoitajan tai muun tähän tehtävään nimetyn henkilön pitää olla täyttänyt 18 vuotta ja suorittanut hyväksytysti anniskelupassiin oikeuttavan testin.[67]

Jos anniskelua jatketaan anniskelupaikassa ilmoituksen tai luvan perusteella kello 1.30:n jälkeen, tulee luvanhaltijan asettaa yksi järjestyksenvalvoja jokaista alkavaa sataa asiakasta kohti valvomaan järjestystä ja turvallisuutta kello 1.30:stä lähtien siihen saakka, kunnes alkoholijuomien nauttiminen päättyy.[68] Järjestyksen ylläpito ei ole yksinään järjestyksenvalvojilla, vaan alkoholilaki asettaa tiettyjä vaatimuksia myös luvanhaltijan muun henkilökunnan määrälle. Henkilökuntaa täytyy olla riittävästi, jotta tehokas valvonta ja järjestyksenpito toteutuu.

Alkoholijuomien anniskeluun ulkomaanliikenteessä, kuten vesi- ja ilma-aluksissa liittyy omia erityissääntöjä, joihin ei perehdytä tarkemmin.

4.2.3 Tukkumyynti ja valmistus

Suomessa alkoholijuomien tukkumyynti ja valmistus on tiukasti säädeltyä ja luvanvaraista toimintaa. Tästä on kuitenkin poikkeuksia, jotka koskevat enintään 2,8 %:n vahvuisia alkoholijuomia ja miedosti alkoholipitoisia juomia. Mietojen alkoholijuomien valmistaminen omaan käyttöön on sallittua ilman lupaa, kunhan valmistus ei sisällä tislausta. Sen sijaan kaikki kaupallinen tuotanto (esimerkiksi oluen, viinin, siiderin ja tisleiden valmistus) ja muu ammattimainen valmistus vaatii luvan. Alkoholijuomien valmistukseen liittyy myös EU-sääntelyä erityisesti pakkausmerkintöjen, tuoteturvallisuuden ja viinituotteiden osalta.

Luvanhaku ja sen valvonta perustuvat alkoholilakiin sekä siihen liittyviin määräyksiin ja ohjeisiin. Lupaviranomaisena toimii sosiaali- ja terveysalan lupa- ja valvontavi-

---

67   *Anniskelupassi toimii todistuksena alkoholilain tuntemisesta. Lisää tietoa anniskelupassista saatavilla Valviran verkkosivuilta kohdasta Anniskelupassi.*
68   *Alkoholilaki (1102/2017), 5 luku.*

rasto Valvira. Valvira voi myöntää valmistus- tai tukkumyyntiluvan sellaiselle oikeushen-kilölle, josta on tehty perusilmoitus rekisteriviranomaisille tai täysi-ikäiselle henkilölle, jolla katsotaan olevan tähän toimintaan vaadittavat edellytykset ja luotettavuus. Lupaa myöntäessä Valvira arvioi hakijan taloudellista tilannetta, luotettavuutta ja henkilökohtaisia ominaisuuksia. Lupa voidaan evätä, jos hakijan aikaisempi toiminta osoittaa, että hän on ilmeisen sopimaton harjoittamaan alkoholilain mukaista elinkei-notoimintaa.[69] Oikeushenkilön kohdalla arviointi kohdistuu yrityksen johdossa toimiviin henkilöihin.

Luvan myöntämisen edellytyksenä on myös alkoholilain 2 luvun 14 §:n asettamat erityiset hakijaa koskevat vaatimukset, joiden mukaan hakijan täytyy pystyä osoitta-maan osaamisensa ja kykynsä varmistaa valmistamiensa tuotteidensa tuoteturvalli-suus ja laatu. Hakijan on toimitettava selvitys siitä, että valmistuspaikan laitteet ja tilat ovat soveltuvia alkoholijuomien valmistukseen ja tuotannon valvontaan. Tähän kuuluu myös elintarviketurvallisuuden valvonta. Hakijan on myös laadittava omavalvontasuun-nitelma, jossa kuvataan, miten valmistuksen lainmukaisuus varmistetaan.[70]

Valmistuspaikkaan ja tuotteiden varastointiin liittyy erityisiä vaatimuksia. Luvan myöntämisen edellytykset voidaan arvioida tosiasiallisten olosuhteiden perusteella, jos hakemuksesta tai olosuhteista johtuen on syytä epäillä, että hakijan toiminnan takia vastaavat henkilöt tai järjestelyt on järjestetty näennäisesti lupaa koskevien säädösten kiertämiseksi.

Sillä, jolle on myönnetty alkoholijuomien valmistuslupa, on oikeus alkoholijuo-mien tukkumyyntiin ilman eri lupaa. Valvira saa myös rajoittaa valmistusluvan kos-kemaan vain tiettyjä alkoholijuomia, jos hakijan käytössä oleva osaaminen tai laitteet eivät ole soveltuvia kaikkien alkoholijuomien valmistamiseksi. Valmistuslupa voidaan myöntää myös tutkimus- tai opetuskäyttöön sekä tuotekehitykseen, jossa valmistettua tuotetta saa käyttää vain analysointiin tai laadunvalvontaan.[71] Väkiviinan valmistuksen osalta vaatimukset ovat pitkälti edeltä kuvatun mukaiset. Luvan myöntämisen jälkeen alkoholijuoman valmistaja vastaa kulutukseen luovuttamansa alkoholijuoman laadusta ja koostumuksesta sekä siitä, että tuote ja sen päällysmerkinnät ja muu esittely ovat säännösten ja määräysten mukaisia.[72] Valmistaja ja tukkumyyjä saavat myydä alkoho-lijuomaa ja väkiviinaa vain alkoholilaissa tarkoitetulle luvanhaltijalle luvan mukaiseen

---

69   *Alkoholilaki (1102/2017), 13 §.*
70   *Alkoholilaki (1102/2017), 14 §.*
71   *Alkoholilaki (1102/2017), 14 § ja 16 §.*
72   *Alkoholilaki (1102/2017), 30 §.*

tarkoitukseen. Väkiviinaa ei saa valmistaa, tuoda maahan, myydä, käyttää eikä pitää hallussa ilman lupaa. Luvanvaraisuuden poikkeuksesta säädetään 6 §:ssä.[73]

4.2.3.1 Pakkausmerkintöjä ja elintarviketurvallisuutta koskevat EU-säännökset

Euroopan unionin sääntely pakkausmerkintöjen ja elintarviketurvallisuuden osalta pyrkii ensisijaisesti kuluttajien suojelemiseen ja reilun kaupankäynnin varmistamiseen. Kaikkien markkinoilla olevien elintarvikkeiden on oltava turvallisia kulutukseen, ja niiden merkinnöissä on esitettävä tarvittavat tiedot selkeästi ja ymmärrettävästi. Nämä vaatimukset koskevat myös alkoholituotteita, minkä lisäksi EU:ssa on säädetty myös joitain erityissäännöksiä nimenomaan alkoholituotteita koskien.

Elintarviketurvallisuudessa keskeistä on varmistaa, että kaikki markkinoilla olevat tuotteet ovat turvallisia kulutukseen. Tästä säädetään elintarvikeasetuksen 14 artiklassa. Asetuksen 18 artiklan mukaan elintarvikkeiden alkuperä on oltava jäljitettävissä koko toimitusketjun ajan, mikä mahdollistaa nopean toiminnan, jos markkinoilta täytyy poistaa riskialttiita tuotteita. Elintarvikkeiden valmistuksen ja jakelun tulee puolestaan noudattaa tiukkoja hygieniastandardeja, joista säädetään hygienia-asetuksessa ja eläinperäisten elintarvikkeiden hygienia-asetuksessa.

EU:ssa viranomaiset tekevät säännöllistä valvontaa varmistaakseen, että elintarvikkeet täyttävät sekä turvallisuus- että merkintävaatimukset. Valvonnasta säädetään valvonta-asetuksessa (EU) 2017/625[74], joka painottaa riskiin perustuvaa lähestymistapaa. Tämä tarkoittaa, että valvonta kohdennetaan ensisijaisesti alueille, joissa riskit ovat suurimmat, esimerkiksi elintarvikkeisiin, joilla on korkea pilaantumisriski tai tuotteisiin, joiden alkuperästä on epäselvyyksiä. EU:ssa toimii nopean varoituksen järjestelmä, RASFF ("Rapid Alert System for Food and Feed"), joka mahdollistaa jäsenvaltioiden viranomaisten nopean tiedonvaihdon, jos markkinoilla havaitaan vaarallinen elintarvike tai rehu. Tämä järjestelmä auttaa riskinhallinnassa ja varmistaa, että vaaralliset tuotteet voidaan poistaa tehokkaasti.

---

73 *Alkoholilaki (1102/2017), 30 § ja 52 §.*

74 *Euroopan parlamentin ja neuvoston asetus (EU) 2017/625, annettu 15 päivänä maaliskuuta 2017, virallisesta valvonnasta ja muista virallisista toimista, jotka suoritetaan elintarvike- ja rehulainsäädännön ja eläinten terveyttä ja hyvinvointia, kasvien terveyttä ja kasvinsuojeluaineita koskevien sääntöjen soveltamisen varmistamiseksi.*

Keskeisiä EU:n elintarvikesäännöksiä ovat:
- Elintarviketietoasetus (EU) N:o 1169/2011[75]
- Elintarvikeasetus (EY) N:o 178/2002[76]
- Hygienia-asetus (EY) N:o 852/2004[77]
- Eläinperäisten elintarvikkeiden hygienia-asetus (EY) N:o 853/2004[78] ja
- Maataloustuoteasetus (EU) N:o 1308/2013[79]

Elintarviketietoasetuksen 9 artiklan mukaan elintarvikkeiden pakkausmerkinnöissä tulee olla vähintään seuraavat tiedot: tuotteen nimi, ainesosaluettelo, allergeenit, ravintoarvot, säilytysohjeet ja valmistaja. Artikla sisältää myös tuotekohtaisia vaatimuksia alkoholia sisältäville tuotteille. Mikäli tuotteiden alkoholipitoisuus ylittää 1,2 %, tulee niiden alkoholipitoisuus ilmoittaa tilavuusprosentteina, esimerkiksi 12 % vol. Tällä hetkellä elintarviketietoasetuksen mukaan yli 1,2 % alkoholia sisältävien juomien osalta ei vaadita pakollista ainesosaluetteloa tai ravintoarvomerkintöjä.

Asetuksen 13 artiklan mukaan pakkausmerkintätietojen tulee olla selkeästi esitettyjä ja helposti luettavia ja kuluttajaa harhaanjohtamattomia. Merkinnöissä ei saa olla harhaanjohtavia tietoja, jotka antaisivat esimerkiksi väärän kuvan tuotteen alkuperästä, laadusta tai terveysvaikutuksista. Asetuksen 15 artiklan mukaan merkinnät on laadittava kielellä, joka on helposti ymmärrettävissä kyseisen myyntialueen kuluttajille. Lisäksi asetuksen 21 artiklan mukaan allergeenit on merkittävä selvästi korostettuina, jotta ne erottuvat helposti muista tiedoista.

75 Euroopan parlamentin ja neuvoston asetus (EU) N:o 1169/2011, annettu 25 päivänä lokakuuta 2011, elintarviketietojen antamisesta kuluttajille.

76 Euroopan parlamentin ja neuvoston asetus (EY) N:o 178/2002, annettu 28 päivänä tammikuuta 2002, elintarvikelainsäädäntöä koskevista yleisistä periaatteista ja vaatimuksista, Euroopan elintarviketurvallisuusviranomaisen perustamisesta sekä elintarvikkeiden turvallisuuteen liittyvistä menettelyistä.

77 Euroopan parlamentin ja neuvoston asetus (EY) N:o 852/2004, annettu 29 päivänä huhtikuuta 2004, elintarvikehygieniasta.

78 Euroopan parlamentin ja neuvoston asetus (EY) N:o 853/2004, annettu 29 päivänä huhtikuuta 2004, eläinperäisiä elintarvikkeita koskevista erityisistä hygieniasäännöistä.

79 Euroopan parlamentin ja neuvoston asetus (EU) N:o 1308/2013, annettu 17 päivänä joulukuuta 2013, maataloustuotteiden yhteisestä markkinajärjestelystä ja neuvoston asetusten (ETY) N:o 992/72, (ETY) N:o 234/79, (EY) N:o 1037/2001 ja (EY) N:o 1234/2007 kumoamisesta.

4.2.3.2   Viinejä koskeva maataloustuotesääntely

Maataloustuoteasetus, joka luetaan osaksi Euroopan unionin yhteistä maatalouspolitiik-
ka, sisältää lisäksi nimenomaisesti viinituotteita koskevia säännöksiä. Asetuksessa sää-
detään muun muassa yksityiskohtaisesti EU:ssa sallituista viininvalmistusmenetelmistä
ja määritysmenetelmistä sekä viininvalmistuksessa käytettävistä rypälelajikkeista.
Tässä teoksessa ei käsitellä syvällisemmin viinin valmistukseen liittyvää sääntelyä, vaan
sivutaan vain nimenomaisesti viinien pakkausmerkintöjä koskevaa tarkempaa säänte-
lyä. Viinintuotannosta kiinnostuneen lukijan on kuitenkin hyvä olla tietoinen, että ala on
tarkkaan säännelty.

Maataloustuoteasetus sisältää vaatimuksia viinituotteiden merkinnöistä ja
esillepanosta. Asetuksen 119 artiklan mukaan viinien merkinnöissä on oltava tietyt
pakolliset tiedot. Näitä ovat viinin luokitus (esimerkiksi "viini", "laatuviini" tai "kuohuvii-
ni"), alkoholipitoisuus tilavuusprosentteina, pakkauksen sisältämän viinin määrä sekä
tuottajan tai pullottajan nimi ja osoite. Lisäksi viinien alkuperämaa tai maantieteellinen
merkintä on ilmoitettava, erityisesti jos viini kuuluu suojattuun alkuperänimitykseen
(PDO) tai suojattuun maantieteelliseen merkintään (PGI), kuten "Chianti DOCG" tai "IGP
Pays d'Oc". Jos viini sisältää yli 10 mg/l rikkidioksidia tai sulfiitteja, tämä on merkittävä
pakkaukseen sanalla "sisältää sulfiitteja".

Vapaaehtoisesti merkinnöissä voidaan ilmoittaa esimerkiksi viinin makuprofiili,
viinitarhan nimi tai valmistusmenetelmiä koskevia tietoja, mutta niiden on oltava totuu-
denmukaisia ja kuluttajaa harhaanjohtamattomia. Väkevien viinien, kuten portviinin tai
sherryn, osalta merkinnöissä on oltava tietoa myös valmistusmenetelmistä ja käytetyis-
tä väkevöintitavoista, jos nämä ovat oleellisia. Jos esimerkiksi viinin kirkastuksessa on
käytetty allergeeneja, kuten kananmunaa tai maidon jäämiä, on allergeenit elintarvike-
tietoasetuksen mukaisesti ilmoitettava pakkauksessa.

4.2.4   Maahantuonti

Alkoholin maahantuontiin sovelletaan erilaisia säännöksiä riippuen siitä, tuodaanko
juomia omaan käyttöön vai kaupalliseen tarkoitukseen. Yksityishenkilöiden alkoholin
maahantuontia säntelevät pitkälti EU:n sisämarkkinaperiaatteet, jotka takaavat tava-
roiden vapaan liikkuvuuden jäsenvaltioiden välillä.

Kun yksityishenkilö tuo alkoholijuomia omaan käyttöönsä toisesta EU-maasta,

46

pääasiallinen edellytys on, että tuotteet on hankittu laillisesti ja että ostaja itse kuljettaa ne Suomeen. Alkoholin määrälle ei ole tarkkoja kiintiöitä. Viranomaiset voivat käyttää tapauskohtaista harkintaa määritellessään, milloin kyse on kaupallisesta tuonnista tai jälleenmyyntitarkoituksesta.

Omaksi käytöksi on katsottu henkilökohtainen käyttö, perheen käyttö ja lahjat. Jos tuonti katsotaan omaan käyttöön nähden liialliseksi, voi kyseeseen tulla kaupallisen maahantuonnin sääntöjen soveltaminen ja mahdollisen valmisteveron periminen.[80] Omaan käyttöön maahantuotuja alkoholijuomia koskee samat ikärajat kuin vähittäismyynnin osalta; alle 20-vuotias ei saa tuoda maahan väkevää alkoholijuomaa ja alle 18-vuotias ei saa tuoda maahan mietoa alkoholijuomaa.

Kaupallisessa tai muussa elinkeinotarkoituksessa maahantuotu ja enemmän kuin 2,8 prosenttia sisältävä alkoholijuoma vaatii sen sijaan ilmoituksen Valviralle. Tällaisessa tarkoituksessa tapahtuva maahantuonti edellyttää myös, että maahantuojalla on lupa toimia kaupallisessa tarkoituksessa eli hänellä on oltava oikeus anniskella tai myydä maahantuomaansa alkoholijuomaa. Tämä tarkoittaa siis anniskelu- tai vähittäismyyntilupaa, joita on kuvattu edellä.

Maahantuontia koskevat samat yleiset velvollisuudet kuin alkoholin valmistusta ja tukkumyyntiä. Maahantuoja vastaa siis kulutukseen luovuttamansa alkoholijuoman laadusta ja koostumuksesta sekä siitä, että tuote ja sen päällysmerkinnät ja muu esittely ovat säännösten ja määräysten mukaisia. Maahantuoja saa myydä alkoholijuomaa ja väkiviinaa vain alkoholilaissa tarkoitetulle luvanhaltijalle luvan mukaiseen tarkoitukseen. EU-alueen ulkopuolelta maahantuotuja juomia koskee tietyt erityisvaatimukset liittyen tuotteen koostumukseen ja laatuun.[81]

4.2.5 Etämyynti

Alkoholin etämyynti (verkkokauppa tai muu etämyyntikanava) on ollut Suomessa jo pitkään oikeudellisesti hankala ja tulkinnanvarainen kysymys. Pääasiallisesti Suomen alkoholilainsäädäntö lähtee siitä, että alkoholin myynti edellyttää lupaehdot täyttävää myynti- tai anniskelulupaa. Alkoholilaki siis kieltää alkoholin myymisen ilman lupaa. Kun alkoholia myydään kuluttajille etämyyntinä, esimerkiksi toisesta EU-maasta Suomeen, syntyy kysymys siitä, kuka vastaa myynnin lainmukaisuudesta, verojen maksamisesta

---

80   *Verohallinnon verkkosivut, kohta Alkoholin ja tupakan tuonti matkalta.*
81   *Valviran verkkosivut, kohta Maahantuonti anniskelua tai vähittäismyyntiä varten.*

sekä ikärajavalvonnasta.

Etämyynnin ongelmallisuutta kuvaa esimerkiksi Euroopan komission Pilot-mekanismin puitteissa Suomelle lähettämä selvityspyyntö, jossa komissio pyysi lisätietoja Suomen alkoholijuomien vähittäismyyntilupaa koskevasta järjestelmästä.[82] Komission selvityspyyntö perustui komissiolle tehtyihin kanteluihin, joissa oli erityisesti kyse tavaroiden vapaan liikkuvuuden periaatteesta.[83] Helsingin hallinto-oikeus on myös pyytänyt ennakkoratkaisua unionin tuomioistuimelta valmisteverotusta ja etämyyntiä koskevassa asiassa syksyllä 2023.[84]

Alkoholilain 32 §:n mukaan alkoholijuomia saa tuoda maahan ilman erillistä maahantuontilupaa omaa käyttöä varten sekä kaupalliseen tai muuhun elinkeinotarkoitukseen. Kaupallisessa tai muussa elinkeinotarkoituksessa enemmän kuin 2,8 tilavuusprosenttia etyylialkoholia sisältäviä alkoholijuomia käyttävä tarvitsee kuitenkin maahan tuotavan alkoholijuoman osalta toimintaansa tämän lain mukaisen luvan. Toisaalta alkoholin vähittäismyynti edellyttää myyntipaikkaa. Käymisteitse valmistetun enintään 8,0 tilavuusprosenttia etyylialkoholia sisältävän ja muulla tavoin valmistetun enintään 5,5 tilavuusprosenttia etyylialkoholia sisältävän alkoholijuoman vähittäismyyntilupa koskee vähittäismyyntiä yhden vähittäismyyntipaikan sisätiloissa ja lupa voidaan myöntää alkoholilain 17 §:n edellytysten täyttyessä.

Mainittuja käsitteitä etämyynti ja etäosto käytetään ainakin osittain Valviran ja Verohallinnon viranomaisohjeistuksissa kuvaamaan tilanteita, jotka liittyvät siihen, millä tavoin yksityishenkilö voi tilata alkoholituotteita Suomeen. Alkoholin tuonti Suomeen kuluttajan omaan käyttöön on kuitenkin eri asia kuin alkoholin tuonti Suomeen elinkeinotoimintana.

Vuoden 2017 alkoholilaissa (1102/2017) etämyyntiä koskeva oikeustila jäi epäselväksi.

Vuonna 2017 valmisteltiin virkamiestyönä lainmuutosta, jonka tarkoituksena oli nimenomaisesti kieltää etämyynti ulkomailta Suomeen. Muutosta ei kuitenkaan ei viety alkoholilakiin. Yhtenä syynä lienee ollut Euroopan komission kielteinen kanta etämyynnin kieltämiseen EU-jäsenvaltion toimesta. Komissio näyttää tulkinneen asiaa siten, että etämyyntikiellon vieminen alkoholilakiin olisi SEUT 34 artiklan vastainen tava-

82   EU Pilot (2021)9837, Tietopyyntö Suomen viranomaisille.
83   Valtioneuvoston verkkosivut, Sosiaali- ja terveysministeriön 12.2.2021 julkaistu tiedote
        "Euroopan komissio pyytää Suomelta lisätietoja enintään 5,5 tilavuusprosenttia sisältävien
        alkoholijuomien vähittäislupaa koskevasta järjestelmästä".
84   Helsingin HAO 26.09.2023, 5328/2023.

roiden vapaata liikkuvuutta rajoittava toimenpide, jota ei voitaisi sallia SEUT 36 artiklan perusteella. Euroopan komissio piti etämyynni kieltämistä EU:n perussopimuksen sisältämän tavaroiden vapaan liikkuvuuden näkökulmasta kyseenlaisena. Etämyynnin kielto poistettiin laista, mutta perusteluja ei korjattu.

Hyväksyessään uuden alkoholilain joulukuussa 2017 eduskunta edellytti, että hallitus selvittää etämyyntiä koskevat säännökset ottaen huomioon Unionin oikeuden vaatimukset sekä korkeimman oikeuden tuleva ratkaisu niin sanotussa Visnapuu-tapauksessa. Lisäksi eduskunta edellytti, että valmistelussa otetaan EU-oikeudellisten reunaehtojen ohella huomioon erityisesti se, että etämyyntiä koskevat ratkaisut eivät vaaranna laissa säädetyn vahvuusrajan ylittävien alkoholijuomien vähittäismyynnin yksinoikeuden säilyttämistä eivätkä suomalaisen elinkeinoelämän yhdenvertaisuutta ulkomaisiin kilpailijoihin nähden. Valmistelussa oli otettava huomioon myös valmisteverojen sujuvalle perinnälle asetettavat vaatimukset.

Käsitteitä etämyynti ja etäosto käytetään Valviran ja Verohallinnon viranomaisohjeistuksissa kuvaamaan tilanteita, jotka liittyvät siihen, millä tavoin yksityishenkilö voi tilata alkoholituotteita Suomeen. Alkoholin tuonti Suomeen kuluttajan omaan käyttöön on kuitenkin eri asia kuin alkoholin tuonti Suomeen elinkeinotoimintana.

Valviran ohjeen mukaan alkoholin etämyynti on sallittua, jos omistusoikeus tuotteeseen siirtyy ostajalle jo ulkomailla.[85] Käytännössä tämä tarkoittaa, että maksu tapahtuu suoraan ulkomaille ja ostaja järjestää ostamalleen tuotteelle kuljetuksen itse, jolloin on kyse etäostosta. Myyjän on myös luovutettava alkoholijuomat ostajalle tai tämän edustajalle Suomen rajojen ulkopuolella.

Mikäli myyjä lähettää tuotteet tai järjestää kuljetuksen, on kyseessä etämyynti ja myyjä on verovelvollinen.[86] Etämyynnistä on kyse myös esimerkiksi silloin, kun myyjä suosittelee tilauksen yhteydessä käyttämään tiettyjä kuljetusliikkeitä tai jotenkin muuten osallistuu kuljetusta koskeviin järjestelyihin. Juomia ei saa kuljettaa myyjän välivarastoon, vaan juomat on kuljetettava suoraan Suomeen asiakkaalle.[87]

Edellä kuvattu on vahvistettu Helsingin hovioikeuden 7.2.2023 antamassa ratkaisussa, jossa oikeus totesi, että myyjä ei syyllistynyt törkeään alkoholirikokseen, koska

---

85   *Valviran ohje "Alkoholijuomien tilaaminen ja maahantuonti" 16.2.2015 ja Helsingin hovioikeuden ratkaisu (R 20/1078).*

86   *1.9.2024 lähtien on kuitenkin tullut voimaan uusi sääntö, jonka mukaan, jos etämyyjä ei ole antanut tilaamista tuotteista ennakkoilmoitusta Verohallinnolle eikä maksanut valmisteverojen suurista vakuutta, vastaa ostaja veroista yhdessä myyjän kanssa. Lisää tietoa saatavilla Verohallinnon verkkosivuilta kohdasta Usein kysyttyä alkoholin nettitilaamisesta.*

87   *Valviran ohje "Alkoholijuomien tilaaminen ja maahantuonti" 16.2.2015.*

alkoholin maahantuonti on sallittua ja myyjä ei ollut harjoittanut luvanvaraista alkoholin vähittäismyyntiä. Oikeus totesi, että myyjä oli ollut itsenäinen ja riippumaton kuljetuksista vastanneesta yhtiöstä. Oikeus katsoi kuitenkin, että myyjällä oli ollut hallitseva rooli sekä tilattujen tuotteiden kuljettamista koskevan aloitteen että kuljettamisen olennaisten vaiheiden järjestämisessä. Tämän vuoksi tilatut tuotteet oli katsottava kuljetetun Suomeen myyjäyhtiön puolesta, ja kysymys oli ollut etämyynnistä, jossa verovelvollisuus kuului myyjälle. Oikeus katsoi myyjän yrittäneen välttää menettelyllään verovastuuta ja syyllistyneen siksi törkeään veropetokseen.[88]

Pääministeri Petteri Orpon hallitusohjelmassa on seuraavat alkoholipolitiikkaan ja alkoholin etämyyntiin liittyvät hallitusohjelmakirjaukset:

"Selkiytetään vallitseva epäselvä tulkinta yksiselitteiseksi siten, että suomalaisilla on oikeus ostaa etämyyntimenettelyn kautta alkoholia toisissa EU-maissa toimivilta yrityksiltä. Hallitus ei muuta Alkon kansanterveydellistä tehtävää ja asemaa. Uudistukset toteutetaan EU-oikeuden näkökulmasta hyväksyttävällä tavalla."

EU:n kilpailu- ja sisämarkkinaoikeuden näkökulmasta kyse on ennen muuta tavaroiden vapaata liikkuvuutta koskevien SEUT 34 ja 36 artiklan soveltamisesta. Pohdittaessa valtion sääntelytoimenpiteen osalta sitä, onko olemassa yleiseen etuun perustuvia pakottavia syitä tavaroiden vapaan liikkuvuuden rajoitusperusteina, on erityisesti kiinnitettävä huomiota kansallisen toimenpiteen *syrjimättömyyteen, välttämättömyyteen, soveltuvuuteen ja oikeasuhteisuuteen.*

Alkoholia koskevien yksinoikeuksien ja myyntirajoitusten osalta kyse on erityisesti terveyteen, mutta myös yleiseen järjestykseen ja turvallisuuteen liittyvistä perusteista. EU-jäsenvaltiot voivat pyrkiä alkoholin terveydellisten ja muiden yhteiskunnallisten haittojen torjumiseen rajoittamalla alkoholin saatavuutta ja myöntämällä yksinoikeuksia. Rajoitusten on kuitenkin oltava syrjimättömiä ja oikeasuhteisia. Niiden on myös oltava omiaan takaamaan tavoitellun päämäärän saavuttaminen, eivätkä ne saa rajoittavuudeltaan ylittää sitä, mikä on välttämätöntä. Asetettuihin tavoitteisiin tulisi pyrkiä johdonmukaisella ja järjestelmällisellä tavalla.

SEUT 36 artiklan mukainen poikkeaminen tavaroiden vapaan liikkuvuuden pääperiaatteesta on sallittua vain silloin, kun poikkeaminen on välttämätöntä sillä suojellun

---

88   *Helsingin hovioikeuden ratkaisu (R 20/1078).*

edun saavuttamiseksi. Poikkeuksia tavaroiden vapaasta liikkuvuudesta ei siten voida toteuttaa laajemmin kuin on välttämätöntä. Toisaalta selvää on, ettei mielivaltaisen syrjiviä tai peiteltyä jäsenvaltioiden välisen kaupan rajoittamista voida perustella SEUT 36 artiklan nojalla.

Välttämättömyyden osalta joudutaan kysymään ensinnäkin, miksi etämyynnin kieltäminen tai rajoittaminen olisi välttämätöntä Suomen tilanteessa. Ottamatta kantaa alkoholipoliittisiin kysymyksiin, kilpailu- ja eurooppaoikeuden tutkijana on syytä kiinnittää huomiota etämyyntiä koskevien rajoitusten soveltuvuuteen ja oikeasuhtaisuuteen kansanterveyden edistämisessä alkoholipolitiikan avulla.

Soveltuvuuden osalta on syytä kysyä, mitä konkreettista terveyspoliittista hyötyä alkoholin etämyynnin estämisestä on sääntelyn toimivuuden tai suojeltavien oikeushyvien näkökulmasta. On syytä kysyä, mitkä olisivat nykyistä laajemman etämyynnin sallimisen terveydelliset lisähaitat nykytilanteeseen verrattuna. Etämyynti ei sinänsä kannustane impulsiiviseen juomiseen, kun etäostaja ei saa alkoholia heti mukaansa. Asiakas voi käytännössä ostaa kotiinsa Alkosta hyvinkin suuren määrän alkoholia kerralla esimerkiksi perhejuhliin vedoten, tai syytä ilmoittamatta. Mitä muista EU-maista tuotuun alkoholiin tulee, Ruotsista, Ahvenanmaalta tai Kanariansaarilta voidaan tuoda veroedullisesti *kohtuullinen määrä* alkoholia[89] ja omaan käyttöön muualta EU-alueelta (esimerkiksi Virosta tai Saksasta) *erittäin suuri määrä* alkoholia.[90]

Suomessa tullin suorittamalla maahantuodun alkoholin tehovalvonnalla on saatu

---

89   *Tullin sivuilla todetaan seuraavaa: Ruotsinlaivat, Ahvenanmaa ja Kanariansaaret: Kanariansaaret, Ahvenanmaa ja Ahvenanmaan kautta kulkeva ruotsinlaiva ovat poikkeuksia. Voit tuoda niistä alkoholia ilman veroja vain saman verran kuin EU:n ulkopuolelta. Voit tuoda ilman veroja 16 litraa olutta ja 4 litraa hiilihapotonta viiniä ja 1 litran väkeviä alkoholijuomia (yli 22 %) tai 2 litraa muita alkoholijuomia (alle 22 %). Samat rajoitukset koskevat myös muita alueita, jotka kuuluvat EU:hun mutta eivät EU:n veroalueeseen. Ks. https://tulli.fi/rajoitukset/alkoholi/tuonti-matkalta*

90   *Tullin sivuilla todetaan seuraavaa: Saat tuoda Euroopan unionin alueelta alkoholia ilman veroja, kun tuot alkoholin omaan käyttöösi tai lahjaksi. Alkoholit täytyy kuljettaa itse samassa kulkuneuvossa, jolla saavut Suomeen. Alkoholin määrästä ei voida antaa yleispäteviä rajoja. Ohjetasot ovat seuraavat: 110 litraa olutta (yli 0,5 %);   yhteensä 90 litraa viiniä, siidereitä ja lonkeroita, jotka on valmistettu käymisteitse punaviinit, valkoviinit, roséviinit, kuohuviinit, korkeintaan 60 litraa käymisteitse valmistetut siiderit ja long drink -juomat (lonkerot) 20 litraa välituotteita (enintään 22 %) esimerkiksi liköörit, vermutit, katkerot, sherry, 10 litraa muita alkoholijuomia (yli 1,2 % ja enintään 80 %) vodkat, ginit, rommit ja muut väkevät juomat lonkerot, jotka on valmistettu etyylialkoholista. Voit tuoda tuotteita eri ryhmistä samalla kertaa. Eri ryhmiin kuuluvia tuotteita ei kuitenkaan voi korvata toisilla. Et siis voi tuoda enempää viiniä, vaikka toisit vähemmän olutta. Jos tuot alkoholia ohjetasoja enemmän, sinun täytyy pystyä uskottavasti perustelemaan, että alkoholit tulevat omaan käyttöösi. Omaa käyttöä on henkilökohtainen käyttö, oman perheen käyttö, lahja. Ks. https://tulli.fi/rajoitukset/alkoholi/tuonti-matkalta*

hyviä tuloksia. Erään Tullin lähteen mukaan alkoholin tilaaminen nettikaupoista laski tehovalvonnan aikana jopa 60 %.[91] Tämä lukema viittaa siihen, että nettikaupasta ostamisella pyrittiin välttämään verot ja saamaan alkoholia halvemmalla. Mikäli verot jäävät suorittamatta, alkoholia todennäköisesti ostetaan ja käytetään enemmän, mikä suurilla luvuilla lisää alkoholihaittoja. Samalla yhteiskunta menettää verotuloja, joita voitaisiin käyttää esimerkiksi alkoholiperäisten sairauksien hoitoon ja ennaltaehkäisyyn.

Tähän nähden on hyödyllistä esittää ääneen kysymys, missä määrin ja millä konkreettisilla toimenpiteillä etämyynnin rajoittaminen sinänsä olisi kokonaisuuden kannalta tehokas keino alkoholihaittojen torjumiseksi, vai pitäisikö valvontaa jatkossakin kohdentaa nimenomaan harmaan tuonnin torjuntaan. Sinänsähän alkoholi ei ole yhtään sen terveellisempää Suomesta kuin ulkomailtakaan ostettuna.[92]

Tämä on hyvä pitää mielessä, kun pohditaan EU-oikeudellisesti jäsenvaltion mahdollisuutta rajoittaa alkoholin myyntikanavia Suomeen terveydellisillä perusteilla. *Pelkästään tai keskeisesti fiskaalisilla syillä alkoholimonopolia on pitkässä juoksussa aika vaikea puolustaa.*

Suomessa on hiljattain toteutettu varsin merkittävä alkoholin jakelukanavia koskeva laajennus. Viimeisen alkoholilain muutoksella käymiseen perustuvia[93] alkoholijuomia 5,5–8 %:n alkoholipitoisuudella on saanut myydä 10.6.2024 alkaen noin 17 kertaa useammasta myyntipisteestä verrattuna nykyiseen Alkon jakeluverkostoon.

Suomen viime vuosien alkoholipolitiikka on perustunut pitkälti alkoholin saata-

---

91   "Alkoholitilaukset nettikaupoista vähentyneet 60 prosentilla. Verohallinto ja Tulli ovat marras-
      kuusta 2022 alkaen valvoneet tehostetusti suomalaisten alkoholitilauksia ulkomaisista
      verkkokaupoista. Tehovalvonnan tarkoituksena on varmistaa, että valmisteverot ulkomailta
      tilatuista alkoholijuomista maksetaan Suomeen." https://tulli.fi/-/ulkomaisesta-
      nettikaupasta-tilatusta-alkoholista-pitaa-yha-maksaa-valmistevero-verohallinnon-ja-tullin-
      tehovalvonta-on-vahentanyt-nettitilauksia-yli-60-prosentilla

92   Tunnetusti alkoholin osalta suurkäyttäjät synnyttävät suurimman osan yhteiskunnallisista
      kustannuksista. Toisaalta päihteisiin liittyvä ongelma on vuosikymmenten saatossa hieman
      muuttunut sikäli, että alkoholin rinnalle ovat tulleet enenevässä määrässä muut huumaa-
      vat aineet, kuten lääkkeet ja laittomat huumeet. Ks. esim. Sekakäyttäjät sosiaali- ja terveyden-
      huollon palveluissa. Lääketieteellinen Aikakauskirja Duodecim 2017;133(22):2152-60. Uutta
      tutkimustietoa on myös nuorten huumekuolemin syistä. Ks. esim https://www.julkari.fi/
      bitstream/handle/10024/149125/URN_ISBN_978-952-408-316-4.pdf?sequence=1&isAllowed=y

93   Tämän lausunnon laatija oli 2024 kuultavana mainitusta lakihankkeesta Eduskunnan talousva-
      liokunnassa ja sosiaali- ja terveysvaliokunnassa ja katsoi, että lakiin lisätty valmistustaparajoi-
      tus on SEUT 34 artiklan vastainen. Perusteena oli erityisesti se, että käymisteitse ja tislaamalla
      valmisteluilla alkoholijuomilla on samat terveysvaikutukset, minkä lisäksi rajoituksen perustee-
      na olleita makeita alkoholijuomia voidaan valmistaa ja jo nykyisinkin valmistetaan kummallakin
      valmistustavalla. Koska tämä kysymys jää lausuntopyynnön ulkopuolelle, sitä ei jäljempänä
      käsitellä.

vuuden lisäämiseen. Tämä helpottaa kansalaisten arkea, mutta lisää monien asiantuntijoiden mukaan alkoholihaittoja. Toisaalta uudistuksista huolimatta alkoholin kulutus näyttää laskeneen viime vuosina.[94] Näin ollen voidaan pohtia sitä, miten loogisena etämyynnin rajoittamista voidaan pitää nykyisen alkoholilain tavoiteasetannan näkökulmasta, jossa korostetaan alkoholihaittojen torjumista alkoholin saatavuutta rajoittamalla. Yksi vapaata liikkuvuutta koskeva periaate EU-tuomioistuimen oikeuskäytännössä on se, että rajoittavan sääntelyn tulee olla omiaan saavuttamaan se päämäärä, johon rajoituksella pyritään.

Oikeasuhtaisuuden näkökulmasta, mikäli samat tavoiteltavat, hyvänä pidetyt asiat voidaan saada toteutumaan lievemmällä sääntelyllä, kyse ei ole oikeasuhtaisesta rajoituksesta. Mitä tulee ei-vastuullisten toimijoiden karsimiseen markkinoiden ulkopuolelle, tämä tapahtuu parhaiten asianmukaisella sääntelyllä ja valvonnalla, jossa tarkastetaan, että hakijan toiminta täyttää kansainvälisesti hyväksytyt standardit ja vaatimukset. Lähtökohtaisesti alkoholin etämyynti ei vaikuta kokonaisuuden kannalta kovin merkittävältä ongelmalta, kunhan se ei johda hallitsemattomaan alkoholin vähittäismyyntiin Suomen alueella. Tämä voidaan estää kehittämällä etämyynnin osalta vastaanottopisteet, kuten edellä on ehdotettu.

On myös otettava huomioon, että verkkokaupan lisääntyessä jatkuvasti etämyynnin kieltäminen käy yhä vaikeammaksi perustella. *Ruotsin korkeimman oikeuden Winefinder-tuomio*[95] koskee muuhun EU/ETA-maahan kuin Ruotsiin sijoittautuneen myyjän oikeutta markkinoida alkoholijuomia kuluttajille Ruotsissa. Kaupan jälkeen myyjä järjestää juomien kuljetuksen itsenäisen kuljetusliikkeen kautta asiakkaalle Ruotsiin. Ruotsin korkein oikeus vahvistaa tuomiossaan, että menettely, jossa toisesta EU/ETA-valtiosta oleva alkoholijuomien myyjä järjestää juomien kuljetuksen itsenäisen kuljetusliikkeen kautta asiakkaalle Ruotsiin, on Ruotsin alkoholilain mukaan laillista.

Voitaisiin ajatella, että etämyynnin rajoittamisessa tulisi keskittyä erityisesti seuraaviin asioihin:

1. Veronkierron tehokas estäminen. Tullin tehovalvonnalla saatiin alkoholin postimyynti vähenemään ainakin hetkellisesti noin 60 %. Kannustimena etäostolle /

94   *https://thl.fi/-/alkoholin-kokonaiskulutus-vaheni-edelleen-vuonna-2023-myyntimaarissa-suuria-alueellisia-eroja*

95   *Högsta domstolens dom, Mål nr T 4709-22, meddelad i Stockholm den 7 juli 2023. https://www.domstol.se/globalassets/filer/domstol/hogstadomstolen/ avgoranden/2023/t-4709-22.pdf*

etämyynnille näyttää olleen verojen välttäminen. Mikäli tämä saadaan estettyä esim. algoritmiin perustuvalla verovalvontajärjestelmällä, harmaantuonnin hintaetu poistuu ja etämyyntiin turvaudutaan muista syistä, esimerkiksi siksi, että halutaan ostaa jotain tiettyä tuotetta jota Alkon valikoimista ei löydy.

2. Iän tarkistus sekä humalahakuisen juomisen ja impulsiivisen alkoholin ostamisen torjuminen: tässä auttavat lailla säädettyjen luovutuspisteiden määrääminen pakollisiksi. Paketteja saisi hakea luovutuspisteistä alkoholin normaaleina toimitusaikoina; ostajan ikä ja kunto tarkistettaisiin kuten muissakin myynti- ja luovutuspisteissä.

3. Etämyynnissä olevien alkoholijuomien turvallisuuden takaaminen.

4. Väkiviina jää joka tapauksessa etämyynnin ulkopuolelle. Erikseen selvitettäisiin, miten suhtaudutaan mietoja vahvempiin alkoholijuomiin.

5. Pohdittavaksi jäisi myös, mitä muita seikkoja yleisen järjestyksen turvaaminen mahdollisesti edellyttäisi.

Tätä kirjoitettaessa toimitusmyyntiä ja etämyyntiä koskevan vireillä olleen lainmuutoksen lopputulos ei vielä ollut selvillä.

4.3 Alkoholituotteiden markkinointia ja mainontaa koskevat rajoitukset

Suomessa alkoholijuomien markkinointia ja mainontaa säädellään tiukasti lainsäädännön ja viranomaisohjeiden avulla. Lähtökohtana on, että alkoholimainonta ei saa kannustaa liialliseen juomiseen, eikä kohdistua henkilöihin, jotka ovat erityisen alttiita mainonnan vaikutuksille, kuten alaikäisiin. Alkoholijuomien markkinointia koskevat keskeisimmät säännökset löytyvät alkoholilaista. EU:n tasolla markkinointia ja mainontaa koskevat säännökset vaihtelevat jäsenvaltioittain, sillä alkoholin mainonnan ja markkinoinnin sääntely kuuluu pitkälti kansallisen lainsäädännön piiriin. Kuitenkin EU:lla on myös joitakin yhteisiä sääntöjä ja periaatteita alkoholin markkinointiin liittyen, erityisesti kuluttajansuojaa ja terveyden edistämistä koskien.

4.3.1 Markkinointi ja mainonta kansallisessa lainsäädännössä

Alkoholilain periaatteena on, että alkoholijuomien mainonta ja muu myynninedistäminen on sallittua vain tarkoin rajatuissa puitteissa. Suhtautuminen väkeviin alkoholijuomiin on myös markkinoinnin osalta hyvin tiukkaa. Väkevien alkoholijuomien markkinointi on kokonaan kiellettyä, lukuun ottamatta markkinointia, joka tapahtuu väkevien alkoholijuomien valmistus-, vähittäismyynti- ja anniskelupaikoissa. Väkeviä alkoholijuomia voidaan myös markkinoida alkoholijuomien myyntiin osallistuville, ei kuitenkaan kuluttajille avoimena olevassa tietoverkossa.

Mietojen alkoholijuomien eli enintään 22 % alkoholia sisältävien juomien mainonta on sallittua tietyin rajoituksin. Alkoholilaki kieltää alkoholimainonnan julkisella paikalla, kuten bussipysäkeillä ja mainostauluilla.[96] Televisiossa ja radiossa mainonta on kiellettyä kello 7–22 välisenä aikana ja elokuvateatterissa alle 18 vuotta nuoremmille sallitun elokuvan esittämisen yhteydessä. Tietoverkon palveluissa, kuten sosiaalisen median alustoilla tai suoratoistopalveluissa toteutettavassa mainonnassa mainonnan kaupallinen toteuttaja ei saa käyttää kuluttajien tuottamaa sisältöä eikä saattaa kuluttajien jaettavaksi tuottamaansa tai kuluttajien tuottamaa sisältöä.

Alkoholimainonnassa ei saa kuvata alaikäisiä, häiritsevästi käyttäytyviä tai selvästi päihtyneitä henkilöitä eikä kohdistaa mainontaa tällaisiin henkilöihin. Kiellettyä on myös alkoholimainonta, jossa kuluttaja osallistuu peliin, arpajaisiin tai kilpailuun.[97]

Alkoholinkäyttöä ei saa yhdistää ajoneuvolla ajamiseen. Alkoholimainonta ei saa antaa kuvaa alkoholinkäytön suorituskykyä, sosiaalista tai seksuaalista menestystä lisäävästä vaikutuksesta. Laki kieltää myös alkoholijuoman alkoholipitoisuuden korostamisen myönteisenä ominaisuutena, runsaan alkoholikäytön esittämisen myönteisenä tai raittiuden tai kohtuukäytön esittämisen kielteisenä asiana.

Alkoholimainonnassa on kiellettyä yhdistää lääkinnällisiä tai terapeuttisia ominaisuuksia alkoholiin tai antaa kuvaa, että se piristää, rauhoittaa tai on keino ristiriitojen ratkaisemiseksi. Alkoholimainonta ei saa olla hyvän tavan vastaista, kuluttajan kannalta sopimatonta, totuuden vastaista tai harhaanjohtavaa.[98]

Sosiaalisessa mediassa tapahtuvaan markkinointiin liittyy omia sääntöjä. Sosiaalisessa mediassa alkoholijuomia saa markkinoida alkoholilain rajoitusten mukaisesti. Sosiaalisessa mediassa alkoholijuoman mainonta on kuitenkin kiellettyä, jos kaupallinen toteuttaja antaa palvelun välityksellä kuluttajien jaettavaksi tuottamaansa tai kuluttajien tuottamaa sanallista tai kuvallista sisältöä. Tämä tarkoittaa sitä, että kuluttajien lisäämät alkoholijuomia koskevat mainonnalliset kommentit ja kuvat pitää poistaa

---

96   *Yleisötilaisuuksissa, esimerkiksi urheilukilpailuissa ja konserteissa, mainonta on sallittua.*
97   *Alkoholilaki (1102/2017), 50 §.*
98   *Valviran verkkosivut, kohta Mietojen alkoholijuomien markkinointi ja alkoholilaki (1102/2017), 50 §.*

sosiaalisen median tililtä. Kuluttajien kommentteja tai kuvia ei saa käyttää omassa mainonnassa, eikä kuluttajia saa pyytää jakamaan sosiaalisen median tilillä olevaa julkaisua.[99] Se, mitä alkoholilaissa säännellään markkinoinnista, koskee myös alkoholijuoman liittämistä muun tuotteen tai palvelun markkinointiin.

4.3.2 Markkinointi ja mainonta EU-oikeudessa

Euroopan parlamentin ja neuvoston direktiivi 2010/13/EU audiovisuaalisista mediapalveluista (jäljempänä "audiovisuaalia mediapalveluita koskeva direktiivi") sisältää säännöksiä, jotka koskevat alkoholin markkinointia televisiossa, suoratoistopalveluissa ja muissa audiovisuaalisissa mediapalveluissa. Direktiivin tarkoituksena on luoda Euroopan unionin audiovisuaalisten mediapalvelujen yhtenäismarkkinat ja taata niiden asianmukainen toiminta, samalla kun edistetään kulttuurien moninaisuutta ja tarjotaan riittävän tasoinen kuluttajansuoja ja lastensuojelu.

Direktiivin täytäntöönpano kuuluu jäsenvaltioille, jotka voivat asettaa tiukempia sääntöjä alkoholimainonnalle kansallisessa lainsäädännössään. EU:n tasolla pyritään varmistamaan sääntöjen yhtenäinen soveltaminen. Audiovisuaalisessa ympäristössä alkoholin markkinointiin kohdistuu yhä enemmän huomiota, erityisesti digitaalisen mainonnan ja sosiaalisen median kasvun myötä. Direktiiviä voidaan tulevaisuudessa päivittää teknologian kehityksen ja digimarkkinoinnin haasteiden huomioimiseksi, erityisesti alaikäisten suojelemiseksi.

Alkoholin markkinoinnin osalta direktiivissä korostetaan ensinnäkin alaikäisten suojelemista. Direktiivin 9 artiklan mukaan alkoholimainonta ei saa olla erityisesti suunnattu alaikäisille, mikä tarkoittaa, että mainokset eivät saa käyttää alaikäisiin vetoavia hahmoja, animaatioita tai teemoja. Lisäksi mainoksia ei saa sijoittaa ohjelmiin, jotka ovat suunnattu lapsille tai nuorille. Direktiivin 9 artiklan mukaan mainonnan on lisäksi oltava selkeästi tunnistettavissa mainonnaksi. Piilomainonta ja salakavalat mainoskäytänteet ovat kiellettyjä, mikä koskee myös alkoholituotteiden mainontaa.

Direktiivin 22 artikla koskee nimenomaan alkoholituotteiden markkinointia. Mainonta ei saa kannustaa liialliseen alkoholin kulutukseen tai esittää alkoholin väärinkäyttöä myönteisessä valossa. Mainonnassa ei saa myöskään antaa mielikuvaa, että alkoholi edistää sosiaalista, ammatillista tai seksuaalista menestystä, tai korostaa sen myönteisiä vaikutuksia mielentilaan, kuten rohkeuteen tai rentoutumiseen. Mainonta ei

---

99   *Valviran verkkosivut, kohta Alkoholijuomien markkinointi sosiaalisessa mediassa.*

saa antaa ymmärtää, että alkoholi parantaa fyysistä suorituskykyä tai on terveydelle hyödyllistä. Lisäksi alkoholimainonta ei saa yhdistää alkoholin käyttöä vaarallisiin tilanteisiin, kuten ajoneuvojen kuljettamiseen tai riskialttiisiin fyysisiin toimintoihin. Direktiivin uusimmassa versiossa huomioidaan myös online-ympäristön kasvu, kuten videoiden jakopalvelualustoiden käytön lisääntyminen. Direktiivin 28b artiklan mukaan jäsenvaltioiden on huolehdittava siitä, että niiden lainkäyttövaltaan kuuluvat videonjakoalustojen tarjoajat toteuttavat asianmukaiset toimenpiteet suojellakseen alaikäisiä. Alaikäisiä on suojattava ohjelmilta, käyttäjien tuottamilta videoilta ja audiovisuaaliselta kaupalliselta viestinnältä, jotka saattavat haitata fyysistä, henkistä tai moraalista kehitystä. Toisin sanoen jäsenvaltioille annetaan tehtäväksi parhaaksi katsomallaan tavalla toteuttaa lainsäädäntö, joka velvoittaa palveluntarjoajat varmistamaan, että niiden videoalustoja käyttävät lapset eivät joudu alkoholimainonnan kohteiksi.

Gourmet-tapauksessa[100] kyse oli alkoholin mainontakiellosta. Ruotsin silloinen alkoholijuomien mainoskielto ei ollut ristiriidassa nykyisten SEUT 34 ja 36 artiklan kanssa. EU-tuomioistuimen mukaan lainsäädännöllä, jolla rajoitetaan mahdollisuuksia mainostaa alkoholijuomia ja pyritään estämään alkoholin väärinkäyttöä, suojellaan kansanterveyttä. Tällainen mainonnan rajoittaminen oli oikeasuhtaista ja syrjimätöntä. Mainonnan rajoittaminen kohdistui erityisesti ulkomaisiin tuottajiin, koska heidän tuotteensa eivät olleet yhtä tunnettuja kuin ruotsalaiset tuotteet. Kansanterveyden suojelu tässä kohtaa oli kuitenkin riittävä peruste, koska kielto oikeudellisella tasolla kohdistui yhtä lailla kotimaisiin ja ulkomaisiin toimijoihin.

Voidaan todeta, että alkoholia koskevat mainontarajoitukset ovat Gourmet-tuomion perusteella yleisesti sallittuja edellyttäen, että rajoitukset kohtelevat oman maan yrityksiä ja muista jäsenmaista olevia yrityksiä yhdenmukaisesti.

4.4 Ikärajat ja niiden valvonta

Suomessa alkoholijuomiin liittyvät ikärajat ja niiden valvonta perustuvat ensisijaisesti kansanterveydellisiin syihin ja yhteiskunnallisiin tavoitteisiin ehkäistä alaikäisten alkoholinkäyttöä. Lainsäädännön taustalla on ajatus siitä, että alaikäisten suojeleminen alkoholin haittavaikutuksilta on yhteiskunnan vastuulla. Alkoholin saantia ja kulutusta rajoittamalla pyritään siirtämään nuorten alkoholinkäyttöä mahdollisimman myöhäiseen

---

100   Asia C-405/98 Konsumentombudsmannen (KO) vastaan Gourmet International Products AB (GIP) (2001) ECLI:EU:C:2001:135.

ikään ja vähentämään näin siihen liittyviä terveys- ja sosiaalihaittoja.

Keskeiset säännökset alkoholijuomien ikärajoista löytyvät alkoholilaista ja sen nojalla annetuista säännöksistä. Alkoholilain mukaan vähittäismyynnissä eikä anniskelussa alkoholijuomaa ei saa myydä tai muutoin luovuttaa alle 18-vuotiaalle. Vähittäismyynnissä väkevien alkoholijuomien ikäraja on 20 vuotta. Anniskelussa ikäraja on kaikille alkoholijuomille 18 vuotta. 18-vuotias pystyy siis anniskeluravintolassa ostamaan myös väkeviä alkoholijuomia, vaikka vähittäismyynnissä tämä ei ole mahdollista.[101] Tällä erottelulla pyritään rajoittamaan vahvemman alkoholin pääsyä nuorille aikuisille anniskelun ulkopuolella.

Ikärajojen noudattamiseen liittyy olennaisesti niiden valvonta. Myynti- ja anniskelupaikkojen henkilökunnan täytyy pystyä varmistamaan ostajan tai anniskelualueella oleskelevan ikä. Ostajalla ja anniskelualueella oleskelevalla on velvollisuus vaadittaessa todistaa ikänsä viranomaisen myöntämällä kuvallisella henkilökortilla, ajokortilla tai passilla taikka viranomaisen myöntämällä muulla luotettavalla kuvallisella asiakirjalla.

Vähittäismyynnissä ja anniskelussa valvonta muodostuu siis omavalvonnasta. Yleisellä tasolla valvontaviranomaiset valvovat alkoholiliiketoimintaa. Aluehallintovirastolla ja Valviralla on valvontaa varten oikeus päästä tarkastamaan myyntipaikan tiloja ja toimintaa, valvonnassa tarvittavia asiakirjoja sekä valvonnan kannalta tarpeelliset ilmoitukset, tiedot ja asiakirjat.[102]

Kaupoissa, joissa myydään alkoholituotteita, on yleinen ohjeistus tarkastaa ikä henkilöiltä, jotka vaikuttavat alle 30-vuotiailta.[103] Päivittäistavarakauppa ry valvoo onnistumistaan alkoholin myynnin ikärajavalvonnassa ostokokeilla ns. Mystery shopping -menetelmällä. Koeostoja tehdään Päivittäistavarakauppa ry:n jäsenyrityksissä ilman tietoa koeostojen ajankohdasta. Koeostot suorittavat 18–20-vuotiaat nuoret henkilöt. Varmistaakseen ostokokeen onnistumisen eivät yritykset ja myymälät tiedä etukäteen koeostojen ajankohtaa eivätkä koeostajien henkilöllisyyttä.[104]

Suomessa alkoholin valvonta on monitasoinen järjestelmä, johon osallistuu useita eri viranomaisia. Valviran ja aluehallintoviraston lisäksi poliisilla ja Tullilla on omat vastuualueensa. Alkoholilain mukaan poliisilla on oikeus kieltää alkoholijuomien nauttiminen yleisellä paikalla, jos yleisen järjestyksen ylläpitäminen sitä edellyttää. Poliisi siis

---

101   *Alkoholilaki (1102/2017), 37 §.*
102   *Aluehallintoviraston verkkosivut, kohta Alkoholin vähittäismyynti ja anniskelun valvonta.*
103   *Päivittäistavarakauppa ry:n verkkosivut, kohta Päivittäistavarakauppa on vastuullinen ikäraja-*
        valvottavien tuotteiden myyjä.
104   *Päivittäistavarakauppa ry:n verkkosivut, kohta Ikärajavalvontaa testataan säännöllisesti.*

valvoo alkoholin kulutusta ja hallussapitoa julkisilla paikoilla ja liikenteessä.[105] Alkoholilain mukaan poliisilla on tehtäviensä suorittamiseksi toimivaltuudet alkoholipitoisten aineiden poistamiseen, haltuunottoon ja hävittämiseen. Mikäli poliisilla on syytä epäillä, että alle 18-vuotiaalla on halussaan alkoholijuomaa, voi poliisi alkoholijuoman etsimiseksi tarkastaa tällaisen henkilön mukana olevat tavarat ja vaatteet.

Poliisilla on oikeus suorittaa etsintä myös, jos on syytä epäillä, että henkilö on syyllistynyt lievään alkoholirikokseen. Etsintä voi kohdistua esimerkiksi epäillyn kulkuneuvoon.[106] Vähittäismyynnin ja anniskelun osalta poliisi voi keskeyttää ja kieltää meneillään olevan vähittäismyynnin ja anniskelun, jos vähittäismyynnin- tai anniskelupaikan henkilökunta ei kykene säilyttämään järjestystä tai noudattamaan asiakaspaikkamäärää koskevia sääntöjä tai jos yleisen järjestyksen ja turvallisuuden varmistaminen vaatii alkoholinmyynnin keskeyttämistä.[107]

Tulli puolestaan valvoo maahantuontia koskevien kieltojen ja rajoitusten sekä yleisesti maahantuontia koskevien säännösten noudattamista. Se seuraa, että alkoholin maahantuonti tapahtuu lainmukaisesti ja että mahdolliset verot ja tullimaksut maksetaan. Tähän kuuluu myös salakuljetusten torjuminen. Tulli valvoo Suomeen tulevia alkoholitilauksia tietopohjaisen riskianalyysin avulla ja normaalina tullivalvontana rajanylityspaikoilla.[108] Tietyissä tilanteissa Tullille pitää tehdä etukäteen ilmoitus, kuten esimerkiksi kuljettaessa väkiviinaa Suomen kautta.

4.5 Sanktiot

Alkoholilaki ja eräät muut lait asettavat erilaisia seuraamuksia ja sanktioita alkoholisäännösten rikkomisesta. Rikoslaissa keskeisimmät alkoholiin liittyvät rikosnimikkeet ovat alkoholirikos ja alkoholirikkomus. Sanktiot voivat vaihdella hallinnollisista seuraamuksista, kuten luvan peruuttamisesta ja seuraamusmaksusta, aina rikosoikeudellisiin rangaistuksiin, kuten sakkoihin tai vankeusrangaistuksiin. Keskeiset sanktiot koskevat myyntiä, anniskelua, mainontaa ja kulutusta koskevien sääntöjen rikkomista.

Rikoslain mukaan alkoholirikos teko, joka liittyy alkoholin luvattomaan valmis-

---

105   Alkoholilain mukaan eri kulkuneuvojen, alusten ja junien kuljettaminen tai ohjaileminen
        päihtyneenä on kiellettyä, jos alkoholilaissa määritellyt promillerajat ylittyvät.
106   Alkoholilaki (1102/2017), 86–87 §.
107   Alkoholilaki (1102/2017), 67 §.
108   Verohallinnon verkkosivut, 12.10.2022 julkaistu tiedote "Verotulojen kehitys: Verohallinto keräsi
        tammi-syyskuussa 2022 veroja yhteensä 61 494 miljoonaa euroa".

tukseen, maahantuontiin, myyntiin tai luovuttamiseen. Alkoholirikoksissa kyse on tyypillisesti toiminnasta, jossa alkoholin hallussapito, kaupallinen hyödyntäminen, myynti tai anniskelu tapahtuu ilman lain edellyttämää lupaa tai alkoholilaissa säänneltyjen myynti- tai anniskeluaikojen ulkopuolella. Kyseeseen voi tulla myös myynti alaikäiselle tai väkevien alkoholijuomien osalta alle 20-vuotiaalle.

Alkoholirikoksen tunnusmerkistön täyttävien tekojen taustalla on usein pyrkimys taloudelliseen hyötyyn. Tekojen tarkoituksena voi olla välttää veroja tai kiertää muita alkoholilainsäädännön rajoituksia. Seuraamukset riippuvat teon vakavuudesta ja rangaistus alkoholirikoksesta voi vaihdella sakosta vankeuteen. Vakavimmissa tapauksissa, kun on kyse törkeästä alkoholirikoksesta, ovat rangaistukset ankarampia.[109]

Alkoholirikosta lievemmäksi teoksi katsotaan alkoholirikkomus, jonka seuraamus on sakko tai huomautus. Tällaiset lievemmät teot voivat liittyä esimerkiksi alkoholin hallussapitoon tai käyttöön. Alkoholilain mukaan alkoholijuomaa ei saa pitää hallussa, jos se ei ole laillisesti valmistettu tai maahantuotu.

Alkoholin tai muun päihdyttävän aineen käyttö yleisellä paikalla tai julkisessa liikenteessä on järjestyslain mukaan kiellettyä. Alkoholilain mukaan poliisin toimivaltuudet liittyvät olennaisesti järjestyslakiin ja poliisilla on oikeus kieltää alkoholijuomien nauttiminen yleisellä paikalla, jos yleisen järjestyksen ylläpitäminen sitä edellyttää.[110]

Vähittäismyyntiä tai anniskelua koskevien määräysten rikkomisesta voi alkoholilain mukaan seurata huomautus, seuraamusmaksu tai myynti- tai anniskeluluvan määräaikainen tai pysyvä peruutus. Näitä päätöksiä tekevät valvontaviranomaiset eli aluehallintovirastot, jotka valvovat alkoholin myyntiin ja anniskeluun liittyvää toimintaa. Aluehallintovirasto voi myös määrätä alkoholiyhtiölle huomautuksen tai seuraamusmaksun tai kieltää alkoholijuomien myynnin myymälässä määräaikaisesti. Valvira voi puolestaan määrätä sanktioita ulkomaanliikenteessä tapahtuvassa vähittäismyynnissä tai anniskelussa tapahtuvista rikkeistä.

Alkoholilaissa lähtökohtana on seuraamusten porrasteisuus. Olennaisesta alkoholirikkomuksesta, kuten alkoholin myynnistä alaikäiselle, ravintolalle tai myymälälle voidaan määrätä seuraamusmaksu tai peruuttaa lupa määräaikaisesti. Törkeissä tapauksissa lupa voidaan peruuttaa pysyvästi, mikäli ravintola on esimerkiksi rikkonut alkoholilakia vakavaa vaaraa ihmisten terveydelle aiheuttavalla teolla.[111]

---

109   Rikoslaki (39/1889), 50 a luku, 1 §.
110   Järjestyslaki (2003/612) 4 § ja alkoholilaki (1102/2017) 85 §.
111   Valviran ohje alkoholijuomien vähittäismyynnistä 4.9.2024.

Ikärajojen noudattaminen vähittäismyynnissä ja anniskelussa on tärkeää. Alkoholin myyminen, tarjoaminen tai luovuttaminen alaikäiselle on rikos, josta voidaan tuomita sakkoja tai jopa vankeutta. Sama koskee alkoholin laittoman maahantuonnin tai myynnin järjestämistä ilman asianmukaista lupaa. Jos kyseessä on laajempi taloudellinen hyötymistarkoitus, rikos voi muuttua törkeäksi alkoholirikokseksi. Kuten edellä on myös todettu, liittyy maahantuontiin myös verokysymyksiä. Verojen laiminlyönti voi alkoholirikoksen lisäksi täyttää myös veropetoksen tunnusmerkit.

Myös alkoholin mainonnassa tapahtuneet lainvastaisuudet voivat johtaa hallinnollisiin seuraamuksiin, sakkoihin tai jopa vankeuteen. Hallinnollisia seuraamuksia ovat esimerkiksi seuraamusmaksu ja kielto alkoholijuoman luovuttamiseen markkinoille. Alkoholijuoma voidaan kieltää tai poistaa markkinoilta, jos tuote tai sen esittely ovat siitä annettujen säännösten ja määräysten vastaisia tai jos juoman laatua tai siitä mahdollisesti aiheutuvia terveydellisiä haittoja ja vaaroja ei ole asianmukaisesti valvottu. Kiellon määrääminen voidaan katsoa tarpeelliseksi myös, jos se on muutoin perusteltu ihmisten terveyden suojelemiseksi.

Havaitessaan sääntöjen vastaista toimintaa, voi valvontaviranomainen ensiksi antaa vapaamuotoista ohjausta toiminnan korjaamiseksi. Jos ohjaus ei riitä, voi valvontaviranomainen kieltää lainvastaisen toiminnan. Kielto voidaan tehostaa uhkasakolla. Tällaista toimintaa voisi esimerkiksi olla markkinoinnin suuntaaminen alaikäisille tai väkeviä alkoholijuomien markkinointi.[112] Kyseessä voisi silloin olla hallinnollisten seuraamusten lisäksi rikoslain mukainen alkoholirikkomus tai alkoholijuoman markkinointirikos, joista rangaistusasteikko vaihtelee huomautuksesta kuuden kuukauden vankeuteen. Toistuvissa tai törkeissä tapauksissa rangaistukset ovat ankarampia ja valvontaviranomainen voi myös määrätä toiminnan keskeytettäväksi.[113]

Kiellot voidaan kohdistaa markkinoinnin tai mainonnan tilaajan lisäksi myös markkinoinnin tai mainonnan toimeenpanijaan sekä näiden palveluksessa olevaan. Valviran ohjeen mukaan tilaajalla tarkoitetaan yleensä sitä yhtiötä, jonka hyväksi mainonta tapahtuu. Toimeenpanijana mainonnasta vastuussa voi olla esimerkiksi mainoksen suunnitellut mainostoimisto tai sen julkaisseen tiedotusvälineen kustantaja tai omistaja.[114]

---

112   Valvira on esimerkiksi kieltopäätöksessään 5823/13.08.00.02/2012 tarkastellut Facebook-
       yhteisöpalvelussa tukkumyyjän väkevälle alkoholijuomalle perustettua suomenkielistä sivua.
       Tukkumyyjä oli toiminnallaan rikkonut väkevän alkoholijuoman mainontakieltoa.
113   Alkoholilaki (1102/2017), 68 §.
114   Valviran ohje alkoholin markkinoinnista 16.07.2024, s. 60.

5
ALKOHOLINKULUTUS JA
ALKOHOLIHAITAT SUOMESSA

5.1 Alkoholinkulutuksen kehitys ja kulutustilastot

Alkoholinkulutus ja sen aiheuttamat haitat ovat merkittäviä yhteiskunnallisia ja terveydellisiä kysymyksiä Suomessa. Alkoholinkulutus on vaihdellut merkittävästi eri vuosikymmenien saatossa, ja kehityksen taustalla ovat olleet kulttuuriset, poliittiset ja taloudelliset tekijät. Seuraavalla sivulla oleva THL:n kaavio kuvaa puhtaan alkoholin kulutuksen kehitystä vuodesta 1960 vuoteen 2023.

Kaaviosta on havaittavissa, että erityisesti erilaiset lakimuutokset ovat vaikuttaneet kulutukseen. Ensimmäinen huomattava piikki kulutuksessa tapahtui vuoden 1969 alkoholilainsäädännön uudistuksen myötä, kun alkoholin vähittäismyynti avattiin maaseuduille, mietojen juomien ostoikäraja alennettiin 21 vuodesta 18 vuoteen ja väkevien juomien ostoikäraja alennettiin 21 vuodesta 20 vuoteen.[115] THL:n raportin mukaan lakiuudistus lisäsi kulutusta yksin vuonna 1969 lähes 50 prosenttia.[116] Kulutuksen kasvua selitti myös 1960- ja 1970-lukujen yhteiskunnan kaupungistuminen, teollistuminen, perherakenteiden muutokset, sukupuoliroolien tasa-arvoistuminen ja niin alkoholia kuin muitakin elämänalueita koskenut mielipideilmaston vapautuminen.[117]

Kulutus kasvoi entisestään 1980-luvulla, kun Suomessa elettiin noususushdannetta. Noususushdannetta seurannut lama käänsi kuitenkin kulutuksen laskuun. Kulutus nousi taas vuonna 1995 Suomen EU-jäsenyyden myötä. EU-jäsenyys väljensi tullimääräyksiä ja purki alkoholijuomien tuonti-, vienti-, valmistus- ja tukkumyyntimonopolijärjes-

---

115   *THL:n verkkosivut, kohta Lainsäädännön kehitys.*
116   *Härkönen ym. 2017, s. 11.*
117   *Lääkärilehden verkkosivut, 12.2.2016 julkaistu artikkeli "Alkoholinkulutus, juomatavat ja alkoholipolitiikka".*

telmän. Jäsenyyden myötä enintään 4,7 tilavuusprosenttia alkoholia sisältävät siiderit ja long drinkit siirtyivät keskioluen ohella vähittäismyynnin piiriin, ja samalla mietoja alkoholijuomia sai tietyin rajoituksin alkaa mainostamaan.[118]

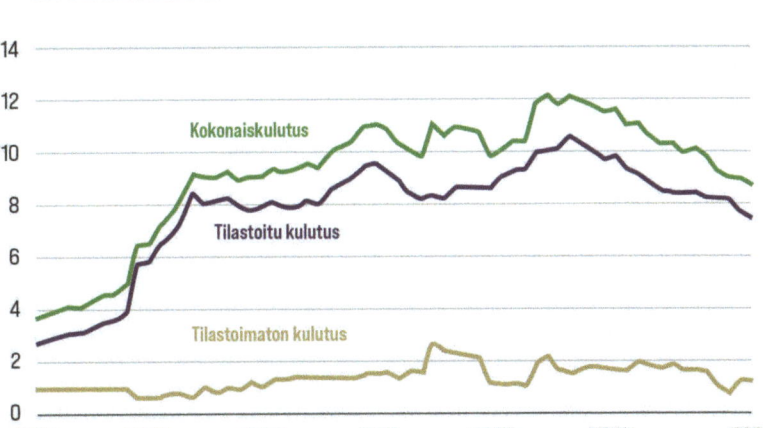

Litraa 15 vuotta täyttänyttä kohti

*) Tilastoimattomassa kulutuksessa tilastointitavan muutos vuodesta 2000 alkaen.

Kuvio 1: Sataprosenttisen alkoholin kulutus Suomessa 15 vuotta täyttänyttä asukasta kohti vuosina 1960-2023[119]

EU-jäsenyyden jälkeen kulutus laski useamman vuoden, kunnes vuonna 2004 EU-maista hankittujen alkoholijuomien tuontirajoitukset poistettiin ja alkoholijuoma-veroa alennettiin. Kulutus on myöhemmin vuoden 2007 jälkeen tasaisesti vähentynyt, joka selittyy osittain alkoholijuomaveron useilla korotuksilla[120], talouden taantumalla, mutta myös myönteisillä juomatapojen muutoksilla.[121] THL:n suorittamat juomatapa-tutkimukset tukevat tätä näkemystä. THL:n mukaan alkoholin säännöllinen kulutus on vähentynyt viimeisten 15 vuoden aikana ja vuoden 2023 tilastojen perusteella trendi on

---

118   THL:n verkkosivut, kohta Lainsäädännön kehitys.
119   Alkoholijuomien kulutus, THL
120   Tosin kulutus ei vähentynyt vuonna 2018 vaikka alkoholiveroja korotettiin, kun alkoholilakia
         uudistettiin ja enintään 5,5 % alkoholia sisältävien juomien myynti laajennettiin
         päivittäistavarakauppaan.
121   Lääkärilehden verkkosivut, 12.2.2016 julkaistu artikkeli "Alkoholinkulutus, juomatavat ja
         alkoholipolitiikka".

jatkunut edelleen.

THL:n mukaan vuonna 2023 alkoholia kerran viikossa käytti 48 prosenttia miehistä ja 22 prosenttia naisista. Ero on huomattava vuoden 2008 lukuihin, jolloin miehistä 60 prosenttia ja naisista 36 prosenttia käytti alkoholia kerran viikossa. Poikkeuksen tähän kehitykseen on kuitenkin muodostanut 55–69-vuotiaat, joiden keskuudessa alkoholin viikoittainen käyttö on lisääntynyt. THL toteaakin, että muutoksen takia säännöllinen alkoholinkäyttö onkin yleisintä kaikista ikäryhmistä juuri 55–69-vuotiailla.[122] Merkittävin muutos on kuitenkin tapahtunut nuorten, 20–34-vuotiaiden, juomatavoissa, joiden keskuudessa ikiraittiiden osuus on kasvanut 2000-luvulta lähtien.

Nykyään myös säännöllinen alkoholinkäyttö on vähentynyt yhdessä humalahakuisen juomisen kanssa. Vuoden 2023 tilastojen mukaan 32 prosenttia miehistä ja 10 prosenttia naisista käytti alkoholia viikoittain, kun taas 2000-luvulla luvut olivat miesten kohdalla kaksi kertaa suuremmat ja naisilla neljä kertaa suuremmat.[123] Juomamäärät ovat myös vuosien 2008–2016 aikana pienentyneet. Vuoden 2016 jälkeen määrät ovat pysyneet samoina ja miehet joivat kutakin alkoholin käyttökertaa kohti vuoden 2023 aikana keskimäärin 4,7 annosta ja naiset 3,2 annosta. Luvut ovat miehillä viidenneksen ja naisilla noin kymmenesosan pienempiä kuin vuonna 2008.[124]

Vaikka tilastojen valossa kokonaiskulutus on vähentynyt, on THL:n mukaan alkoholin riskikäyttö edelleen yleistä. Suomessa korkean riskin taso terveelle, keskikokoiselle miehelle on 23–24 alkoholiannosta viikossa tai noin kolme annosta säännöllisesti päivittäin juotuna. Vastaavat luvut naisille ovat 12–16 viikossa tai 2 annosta säännöllisesti päivittäin.[125] Toisaalta Suomen kansallisissa ravitsemussuosituksissa todetaan, että alkoholin käytölle ei voida asettaa turvallista käyttörajaa ja sen käyttöä ei siksi suositella.[126] Näin ollen ei myöskään riskikäytölle voida asettaa tarkkaa annosmäärää, vaan raja määräytyy aina yksilöllisesti.

Riskikäyttö voidaan edelleen jakaa kahteen eri kategoriaan, eli pitkäaikaiseen alkoholinkäyttöön ja useiden alkoholiannosten nauttimiseen yhdellä kertaa. Pitkäaikaisten alkoholihaittojen kohtalaisen tai suuren riskin ryhmään kuului vuoden tilastojen perusteella 11 prosenttia 20–79-vuotiaista eli 450 000 suomalaista.[127] THL kertoo haitois-

122   Mäkelä – Warpenius 2024, s. 49.
123   Mäkelä – Warpenius 2024, s. 49.
124   Mäkelä – Warpenius 2024, s. 50.
125   Päihdelinkin verkkosivut, kohta Alkoholinkäytön riskirajat.
126   Valtion ravitsemusneuvottelukunnan ja THL:n kansalliset
        ravitsemussuositukset 2024, s. 63.
127   Mäkelä – Warpenius 2024, s. 77.

ta tarkemmin, että "...pitkäaikainen alkoholinkäyttö kasvattaa erilaisten vakavien terveyshaittojen kuten maksasairauksien tai useiden syöpien riskiä, samoin kuin monien yleisempien vaivojen, kuten huonolaatuisen unen, mielen hyvinvoinnin haasteiden tai kohonneen verenpaineen riskiä."[128]

Humalatilaan liittyville riskeille altistui ainakin kerran vuodessa 54 prosenttia 20–79-vuotiaasta väestöstä, mikä vastaa noin 2 180 000 henkilöä.[129] Useiden alkoholiannosten juominen yhdellä kertaa johtaa THL:n mukaan humalatilaan, joka "... heikentää suorituskykyä ja suojarefleksien toimintaa sekä vaikuttaa mielentilaan ja käyttäytymiseen."[130] Ottaessa huomioon molemmat riskikäytön muodot, altistui pitkäaikaisriskeille tai vähintään kuukausittain useiden kerralla nautittujen alkoholiannoksista johtuneen humalatilaan liittyville riskeille 24 prosenttia 20–79-vuotiaista eli 975 000 henkilöä.

Yksilötasolla on havaittu, että tapaturmaan joutumisen riski kasvaa jokaista nautittua alkoholiannosta kohti. Myös Yhdysvalloissa tehdyt tutkimukset vahvistavat väitteitä alkoholin osallisuudesta tapaturmiin ja vammoihin. Näiden tutkimusten perusteella kaatumisten ja muiden tapaturmien sekä pahoinpitelyiden yhteydessä saaduissa vammoissa humalalla on ollut vaikutusta asiaan.[131] THL:n mukaan lievä humalatila on kuitenkin yleisempää väestössä verrattuna voimakkaaseen humalatilaan ja väestötasolla syntyy siksi paljon haittoja myös lievästä humalatilasta.[132]

Haitat ja mahdolliset seuraamukset alkoholin käytöstä eivät välttämättä ilmene heti, vaan ne voivat tulla ilmi myöhemmin. Varsinkin alkoholin riskikäytön on katsottu lisäävän haittojen todennäköisyyttä tulevaisuudessa.[133] Näitä käydään tarkemmin läpi seuraavaksi.

5.2 Alkoholin aiheuttamat haitat ja sairastuvuus

Alkoholi aiheuttaa merkittäviä haittoja sekä yksilölle että yhteiskunnalle. Vaikutukset ulottuvat laajasti eri elämänalueille. Vaikka alkoholin kokonaiskulutus on Suomessa vähentynyt viime vuosikymmeninä, alkoholiin liittyvät haitat ovat edelleen merkittävä kansanterveydellinen ja yhteiskunnallinen ongelma. Haittojen yleisyys ja vakavuus riippuvat

---

128   Mäkelä – Warpenius 2024, s. 62.
129   Mäkelä – Warpenius 2024, s. 4.
130   Mäkelä – Warpenius 2024, s. 62.
131   Gurney ym. 1992, s. 710.
132   Mäkelä – Warpenius 2024, s. 62.
133   Mäkelä – Warpenius 2024, s. 62.

kulutustottumuksista, yksilöllisistä tekijöistä sekä yhteiskunnallisista olosuhteista. Alkoholin haitat koskettavat laajasti eri väestöryhmiä. Erityisesti vakavien alkoholihaittojen on huomattu painottuvan miehiin ja sosioekonomisesti haavoittuvammassa asemassa oleviin. Alkoholinkäytöstä aiheutuvat haitat voivat vaikuttaa yksilön terveyteen, sosiaalisiin suhteisiin, työelämään ja taloudelliseen tilanteeseen. Alkoholinkulutuksen haittavaikutukset eivät kuitenkaan rajoitu pelkästään kuluttajaan itseensä, vaan ne heijastuvat alkoholinkäyttäjän lähipiiriin ja laajemmin koko yhteiskuntaan.

Alkoholista aiheutuvia haittoja ehkäistään ja hoidetaan sosiaali- ja terveydenhuollon palveluissa. Alkoholihaitat kuitenkin kuormittavat sosiaali- ja terveydenhuoltoa raskaasti. Sosiaali- ja terveydenhuollon kantokyvyn varmistamiseksi, väestön alkoholinkäytön hillitsemiseksi ja yleisen terveyden ja hyvinvoinnin edistämiseksi tarvitaan alkoholipolitiikkaa ja alkoholilainsäädäntöä. Lainsäädännöllä voidaan säännellä alkoholin saatavuutta, hintoja ja markkinoita ja täten vaikuttaa alkoholin kokonaiskulutukseen ja alkoholihaittojen esiintyvyyteen.[134]

5.2.1 Sosiaaliset ja taloudelliset haitat: henkilösuhteet, onnettomuudet ja työkyvyttömyys

Alkoholin kulutukseen liittyy edellä mainitusti haittoja sekä yksilölle, muille henkilöille ja koko yhteiskunnalle. Haitat voivat ovat välittömiä, jotka yleensä liittyvät runsaaseen kerralla nautittuun alkoholimäärään. Välittömiä haittoja ovat esimerkiksi aggressiivinen käyttäytyminen ja impulsiivisuus. Aggressiivisuuteen vaikuttaa myös alkoholinkäyttäjän elämänhallinta, alkoholin käyttötilanne ja juomisen ympäristö. Warpeniuksen ja Härkösen mukaan konfliktit ovat siksi eri ihmisten välillä tavallisempia yöaikaan kaupunkien keskusta-alueella, jossa anniskeluravintolat sijaitsevat.[135] Tällöin pienellä alueella on paljon päihtyneitä samaan aikaan, joka kasvattaa mahdollisuutta konflikteille. Pitkäkestoinen alkoholin riskikäyttö voi sen sijaan yleisemmin johtaa haittoihin, jotka eivät ilmene heti.[136]

Välittömät ja krooniset haitat voivat olla sekä sosiaalisia että taloudellisia, kuten esimerkiksi ongelmia kotona, parisuhteessa, ystävyyssuhteessa tai sosiaalisessa elämässä. Liiallinen alkoholinkäyttö voi pahimmissa tapauksissa johtaa esimerkiksi eroon

---

134   *Mäkelä – Warpenius 2024.*
135   *Warpenius – Holmila – Tigerstedt 2013, s. 113.*
136   *Mäkelä – Warpenius 2024, s. 45.*

parisuhteessa, vaikeuttaa uusien ihmissuhteiden luomista tai ylläpitämistä, mikä taas on omiaan lisäämään yksinäisyyttä ja sosiaalista eristäytymistä. Alkoholinkäyttäjän lähipiiri on erityisasemassa alkoholihaittojen osalta.[137] Lähipiirin kokemat alkoholinkäytöstä aiheutuvat haitat voivat olla jopa yhtä vakavia, kuin alkoholinkäyttäjälle itselleen.[138] Lapset ovat erityisen kärsivässä asemassa perheissä, joissa alkoholia käytetään liiallisesti. Vanhemman alkoholiongelma voi vaikuttaa lapsen terveyteen negatiivisesti ja johtaa laiminlyönteihin, epävakaaseen kasvuympäristöön ja jopa lasten huostaanottoon.[139] Pidemmälle meneviä seurauksia voivat olla haasteet lapsen kehityksessä ja hänen kykynsä hallita omaa elämäänsä vanhempana.

Alkoholihaittoja voidaan THL:n mukaan jaotella erilaisina kielteisinä asioina, joita on tapahtunut alkoholin nauttimisen yhteydessä. THL:n tutkimuksessa kielteisinä tapahtumina on käytetty esimerkiksi riitoja, tappeluita, tapaturmia ja loukkaantumisia, tavaroiden katoamisia, vaatteiden tai tavaroiden vahingoittumista ja tekojen katumista. Nämä voivat johtua molemmat yksittäisistä alkoholinkäyttökerroista tai pidempiaikaisesta alkoholinkäytöstä.

Tilastojen perusteella noin 317 00 suomalaista oli kokenut omasta alkoholinkäytöstä johtuvia ongelmia jollakin edellä mainituista elämänalueista kyselyä edeltäneen 12 kuukauden aikana. Määrä oli yli kaksinkertainen arvioitaessa katumusta humalatilassa tehdystä asiasta tai sanomisesta.[140] Miehet ja erityisesti nuoret, 20–34-vuotiaat, kokivat haittoja enemmän kuin naiset ja muut ikäryhmät.[141] THL:n tutkimus korosti haittojen yleisyyttä erityisesti miehillä, jotka olivat sosioekonomisesti heikommassa asemassa.

Työelämässä ja opinnoissa alkoholiongelmien on katsottu alentavan työn tuottavuutta merkittävästi.[142] Tämän lisäksi alkoholiongelmat vaikuttavat työhön osallistumiseen. Ne lisäävät sairauspoissaoloja sekä kasvattavat työkyvyttömyyseläkkeen ja työttömyyden riskiä.[143] Taloudelliset vaikutukset ovat ilmeiset alkoholinkäyttäjälle, jos työt loppuvat tai työkyky menetetään.

Tilastojen perusteella työelämässä ilmenevien alkoholivaikutusten osalta on kuitenkin havaittavissa positiivista kehitystä. Vielä vuonna 2009 noin 12 400 suomalaista

---

137   *Aiheesta on myös tehty Suomessa paljon tutkimusta.*
         Ks. Esim. Holmila – Raitasalo – Tigerstedt (toim.) 2016.
138   *Mäkelä ym. 2018, s. 7.*
139   *Mäkelä ym. 2018, s. 125.*
140   *Mäkelä ym. 2018, s. 89.*
141   *Mäkelä ym. 2018, s. 55 ja 89.*
142   *Kaarne – Aalto 2009.*
143   *THL:n verkkosivut, kohta Alkoholikäytön haitat muille kuin käyttäjille.*

sai Kansaneläkelaitoksen (Kela) myöntämää työkyvyttömyyseläkettä alkoholisairauden perusteella, kun taas vuonna 2017 vastaava luku oli noin 7 800. Alkoholiin liittyvät työkyvyttömyyseläkkeet saattavat toisaalta olla todellisuudessa yleisempiä kuin tilastot osoittavat. On todennäköistä, että monia alkoholin aiheuttamia työkyvyn heikkenemisen syitä ei tunnisteta tai raportoida hakuvaiheessa, jolloin eläkkeenmyöntämisen perusteen katsotaan olevan jokin muu kuin alkoholisairaus.[144]

Alkoholihaittojen määrää ja tyyppejä arvioitaessa ei voida kuitenkaan tarkastella pelkästään tilastoja, koska haitat voivat olla myös tilastoimattomia, kuten heikkolaatuisia öyniä, pahoja sanoja tai lasten lievempiä alkoholikokeiluja.[145] Haitat voivat ilmetä tai kohdistua toiseen henkilöön, eikä ainoastaan siihen, joka nauttii alkoholia. Tällaisia haittoja ovat esimerkiksi päihtyneiden oksentelu, virtsaaminen tai roskaaminen julkisilla paikoilla, joka THL:n tilastojen mukaan oli kaikista yleisin haitta tutkimuksen vastaajien keskuudessa.[146]

Tutkimuksessa muita päihtyneiden aiheuttamia haittoja olivat ahdistelu tai kiusaaminen, pelontunne, metelöinti, sanallinen haukkuminen tai solvaaminen ja käsiksi käyminen. Naiset kokivat miehiä yleisimmin lähes kaikkia edellä mainittuja haittoja julkisilla paikoilla. Osuus oli erityisen suuri nuorten naisten, eli 20–34-vuotiaiden, keskuudessa, joista 82 % oli kokenut jonkin edellä mainituista haitoista julkisella paikalla.

Myös rattijuopumuksista aiheutuvat seuraukset voivat vaikuttaa kuskin lisäksi muihin ihmisiin. Ajoneuvolla ajaminen tai ajoneuvon kyydissä oleminen kuskin ajaessa päihtyneenä luo suuren riskin henkilövahingoille. Liikenneturvan mukaan "[n]autittu alkoholi huonontaa ajokykyä ja lisää onnettomuusriskiä, vaikka rattijuopumusraja ei ylittyisi. Alkoholin käyttö pidentää reaktioaikoja, haittaa keskittymistä ja vaikuttaa harkintakykyyn, mikä lisää merkittävästi liikenneonnettomuuksien riskiä."

THL:n raportin mukaan rattijuopumustilanteita tai humaltuneen kyydissä olemista raportoitiin vain harvoin ja vaikka henkilövahinkojen määrä rattijuopumustapauksissa on vähentynyt kolmanneksella viimeisen kymmenen vuoden aikana. Kuitenkin Liikenneturvan ennakkotietojen perusteella viranomaisten tietoon tuli yli 16 000 rattijuopumustapausta vuonna 2023. Tosiasiallinen luku on tätäkin suurempi, kun otetaan huomioon kuskit, jotka eivät jääneet kiinni.

Vuonna 2023 rattijuopumusten seurauksena kuolleita oli ennakkotietojen

---

144   *THL:n verkkosivut, kohta Alkoholinkäytön haitat muille kuin käyttäjille.*
145   *Mäkelä – Warpenius 2024, s. 26.*
146   *Mäkelä – Warpenius 2024, s. 86. Huomioitava kuitenkin, että kyseisessä tilastossa mukaan on otettu kaikki päihteet, ei siis pelkästään alkoholi.*

mukaan 20 ja loukkaantuneita 363, joista suurin osa oli nuoria, 15–24-vuotiaita.[147] Myös taloudelliset kustannukset voivat käydä kalliiksi rattijuopon ollessa itse taloudellisessa vastuussa sekä itselleen, matkustajille että muille ulkopuolisille aiheutuneista vahingoista. Rattijuoppo voi myös menettää oikeutensa vakuutuskorvauksiin, joka lisää entisestään rattijuopon henkilökohtaista vastuuta aiheuttamistaan vahingoista.[148]

5.2.2 Terveydelliset haitat

Lyhytaikainen liiallinen alkoholinkäyttö voi edellä kuvatusti lisätä todennäköisyyttä tapaturmille tai onnettomuuksille. Myös akuutti alkoholimyrkytys on mahdollinen seuraus suuren alkoholimäärän nopeasta nauttimisesta yhdellä kerralla.[149] Alkoholin pidempiaikainen runsas käyttö voi sen sijaan vahingoittaa lähes jokaista elintä ja on merkittävä tekijä vakavien terveyshaittojen, kuten alkoholiriippuvuuden ja maksasairauksien, kehittymisessä. Näistä tyypillisimpiä ovat maksan rasvoittuminen ja maksakirroosi. Myös haimatulehdukset ovat mahdollisia.

International Agency for Research on Cancer (IARC) on luokitellut alkoholin syöpävaaralliseksi aineeksi. Alkoholin vakavia terveyshaittoja ovat tutkimusten ja tilastojen perusteella siten myös eri syöpäsairaudet, kuten rintasyöpä ja ruoansulatuselimistön syövät.[150]

Runsas alkoholinkäyttö vaikuttaa monella eri tapaa haitallisesti sydämeen ja verisuoniin. Se nostaa verenpainetta ja lisää sydämen rytmihäiriöiden, kuten eteisvärinän, riskiä. Humalajuominen kasvattaa sydäninfarktin, äkkikuoleman ja aivoverenkiertohäiriöiden riskiä. Pitkäaikainen käyttö voi rappeuttaa sydänlihasta.[151]

Näiden vakavien terveyshaittojen lisäksi pitkäaikainen alkoholinkäyttö voi johtaa yleisempiin ongelmiin, kuten heikkolaatuiseen uneen, josta tyypillisiä oireita ovat lyhyet unijaksot, unen huono laatu, katkonaisuus ja uniapnea. Runsas käyttö saattaa samalla heikentää mielenterveyttä, lisäten mahdollisuutta sairastua masennukseen, kokea ahdistuneisuutta sekä kasvattaa itsemurhan todennäköisyyttä.[152] Alkoholin edistää myös lihomista ja metabolisen oireyhtymän kehittymistä, jotka edelleen lisäävät mah-

---

147   *Liikenneturvan tilastot 2023.*
148   *Liikenneturvan verkkosivut, kohta Alkoholi ja liikenne.*
149   *Päihdelinkin verkkosivut, kohta Alkoholimyrkytys.*
150   *Terveyskirjaston verkkosivut, kohta Alkoholi ja terveys.*
151   *Terveyskirjaston verkkosivut, kohta Alkoholi ja terveys.*
152   *Terveyskirjaston verkkosivut, kohta Alkoholi ja terveys.*

dollisuutta monelle muulle lisäsairaudelle.

Alkoholin käyttöön raskauden aikana liittyy erityisiä terveyshaittoja ja alkoholin-käyttö suositellaan kokonaan lopetettavaksi raskauden ajaksi. Äidin kuluttama alkoholi kulkee sikiölle suoraan istukan kautta ja voi siksi häiritä sikiön kasvua ja keskushermoston kehitystä. On myös huomattu, että mitä pidempään alkoholinkäyttö jatkuu suhteessa raskauden kestoon, sitä vaikeammat ovat sikiölle aiheutuneet vauriot.[153] Alkoholille altistuminen voi johtaa samalla rakenteellisiin poikkeavuuksiin kehittyvässä sikiössä. Lisäksi se voi aiheuttaa lapsen kasvun myötä ilmeneviä neurologisia, kognitiivisia ja käyttäytymiseen liittyviä häiriöitä, joista käytetään yhteisnimitystä sikiön alkoholioireyhtymä (fetal alcohol spectrum disorders, FASD).[154]

5.3 Yhteiskunnalliset kustannukset ja taloudelliset vaikutukset

Alkoholin käyttöön liittyy huomattavia yhteiskunnallisia kustannuksia ja taloudellisia vaikutuksia, jotka heijastuvat muun muassa terveydenhuollon menoihin, työkyvyttömyyteen, rikollisuuteen ja perhesuhteisiin. Näitä vaikutuksia ei voida tarkastella ainoastaan yksilötason ongelmina, vaan ne koskettavat koko yhteiskunnan rakenteita ja resursseja. Toisaalta alkoholi on myös merkittävä taloudellinen toimiala, joka tuo tuloja valtion budjettiin verotulojen muodossa ja työllistää tuhansia ihmisiä. Tämä nostaakin esiin kysymyksen tasapainon löytämisestä haittojen ja hyötyjen välillä.

Edellisessä kappaleessa tuotiin esiin alkoholin liiallisen käytön olevan riskitekijä tapaturmille ja onnettomuuksille sekä useille vakaville sairauksille, kuten maksasairauksille, syöville, sydän- ja verisuonitaudeille ja myös muille lievimmille terveyshaitoille, kuten uniongelmille ja työn tuottavuuden heikentymiselle. Näiden sairauksien ja haittojen hoito aiheuttaa vuosittain merkittävää kuormitusta sote- ja sosiaaliturvajärjestelmälle, mutta myös työnantajille ja veronmaksajille.[155]

Työturvallisuuskeskuksen, Alkon ja EHYT Ry:n tilaaman raportin mukaan työnantajat kärsivät arvioiden mukaan vähintään 500 miljoonan euron taloudelliset menetykset alkoholin haittavaikutuksista vuoden 2022 aikana. Summa perustui menetetystä

---

153   *Koponen ym. 2019.*
154   *Lehtinen – Ekblad 2023.*
155   *Eräiden selvitysten mukaan kustannukset julkiselle terveydenhuollolle ovat olleet jopa 1,1 miljardia euroa vuodessa. Lisää tietoa saatavilla EHYT ry:n verkkosivuilla 20.8.2024 julkaistussa tiedotteessa "Tuore selvitys: Alkoholin kustannukset julkiselle terveydenhuollolle jopa 1,1 miljardia euroa vuodessa".*

työpanoksesta, koska työhön ei kyetä osallistumaan sekä siitä, että aiheutetaan työtä muille, kuten terveydenhuollolle ja oikeuslaitokselle. Kustannuksia syntyy lisää myös sen takia, että alkoholinkäyttö johtaa varhaiseläkkeisiin, sairauspäivärahoihin sekä heikompaan työpanokseen ja tuottavuuteen.[156]

Tarkasteltaessa Kelan myöntämiä työkyvyttömyyseläkkeitä ja sairauspäivärahoja, joiden perusteena ollut alkoholisairaus, ovat kustannukset yhteiskunnalle olleet suuria. Päihdetilastollisen vuosikirjan mukaan eläkkeet ja sairauspäivärahat aiheuttivat kustannuksia enimmillään 223,5 miljoonaa euroa vuonna 2020. Sama koskee sosiaalipalveluita ja terveydenhuoltoa, joissa alkoholin käytön haittojen kustannukset olivat ensimmäisen osalta enimmillään 245,9 miljoonaa euroa ja jälkimmäisen osalta enimmillään 206,5 miljoonaa euroa vuonna 2020.[157]

Toisaalta alkoholi on myös merkittävä taloudellinen tekijä. Alkoholin myynti tuottaa huomattavia verotuloja valtiolle, ja siihen liittyvä teollisuus, kuten valmistus, jakelu ja myynti, tarjoaa työpaikkoja tuhansille ihmisille.[158] Ernst & Youngin tekemän toimialakatsauksen mukaan panimo- ja virvoitusjuomateollisuus työllisti vuonna 2018 yli 24 000 henkilöä Suomessa ja toimiala kerrytti veroja yli 2,2 miljardia euroa.[159]

Pelkästään alkoholiverosta saadut varat olivat suuret ja alkoholiveron kertymä oli vuonna 2023 yli 1,4 miljardia euroa.[160] Euroopan tasolla Suomen alkoholiverokertymä on useiden vuosien ajan ollut suurta suhteessa väkilukuun ja ollut samaa luokkaa esimerkiksi Italian kanssa, jossa kuitenkin väkiluku on yli 10 kertaa Suomea suurempi.[161]

Vaikka alkoholi tuo taloudellista hyötyä, sen aiheuttamat yhteiskunnalliset haitat ylittävät usein saadut tulot, mikä nostaa esiin kysymyksen tasapainon löytämisestä. Yhteiskunnan on pyrittävä luomaan politiikkaa ja toimenpiteitä, jotka vähentävät alkoholin haitallisia vaikutuksia ilman, että ne tarpeettomasti rajoittavat alkoholinkäytöstä syntyviä taloudellisia hyötyjä. Tämä voi tarkoittaa esimerkiksi muutoksia alkoholipolitiikassa ja lainsäädännössä.

---

156   *Työturvallisuuskeskuksen verkkosivut, 22.11.2023 julkaistu uutinen "Arvio: Alkoholihaitat aiheuttivat työnantajille vähintään 500 miljoonan euron menetykset vuonna 2022"*

157   *Koskinen – Virtanen 2023, s. 92.*

158   *Panimoliittojen kattojärjestön The Brewers of Europen mukaan Euroopan unionissa olut loi vuonna 2022 hieman yli 2 miljoonaa työpaikkaa Euroopan unionin jäsenvaltioissa. Lisää tietoa saatavilla The Brewers of Europen vuoden 2024 raportissa "The contribution made by beer to the European economy", s. 5.*

159   *Ernst & Youngin (EY) toteuttama toimialakatsaus 2020, s. 1. Huomioitavaa kuitenkin, että kyseessä on panimoliiton tilaama katsaus.*

160   *Valtiovarainministeriön verkkosivut, kohta Alkoholiverotus.*

161   *WHO:n verkkosivut, kohta Annual revenues from alcohol excise tax by country.*

5.4 Ehkäisevän päihdetyön merkitys ja vaikutukset kulutustottumuksiin

Ehkäisevä päihdetyö on tärkeä osa yhteiskunnan pyrkimyksiä vähentää päihteiden, kuten alkoholin, käytön aiheuttamia haittoja. Sen tavoitteena on vähentää ja ennaltaehkäistä päihteiden käytöstä aiheutuvia haittoja yksilöille, heidän läheisilleen ja koko yhteiskunnalle. Lisäksi työ pyrkii lisäämään tietoa ja ymmärrystä päihteiden käytöstä, sen vaikutuksista sekä siihen liittyvistä ilmiöistä. Ehkäisevässä päihdetyössä keskitytään vähentämään päihteiden käyttöä vaikuttamalla niiden kysyntään ja saatavuuteen.

Kysyntään voidaan vaikuttaa esimerkiksi lisäämällä ihmisten tietoisuutta alkoholin riskeistä ja terveyshaitoista. THL:n mukaan juuri tiedon ja motivaation avulla yksilöä pyritään kannustamaan tekemään terveellisempiä valintoja, joihin ei kuulu päihteet. Lisäksi yhteisöissä toteutettavilla erilaisilla toimenpiteillä pyritään vahvistamaan terveyttä edistäviä asenteita ja toimintatapoja. Kysyntää voidaan vähentää myös esimerkiksi päihdekasvatuksen avulla.

Saatavuuden osalta on mahdollista ottaa käyttöön tiukempaa sääntelyä, jolla voidaan esimerkiksi rajoittaa myyntiä, anniskelua tai nostaa hintoja korkeampien verojen avulla. THL:n mukaan saatavuuden hallintaan tähtäävät ratkaisut edellyttävät usein yhteistyötä viranomaisten, järjestöjen ja päihteitä myyvien yritysten välillä. Yhteistyöllä pyritään luomaan yhtenäinen toimintamalli, joka tukee päihteiden käytön hallintaa ja ehkäisee siitä aiheutuvia haittoja.

Tarkasteltaessa lainsäädäntöä, kattaa ehkäisevä päihdetyö erilaiset haitat, jotka aiheutuvat alkoholista, tupakasta, huumausaineista ja muista päihtymiseen käytettävistä aineista sekä rahapelaamisesta. Päihteet vaikuttavat koko yhteiskuntaan ja siksi päihdetyön kohteena onkin koko väestö. Päihdetyö voi onnistuessaan "...vähentää inhimillistä kärsimystä, sosiaali- ja terveyspalvelujen tarvetta sekä väestöryhmien välisiä terveyseroja, lisää työn tuottavuutta ja varmistaa väestön työ- ja toimintakyvyn myös tulevaisuudessa."[162] Päihdetyön tulokset eivät kuitenkaan näy heti, vaan työ on pitkäjänteistä. Kuntien vastuulla on huolehtia tämän työn toteutuksesta ja kehittämisestä.[163]

Suomen viime vuosien alkoholipolitiikka on perustunut pitkälti alkoholin saatavuuden lisäämiseen. Tämä helpottaa kansalaisten arkea, mutta lisää monien asiantuntijoiden mukaan alkoholihaittoja. Toisaalta uudistuksista huolimatta alkoholin kulutus

---

162   *THL:n verkkosivut, kohta Ehkäisevä päihdetyö.*
163   *THL:n verkkosivut, kohta Ehkäisevä päihdetyö.*

näyttää laskeneen viime vuosina.[164] Näin ollen voidaan pohtia sitä, miten loogisena etämyynnin rajoittamista voidaan pitää nykyisen alkoholilain tavoiteasetannan näkökulmasta, jossa korostetaan alkoholihaittojen torjumista alkoholin saatavuutta rajoittamalla. Yksi vapaata liikkuvuutta koskeva periaate EU-tuomioistuimen oikeuskäytännössä on se, että rajoittavan sääntelyn tulee olla omiaan saavuttamaan se päämäärä, johon rajoituksella pyritään.

---

164   *THL:n verkkosivuilla 17.6.2024 julkaistu tiedote "Alkoholin kokonaiskulutus väheni edelleen vuonna 2023 – myyntimäärissä suuria alueellisia eroja".*

6
ALKOHOLIN VÄHITTÄISMYYNNIN SÄÄNTELYN KANNALTA MERKITYKSELLINEN EU-OIKEUDELLINEN VIITEKEHYS JA LAINSÄÄDÄNNÖN EU-OIKEUDEN MUKAISUUS

6.1 Johdanto: EU:n perusperiaatteet ja alkoholipolitiikka

EU:n tasolla alkoholisääntely perustuu lähinnä kansalliseen lainsäädäntöön. EU:n toimenpiteiden laajuus on sidottu sille perussopimuksissa annettuun toimivaltaan, jonka puuttuessa toimivalta kuuluu jäsenvaltioille. Euroopan unionista tehdyn sopimuksen (SEU) 5 artiklan nojalla EU:n toimivalta on toissijaista ja EU:n tulee kunnioittaa jäsenvaltioiden kansallista identiteettiä. Toissijaisuusperiaate onkin yksi EU:n keskeisimmistä yleisistä oikeusperiaatteista. Tämän takia myöskään alkoholisääntely ei lähtökohtaisesti kuulu EU:n toimivaltaan.

Euroopan unionin toiminnasta tehdyn sopimuksen (SEUT) 168 artiklassa määritellään EU:n rooli terveyden suojelussa. Saman artiklan 5 kohdassa määritellään, että EU voi alkoholin väärinkäytöstä aiheutuvia haittoja ehkäistäkseen säätää edistämistoimia, jotka eivät kuitenkaan voi yhdenmukaistaa jäsenvaltioiden lainsäädäntöä. EU:lla ei siis lähtökohtaisesti ole toimivaltaa säännellä alkoholista yleisesti EU:n tasolla, jonka takia aihe kuuluu kansallisen lainsäädännön alaan. Käytännössäkin yhtenevän alkoholipolitiikan luominen voisi olla hankalaa jäsenvaltioiden historiallisten ja kulttuuristen erojen takia, jotka heijastuvat suhteessa alkoholiin ja sen sääntelyyn.

On kuitenkin olemassa joitakin säädöksiä, jotka koskevat alkoholijuomia tai joita sovelletaan myös alkoholijuomiin. EU sääntelee esimerkiksi valmisteverotusta[165], alkoholijuomien pakkauksissa esitettäviä tietoja[166] sekä viinin valmistuksessa käytettäviä

---

165   *Neuvoston direktiivi (EU) 2020/262, annettu 19.12.2019, valmisteveroja koskevasta yleisestä järjestelmästä.*

166   *Euroopan parlamentin ja neuvoston asetus (EU) 1169/2911, annettu 25.10.2011, elintarviketietojen antamisesta kuluttajille.*

menetelmiä[167]. Näillä säädöksillä voidaan katsoa olevan esimerkiksi kuluttajansuojaan liittyviä tavoitteita, jonka korkean tason varmistaminen SEUT:n 169 artiklan mukaan kuuluu EU:lle.

Vaikka EU:n toimivalta alkoholisääntelyn osalta onkin melko rajattu, EU:n sisäinen tavaroiden vapaa liikkuvuus kaventaa jäsenvaltioiden kansallisen alkoholilainsäädännön liikkumavaraa huomattavasti. Tavaroiden vapaata liikkuvuutta säännellään EU:n primäärioikeuden tasolla, ja alkoholituotteet kuuluvat tavaroiden vapaan liikkuvuuden piiriin. Alkoholia koskevan kansallisen lainsäädännön kannalta erityisen kiinnostavia ovat SEUT:n 34, 36 ja 37 artiklat.

SEUT:n 34 artiklassa kielletään jäsenvaltioiden väliset tuonnin määrälliset rajoitukset ja kaikki niitä vaikutukseltaan vastaavat toimenpiteet. SEUT:n 36 artiklan mukaan 34 artiklan mukainen kielto ei kuitenkaan estä sellaisia tuontia, vientiä tai kauttakuljetusta koskevia kieltoja tai rajoituksia, jotka ovat perusteltuja julkisen moraalin, yleisen järjestyksen tai turvallisuuden kannalta, ihmisten, eläinten tai kasvien terveyden ja elämän suojelemiseksi, taiteellisten, historiallisten tai arkeologisten kansallisaarteiden suojelemiseksi taikka teollisen ja kaupallisen omaisuuden suojelemiseksi. Nämä kiellot tai rajoitukset eivät kuitenkaan saa olla keino mielivaltaiseen syrjintään tai jäsenvaltioiden välisen kaupan peiteltyyn rajoittamiseen.

SEUT:n 37 artiklan 1 kohdan mukaan jäsenvaltiot mukauttavat kaupallisia valtion monopolejaan niin, että tavaroiden hankintaa tai myyntiä koskevissa ehdoissa *ei syrjitä jäsenvaltioiden kansalaisia*. Artiklan määräyksiä sovelletaan kaikkiin toimielimiin, joiden välityksellä jäsenvaltio lain nojalla tai tosiasiallisesti suoraan tai välillisesti valvoo tai ohjaa jäsenvaltioiden välistä tuontia tai vientiä taikka olennaisesti vaikuttaa siihen. Määräyksiä sovelletaan myös monopoleihin, jotka perustuvat valtion myöntämään yksinoikeuteen.

SEUT 37 artiklan 2 kohdassa kielletään lisäksi jäsenvaltioita toteuttamasta uusia toimenpiteitä, jotka ovat ristiriidassa 1 kohdan periaatteiden kanssa tai joilla rajoitetaan jäsenvaltioiden välisten tullien ja määrällisten rajoitusten kieltämistä koskevien artiklojen soveltamisalaa.

Erityisesti pohjoismaiset alkoholin vähittäismyyntimonopolit ovat jännitteisessä suhteessa tavaroiden vapaan liikkuvuuden kanssa. Luonteeltaan oikeudelliset monopolit ovat este EU:n sisämarkkinoiden edistämiselle ja niiden protektionistisessa

167   Euroopan parlamentin ja neuvoston asetus (EU) 1308/2013, annettu 17.12.2013,
       maataloustuotteiden yhteisestä markkinajärjestelystä.

muodossa ne estävät Euroopan markkinoiden vapauttamista. Merkittävä kysymys onkin se, kuinka kansalliset monopolit voidaan sovittaa yhteen ja toisaalta oikeuttaa Euroopan unionin sääntelyn ja oikeusperiaatteiden valossa. Seuraavassa on lueteltu tavallisimmat argumentit yleisesti monopolien olemassaolon ja toisaalta markkinoiden vapauttamisen puolesta.

Perustelut valtion monopolien olemassaololle:
- julkisen palvelun tavoitteet (asiakkaiden tasapuolinen kohtelu)
- liiketoiminnan (tuotteen tai palvelun) luonne (lailliset monopolit)
- skaalaedut (tietyt sektorit ovat luonnollisia monopoleja)
- yhtenäinen, kohtuullinen hinnoittelu
- sektoreiden strateginen merkitys
- kansallisen julkisen talouden merkitys.

Perustelut kilpailun vapauttamiselle:
- kilpailun kautta palveluiden hinnat laskevat
- kuluttajat hyötyvät parempilaatuisista hyödykkeistä sekä laajemmasta valikoimasta
- uudet markkinoille tulijat synnyttävät enemmän työpaikkoja kuin mitä
- monopoliyritys menettää kilpailun seurauksena
- sisämarkkinat synnyttävät kilpailuhyötyjä
- kilpailu vahvistaa kokonaisuudessaan EU:n kilpailukykyä.

EU-oikeudessa syrjivät ja/tai markkinoille pääsyä rajoittavat kansallisen lain säännökset voivat olla muun muassa tavaroiden vapaata liikkuvuutta koskevan SEUT 34–36 artiklan, työvoiman vapaata liikkuvuutta koskevan SEUT 45 artiklan, sijoittautumisoikeutta (liikkeenperustamisoikeutta) koskevan SEUT 49 artiklan, palvelujen tarjoamisen vapautta koskevan SEUT 56 artiklan, SEUT 110 artiklan verosyrjintäkiellon, SEUT 106(2) artiklan tai valtiontukia koskevien säännösten (SEUT 107–109 art.) vastaisia. Edellä mainitut artiklat palvelevat sekä *kilpailun toimivuutta*, kun perusteettomiin ja vahingollisiin alalle tulon esteisiin puututaan, että *integraatiotavoitetta* eli yhteismarkkinoiden tiivistämistä.[168] Ero on siinä, että SEUT 101 ja 102 artiklassa tarkoitetun rajoituk-

---

168   *Ks. kirjallisuuden osalta esim. Kuoppamäki 2018, s. 1; Villa ym. 2024, s. 1191; Barnard 2019 s. 285; Raitio – Tuominen 2020, s. 53.*

sen aiheuttaa elinkeinonharjoittaja, kun taas SEUT 34, 45, 49, 56, 106, 107 ja 110 artikloilla puututaan julkisen vallan aikaansaamiin kilpailunrajoituksiin.

EU-tuomioistuin totesi tavaroiden vapaan liikkuvuuden osalta Dassonville-tuomiossaan, että määrällisiä rajoituksia vaikutukseltaan vastaavina toimenpiteinä pidetään kaikkia kauppaa koskevia jäsenvaltioiden säännöksiä, jotka voivat rajoittaa yhteisön sisäistä kauppaa suoraan tai välillisesti, tosiasiallisesti tai mahdollisesti.[169] Yhtä tunnetussa Cassis de Dijon -tuomiossa[170] vahvistettiin periaate, jonka mukaan toisessa jäsenvaltiossa laillisesti kyseisen maan säännösten mukaisesti perinteisillä valmistusmenetelmillä valmistettu ja kaupan pidetty tuote on päästettävä toisen jäsenvaltion markkinoille. Vastavuoroisen tunnustamisen periaatetta sovelletaan lähtökohtaisesti silloin, kun lainsäädäntöä ei ole yhdenmukaistettu. Näin ollen jäsenvaltioiden on myös EU:n yhdenmukaistamistoimenpiteiden puuttuessa hyväksyttävä toisessa jäsenvaltiossa laillisesti valmistettujen ja kaupan pidettyjen tuotteiden liikkuminen ja kaupan pitäminen markkinoillaan.

Toisaalta SEUT 34 artiklan soveltamisalaa rajoittaa Keck-tuomio[171], jonka mukaan tietyt myyntijärjestelyt eivät kuulu artiklan soveltamisalaan, jos ne ovat syrjimättömiä, eli niitä sovelletaan kaikkiin jäsenvaltion alueella toimiviin toimijoihin ja niillä on oikeudellisesti ja tosiasiallisesti sama vaikutus sekä kotimaisten tuotteiden että muista jäsenvaltioista maahantuotujen tuotteiden kaupan pitämiseen. SEUT 36 artiklan mukaan jäsenvaltiot voivat asettaa määrällisiä rajoituksia vastaavia rajoituksia muista kuin taloudellisista syistä, kuten julkiseen moraaliin, yleiseen järjestykseen tai turvallisuuteen liittyvistä syistä. Näitä poikkeuksia olisi tulkittava suppeasti, eivätkä ne saa johtaa mielivaltaiseen syrjintään tai jäsenvaltioiden välisen kaupan peiteltyyn rajoittamiseen. Poikkeusten on palveltava suoraan yleistä etua ja oltava oikeassa suhteessa tavoiteltuun suojelun tasoon.

EU-oikeuden etusijasta seuraa, että ristiriitatilanteessa EU-oikeuden vastainen kansallinen säännös on jätettävä tuomioistuimessa soveltamatta. Toisaalta Suomella on EU:n jäsenvaltiona velvollisuus olla ottamatta käyttöön mitään sellaista kansallista lainsäädäntöä, joka olisi EU-oikeuden vastaista.

---

169   *Asia C-8/74 Procureur du Roi v. Benoît ja Gustave Dassonville (Dassonville) (1974)
        ECLI:EU:C:1974:82. Ks. myös esim. asia C-320/03 Komissio v. Itävalta (2005) ECLI:EU:C:2005:684,
        63–67 kohta.*

170   *Asia C-120/78 Rewe-Zentral AG v. Bundesmonopolverwaltung für Branntwein ('Cassis de Dijon')
        (1979) ECLI:EU:C:1979:42.*

171   *Yhdistetyt asiat C-267/92 ja C-268/91 rikosoikeudenkäynti Bernard Keckiä ja Daniel
        Mithouardia vastaan (1993) ECLI:EU:C:1993:905.*

EU-tuomioistuimen oikeuskäytännöstä voidaan johtaa perusteet ja edellytykset, joiden nojalla tietyn hyödykkeen, esimerkiksi alkoholin, myyntiä voidaan rajoittaa säätämällä se kokonaan tai tietyin osin monopolitoiminnaksi.

Mikä tahansa monopoli ei ole sallittu, vaan rajoitusten tulee täyttää kumulatiivisesti neljä edellytystä:

1. ne johtuvat *yleiseen etuun* liittyvistä syistä;
2. niiden on oltava *omiaan takaamaan niillä tavoiteltavan päämäärän toteuttaminen*;
3. ne *eivät saa puuttua* tavaroiden vapaata liikkuvuutta koskevaan perusvapauteen tai muihin oikeuksiin *enempää kuin on tarpeen* tämän päämäärän saavuttamiseksi; ja
4. niitä on sovellettava *ilman syrjintää.*

Monopolilla (yksinoikeudella) ja toimilupajärjestelmällä rajoitetaan yritysten oikeutta tarjota tiettyjä hyödykkeitä markkinoilla. EU:ssa on *sisämarkkinat* ja niihin liittyen muun ohella työvoiman, tavaroiden ja palveluiden vapaa liikkuvuus ja sijoittautumisvapaus. Tämä tarkoittaa, että yrityksillä on oikeus esimerkiksi myydä hyödykkeitä kaikissa EU-maissa SEUT 34 artiklan nojalla. Vapaata liikkuvuutta koskevat kansallisina toimenpiteinä toteutettavat rajoitukset vaativat aina tuekseen erityisiä perusteita. Kansallisten rajoitusten tulee liittyä *yleisen edun* turvaamiseen, eivätkä todellisena syynä rajoituksille saa olla valtion fiskaaliset intressit.

Suhteellisuusperiaate edellyttää sitä, että jäsenvaltion toteuttaman toimenpiteen kustannukset ja hyödyt arvioidaan ottamalla huomioon ne eri intressit, jotka yhteisön oikeussääntöjen perusteella ovat suojelemisen arvoisia. Jos kansallinen toimenpide on lähtökohtaisesti kielletty SEUT 34 artiklan nojalla, jäsenvaltion on osoitettava, että kyseisestä toimenpiteestä saatava hyöty on yhteisön oikeudessa tunnustetun yleisen edun kannalta suurempi kuin vapaan liikkuvuuden rajoittamisesta aiheutuvat kustannukset. Jotta vapaan liikkuvuuden rajoitus vaikkapa alkoholin maahantuonnin osalta olisi SEUT-sopimuksen mukainen, jäsenvaltion on osoitettava, että kyseisestä järjestelmästä yleiselle järjestykselle ja ihmisten terveyden suojelulle saatava hyöty oikeuttaa kustannukset, joita siitä aiheutuu tavaroiden vapaalle liikkuvuudelle sisämarkkinoilla. Sen sijaan, että yhteisöjen tuomioistuin välittömästi tarkistaisi jäsenvaltion suorittaman kokonaisarvion merkityksellisistä kustannuksista ja hyödyistä, se kuitenkin käytännössä käyttää yhtä tai useampaa kolmesta osatestistä arvioidessaan jäsenvaltion suorittaman toimenpiteen oikeasuhteisuutta.

Ensin suoritetaan nk. soveltuvuustesti: kyseessä olevan toimenpiteen on todella myötävaikutettava tavoitellun päämäärän saavuttamiseen.[172] Toinen testi koskee *toimenpiteen välttämättömyyttä*. Kyse on siitä, onko realistisesti tarjolla vaihtoehtoista toimenpidettä, jolla voitaisiin suojella jäsenvaltion laillisia intressejä yhtä tehokkaasti mutta jolla rajoitettaisiin tavaroiden vapaata liikkuvuutta vähemmän. Voisiko jäsenvaltio toisin sanoen saavuttaa saman lopputuloksen yhteisön sisäisen kaupan kannalta pienemmillä kustannuksilla, jos se kohdistaisi saman määrän resurssejaan vaihtoehtoiseen toimenpiteeseen?

Kolmanteen testiin voidaan viitata ilmaisulla *suhteellisuus suppeassa merkityksessä*.[173] Tämä puoli suhteellisuuden arvioinnista voidaan ilmaista seuraavana sääntönä: mitä enemmän haittaa aiheutuu tavaroiden vapaan liikkuvuuden periaatteelle, sitä tärkeämpää on oltava sen yleisen edun täyttäminen, johon jäsenvaltio nojautuu. Jäsenvaltion on siten osoitettava, että se *suojan taso, jonka se päättää myöntää laillisille intresseilleen, on mitoitettu oikein siihen nähden, missä määrin tällä puututaan yhteisön sisäiseen kauppaan.* Ero toiseen testiin on siinä, että kolmannen testin seurauksena jäsenvaltio saattaa joutua toteuttamaan toimenpiteen, joka rajoittaa yhteisön sisäistä kauppaa vähemmän, vaikka tämä johtaisi siihen, että jäsenvaltion laillisten intressien suojaaminen jää alemmalle tasolle. Tätä testiä tehtäessä yhteisöjen tuomioistuin yleensä antaa jäsenvaltiolle jossain määrin harkintavaltaa sen valitessa kyseessä olevalle yleiselle edulle myönnettävän suojan tason.

Eri jäsenvaltiot voivat arvostaa suojeltaviksi katsomiaan laillisia intressejä eri tavalla. Esimerkiksi alkoholimonopoli on nykyään voimassa EU-maista ainoastaan Suo-

---

172   *EU-tuomioistuin katsoi esimerkiksi Aragonesa-tapauksessa, että lainsäädännöllä, jolla rajoitetaan mahdollisuuksia alkoholijuomien mainontaan, suojellaan kansanterveyttä. Rosengren-tapauksessa tuomioistuin piti Ruotsin lainsäädännön säännöstä, jonka mukaan kuluttaja sai ainoastaan itse henkilökohtaisesti tuoda rajan yli alkoholijuomaan muista EU-maista ostamiaan alkoholijuomia, SEUT 34 ja 36 artiklan vastaisena. Säännöstä perusteltiin kansanterveydellä ja tarpeella suojella nuoria ruotsalaisia alkoholin haitoilta. Rajoitus ei suojellut kansanterveyttä, koska samoja alkoholijuomia pystyi ostamaan Ruotsista Systembolagetista. Nuorten kansalaisten suojelu kaatui siihen, että itse asiassa rajoitus koski kaiken ikäisiä ruotsalaisia. Maahantuonnin rajoitus ei siten ollut sen enempää sovelias kuin suhteellinen tapa tavoitella syiksi ilmoitettuja yhteiskunnallisia hyötyjä. Kysymys, johon soveltuvuustestiä käytettäessä on saatava vastaus, on se, onko toimenpiteestä ollenkaan hyötyä niiden laillisten intressien kannalta, joihin jäsenvaltio nojautuu. Jos asia ei ole näin, toimenpiteellä loukataan automaattisesti suhteellisuusperiaatetta. Samaa asiaa tarkastellaan myös edellä käsitellyn tehokkuusperiaatteen näkökulmasta. Ks. yleisesti tehokkuuden osalta esim. Kuoppamäki 2003, s. 90, 377, 496 ja 1204.*

173   *Ks. esim. Van Gerven 1999, s. 38.*

messa ja Ruotsissa, kun taas kaikissa muissa 25 jäsenmaassa kuluttajia on katsottu voitavan suojata alkoholin haitoilta ja järjestystä ylläpitää ilman valtionyhtiölle annettua monopolia. Ainoastaan niillä aloilla, joilla yhteisön oikeudessa jo selvästi määritetään kyseessä olevalle lailliselle intressille yhteinen suojelun taso, EU-tuomioistuin soveltaa testiä tiukemmin. Tällaisissa tapauksissa jäsenvaltioilta vaaditaan enemmän, kun ne pyrkivät perustelemaan vapaata liikkuvuutta rajoittavia toimenpiteitä.

Toimenpide, joka ei läpäise yleistä suhteellisuustestiä, on SEUT 36 artiklan mukaan "jäsenvaltioiden välisen kaupan peiteltyä rajoittamista". Tällaiset rajoitukset ovat selvästi kiellettyjä. Edellä kuvatun suhteellisuusarvioinnin lisäksi jäsenvaltion toteuttaman, SEUT 34 artiklan soveltamisalaan kuuluvan toimenpiteen on täytettävä vielä vaatimus, jonka mukaan toimenpide ei saa "olla keino mielivaltaiseen syrjintään". Tämä edellyttää jälleen oikeasuhteisuuden arviointia, mutta toisesta näkökulmasta: kohtelun tietynlainen erilaisuus tai tietty määrä maahantuotuihin tuotteisiin kohdistuvaa erilaista vaikutusta voi olla hyväksyttävissä, jos se on oikeassa suhteessa kotimaisten ja maahantuotujen tuotteiden objektiivisiin eroihin. Tältä osin suhteellisuustestillä erotellaan toisistaan hyväksyttävissä oleva syrjintä ja mielivaltainen syrjintä.

SEUT 34 ja 36 artiklan nojalla suoritettava arvio jäsenvaltion toteuttamasta toimenpiteestä edellyttää näin ollen sitä, että sovelletaan yhtä seuraavista arviointimenetelmistä tai näiden menetelmien yhdistelmää: soveltuvuustesti, välttämättömyystesti, suhteellisuusarviointi suppeassa merkityksessä sekä sen tutkiminen, merkitseekö toimenpide mielivaltaista syrjintää, mikä puolestaan edellyttää toimenpiteen syrjivän vaikutuksen oikeasuhteisuuden arvioimista. SEUT 37 artiklan nojalla kiinnitetään huomiota vastaaviin seikkoihin, joskin sitä sovellettaessa kyse on itse monopolista ja sen mukauttamisesta.

Alkoholia koskevien yksinoikeuksien ja myyntirajoitusten osalta kyse on erityisesti terveyteen, mutta myös yleiseen järjestykseen ja turvallisuuteen liittyvistä perusteista. EU-jäsenvaltiot voivat pyrkiä alkoholin terveydellisten ja muiden yhteiskunnallisten haittojen torjumiseen rajoittamalla alkoholin saatavuutta ja myöntämällä yksinoikeuksia. Rajoitusten on kuitenkin oltava syrjimättömiä ja oikeasuhteisia. Niiden on myös oltava soveliaita eli omiaan takaamaan tavoitellun päämäärän saavuttaminen, eivätkä ne saa rajoittavuudeltaan ylittää sitä, mikä on välttämätöntä. Asetettuihin tavoitteisiin tulisi pyrkiä johdonmukaisella ja järjestelmällisellä tavalla.

EU-tuomioistuimen linjauksia voidaan pitää kohtuullisen sallivina kaupallisille monopoleille, sillä periaatteessa monien toimintojen valvonta voitaisiin järjestää monopolien ohella myös esimerkiksi siten, että useammalle toimijalle annetaan tiettyjen ehtojen täyttymiseen kytketty toimilupa, joiden noudattamista viranomainen valvoo. Alkoholin erityisen luonteen sekä jäsenvaltioiden erilaisten kulttuurien ja perinteiden vuoksi jäsenvaltioilla on kuitenkin harkintavaltaa alkoholin sääntelemisen suhteen. EU-jäsenvaltioiden sääntelymallit poikkeavat merkittävästi toisistaan, eikä alkoholialaa ole yhdenmukaistettu lainsäädännön harmonisoinnilla. Näin ollen jäsenvaltiot voivat arvioida omien arvovalintojensa mukaisesti, mitä vaatimuksia kyseisten intressien suojaamiseksi on asetettava. Samalla EU-oikeus edellyttää, että jäsenvaltioiden tulee määritellä täsmällisesti tavoiteltu suojan taso ja suojelutoimenpiteiden on sekä lain että käytännön toiminnan ja valvonnan tasolla täytettävä tuomioistuimen oikeuskäytännössä asetetut vaatimukset.

EU-tuomioistuimen linjausten perusteella jäsenvaltiot voivat pyrkiä näiden oikeutettujen intressien suojaamiseen esimerkiksi myöntämällä yksinoikeuksia tai antamalla yksinoikeus lainsäädännöllä vain yhdelle toimijalle, kuten Suomessa. Rajoitusten on kuitenkin oltava syrjimättömiä ja oikeasuhteisia. Niiden on oltava omiaan takaamaan tavoitellun päämäärän saavuttaminen, eivätkä ne saa rajoittavuudeltaan ylittää sitä, mikä on välttämätöntä tämän kannalta.[174] Asetettuihin tavoitteisiin on vastattava johdonmukaisella ja järjestelmällisellä tavalla. Tuomioistuin on täsmentänyt, että julkisen vallan tiukassa ja tehokkaassa valvonnassa oleva yksinoikeusjärjestelmä voi olla tehokas keino hallita rahapeleihin liittyviä vaaroja.

Sinänsä valtion monopoleihin liittyy sisäänrakennettu ristiriita, jos saman organisaation tehtävänä on sekä oman myynnin edistäminen että sen rajoittaminen. Oikeuskäytännön perusteella vaikuttaa kuitenkin siltä, että tällainen politiikka voi olla johdonmukainen sen tavoitteen kanssa, joka koskee alkoholin saatavuuden rajoittamista ja toimenpiteitä, joilla pyritään estämään alkoholin myyminen päihtyneille. Mikäli jäsenvaltio kuitenkin harjoittaa *alkoholin saatavuuden voimakasta laajentamispolitiikkaa,* monopolin ylläpitämistä ei välttämättä voida pitää johdonmukaisena ja järjestelmällisenä.[175]

Mikäli jäsenvaltion toteuttama toimenpide käsittää yksinoikeuden myöntämisen yhdelle toimijalle, oikeuskäytännön mukaan sen käyttöönottoon on liityttävä sellaisten oikeussääntöjen antaminen, joilla voidaan taata, että kyseinen monopolin haltija kykenee tosiasiallisesti tavoittelemaan johdonmukaisesti ja järjestelmällisesti haluttua

---

174   Ks. esim. HE 132/2016 vp s. 19.
175   Ks. erityisesti yhdistetyt asiat C338/04, C359/04 ja C360/04 Placanica ym. (2007)
       ECLI:EU:C:2007:133 ja yhdistetyt asiat C-316/07, C-360/07, C-409/07 ja C410/07 Stoss ym.
       (2010) ECLI:EU:C:2010:504 sekä HE 132/2016 vp s. 8.

päämäärää siihen määrällisesti oikein mitoitetulla ja laadullisesti sitä varten muokatulla tarjonnalla, jota viranomaiset valvovat tiukasti.

Olennaista merkitystä on paitsi kansallisella lainsäädännöllä, myös *alalla tosiasiassa noudatettavilla käytännöillä. Toisin sanoen, vaikka lainsäädännön tasolla asia vaikuttaisi olevan kunnossa, näin ei ole, mikäli järjestelmä ei käytännössä toimi tavoitteidensa mukaisesti.* Syynä tähän voisi olla esimerkiksi se, ettei järjestelmä todellisuudessa aja julkilausuttuja tavoitteita tai että toiminta käytännössä poikkeaa asetetuista tavoitteista esimerkiksi siitä syystä, että monopoli painottaa liikaa taloudellista menestystä alkoholihaittojen kustannuksella.

Jotta tietty kansallinen toimintaa rajoittava sääntelyjärjestelmä – oli kyse sitten monopolista tai lisenssijärjestelmästä – on sallittu, *kansallisen järjestelmän on kyettävä ehkäisemään ja vähentämään torjuttavia haittoja tehokkaasti.*

EU-jäsenvaltioissa, joissa on käytössä monopoli alkoholin vähittäismyynnissä, alkoholimonopolia on perusteltu erityisesti kansanterveyden suojelulla. Muita alkoholimonopolia tukevia perusteluja ovat esimerkiksi kulutuksen sääntely ja rajoittaminen, yleisen järjestyksen ylläpito, sosiaalisten haittojen ehkäisy sekä alkoholinmyynnin vastuullisuudesta huolehtiminen. Valtion omistaman alkoholimonopolin voidaan myös katsoa hyödyttävän julkista taloutta.

Alkoholimonopoleja puolestaan on vastustettu varsinkin niiden sisämarkkinoille ja kilpailulle aiheutuvan rajoitteen vuoksi. Rajoittunut kilpailu alkoholimarkkinoilla voi heijastua kuluttajille tuotevalikoiman kaventumisena ja hintatason nousuna. Monopolin sisämarkkinoita ja kilpailua rajoittavan vaikutuksen vuoksi EU-oikeus asettaa kansallisille monopoleille useita rajoituksia. Yksi tärkeimmistä edellytyksistä, joka monopolin tulee täyttää, on suhteellisuusperiaate.

Suhteellisuusperiaatetta sovelletaan EU:n hallinto- sekä lainsäädäntötoiminnassa, mutta sillä on myös sisämarkkinaoikeudellinen ulottuvuus. Jälkimmäisessä kontekstissa sillä tarkoitetaan käytännössä testiä, jonka perusteella arvioidaan, ovatko jäsenvaltioiden vapaaseen liikkuvuuteen kohdistamat rajoitukset oikeansuhtaisia verrattuna tavoitteisiin, joihin rajoittavilla toimilla pyritään. EU-tuomioistuin ei kuitenkaan tosiasiassa tee arvioita kansallisista toimenpiteistä, vaan antaa etenkin ennakkoratkaisupyynnöissä tyypillisesti jäsenvaltioiden tuomioistuimille ohjeita siitä, kuinka testiä tulee soveltaa kysymyksessä olevassa tapauksessa.

Suhteellisuusperiaatteen arvioinnissa voidaan lähtökohdaksi ottaa kolme kysymystä: onko rajoitus mielekäs tavoitteen saavuttamiseksi, onko rajoitus tarpeellinen ja onko se suhteeton tavoitteeseen nähden. Suomen alkoholilainsäädäntöön liittyen

EU-tuomioistuin on jäljempänä tarkemmin käsitellyssä *Visnapuu*-ratkaisussaan todennut, että asettaessa rajoitteita tavaroiden vapaalle liikkuvuudelle kansanterveyteen ja yleiseen järjestykseen liittyvillä syillä, on tarpeen, että "toimenpide on oikeasuhtainen tavoiteltuun päämäärään nähden ja että se ei ole mielivaltaisen syrjinnän keino tai jäsenvaltioiden välisen kaupan peitelty rajoitus."[176]

Toimien oikeasuhtaisuutta arvioitaessa keskusteluun nousee usein, onko tavoitteeseen pääsemiseksi saatavilla muita, vähemmän sisämarkkinoiden toimintaa rajoittavia toimenpiteitä. On kuitenkin tärkeää huomata, että tästä ei varsinaisesti ole kysymys suhteellisuusperiaatteen arvioinnissa. Toimen oikeasuhtaisuutta arvioitaessa keskitytään sen sijaan ensisijaisesti kysymyksessä olevan toimenpiteen suhteettomuuteen sen tavoitteiden kannalta.

Suhteellisuusperiaatteen arvioinnissa on lisäksi keskeistä sen kontekstisidonnaisuus. Tässä mielessä EU-tuomioistuin on edellä mainitussa *Visnapuu*-ratkaisussaan todennut, että "on kuitenkin niin, että jos kansallinen toimenpide liittyy kansanterveyteen, on otettava huomioon se, että ihmisten terveyden ja hengen suojaaminen on EUT-sopimuksessa suojelluista oikeushyvistä ja intresseistä tärkein".[177] Näin ollen esimerkiksi kansanterveyden edistämiseksi asetettua lainsäädäntöä arvioidessaan EU-tuomioistuin jättää kansallisille tuomioistuimille paljon liikkumavaraa. Yhtä kaikki toimenpiteiden tulee olla oikeasuhtaisia sekä tarpeellisia, perustua huolelliseen analyysiin sekä täsmällisiin ja todennettavissa oleviin tietoihin.

Saksan olutmarkkinoita koskevassa *Oluen puhtausvaatimukset* -ratkaisussa Euroopan yhteisöjen tuomioistuimen arvioitavaksi tuli sellaisen kansallisen lainsäädännön hyväksyttävyys, jossa lisäaineiden käyttö oluen valmistuksessa kiellettiin täysin. Tuomioistuin totesi, ettei täyskieltoa voitu oikeuttaa 36 artiklaan ja kansanterveyden suojelemiseen vedoten, sillä lainsäädännön katsottiin olevan suhteellisuusperiaatteen vastainen.

Tältä osin tuomioistuin päätyi toteamaan[178]:

---

176 *Asia C-198/14 Valev Visnapuu v. Kihlakunnansyyttäjä ja Suomen valtio – Tullihallitus (2015)*
   ECLI:EU:C:2015:751, kohta 116.

177 *Asia C-198/14 Valev Visnapuu v. Kihlakunnansyyttäjä ja Suomen valtio – Tullihallitus (2015)*
   ECLI:EU:C:2015:751, kohta 118.

178 *Asia C-178/84 Euroopan yhteisöjen komissio v. Saksan liittotasavalta (Oluen*
   puhtausvaatimukset) (1987) ECLI:EU:C:1987:126, kohta 53.

53. Siltä osin kuin saksalaisen oluen lisäaineita koskeva säännöstö sisältää yleisen lisäainekiellon, sen soveltaminen muista jäsenvaltioista tuotuihin oluisiin ei vastaa yhteisön oikeudessa asetettuja edellytyksiä, sellaisina kuin yhteisöjen tuomioistuin on niitä oikeuskäytännössään tulkinnut, koska tällainen kielto on suhteellisuusperiaatteen vastainen eikä siten kuulu perustamissopimuksen 36 artiklan mukaisen poikkeuksen alaan.

Ratkaisussa kiinnitettiin huomiota siihen, ettei kiellettyjen lisäaineiden haitallisista terveysvaikutuksista ollut saatavilla riittävästi tieteellistä näyttöä. Lisäksi kansanterveydellinen tavoite olisi ollut saavutettavissa vähemmän jäsenvaltioiden välistä kauppaa rajoittavin toimin. Kun tiettyjen lisäaineiden haitallisista terveysvaikutuksista ei ollut saatavilla uskottavaa tieteellistä näyttöä ja kun ne olivat sallittuja toisissa jäsenvaltioissa, ei täyskieltoa pidetty "tarpeellisena toimena" kansanterveyden suojelemiseksi. Näin ollen säännöstä oli pidettävä suhteellisuusperiaatteen vastaisena.

6.2 Tavaroiden vapaa liikkuvuus EU:ssa

Euroopan unionin sisämarkkinat määritellään alueeksi, jolla ei ole sisäisiä rajoja ja jolla tavaroiden, henkilöiden, palvelujen ja pääomien vapaa liikkuvuus taataan.[179] Tavaroiden vapaa liikkuvuus on siis yksi EU:n neljästä perusvapaudesta, jonka tavoitteena on varmistaa, että tavarat voivat liikkua vapaasti jäsenvaltioiden välillä ilman tariffeja, määrällisiä rajoituksia tai muita esteitä.

Vapaan liikkuvuuden periaate on keskeinen osa EU:n sisämarkkinoiden toimintaa ja edistää taloudellista yhteistyötä jäsenvaltioiden välillä. Tavaroiden vapaa liikkuvuus helpottaa kaupankäyntiä jäsenvaltioiden välillä, lisää kilpailua, laajentaa kuluttajien valinnanvaraa ja tukee sisämarkkinoiden tehokasta toimintaa. Se on olennainen osa EU:n pyrkimyksiä luoda yhtenäinen ja avoin talousalue.

Tavaroiden vapaan liikkuvuuden toteuttamiseksi EU:n sisällä ei peritä tullimaksuja jäsenvaltioiden välillä liikkuvista tavaroista. Tavaroiden tuontia tai vientiä ei myöskään saa rajoittaa määrällisin kiintiöin. Lisäksi unionissa pyritään harmonisoimaan tuotteita koskevat säännöt ja standardit. Jos yhteisiä sääntöjä ei ole, sovelletaan keskinäisen tunnustamisen periaatetta, jonka mukaan yhdessä jäsenvaltiossa laillisesti valmistettu ja myyty tuote voidaan viedä ja myydä myös muissa jäsenvaltioissa. Vaikka tavaroiden

---

179   *Ks. esim. Euroopan unionin julkaisutoimiston tiivistelmien sanasto.*

vapaa liikkuvuus on EU:ssa pääsääntö, siihen liittyy poikkeuksia. Jäsenvaltiot voivat rajoittaa tavaroiden liikkumista, jos se on välttämätöntä yleisen turvallisuuden, terveyden tai ympäristön suojelemiseksi. Tällaiset rajoitukset on kuitenkin aina perusteltava tarkasti.

SEUT sisältää useita säännöksiä sisämarkkinoiden toiminnan turvaamiseksi, joista keskeisessä roolissa ovat tuonti- ja vientitullien kielto (30 artikla) sekä syrjivien maksujen ja verojen kielto (110–112 artiklat). Näiden säännösten lisäksi olennaisessa asemassa sisämarkkinoiden toiminnan kannalta ovat säännökset, jotka kieltävät luonteeltaan ei-rahalliset kaupan rajoitukset, kuten hallinnolliset säännöt ja käytänteet, jotka voivat yhtä lailla estää tavaroiden vapaata liikkuvuutta sisämarkkinoilla.

Monet tavaroiden vapaata liikkuvuutta sisämarkkinoilla koskevat keskeiset oikeustapaukset käsittelevät alkoholijuomiin liittyviä kansallisia oikeussääntöjä. Erilaisten alkoholipoliittisten painotusten vuoksi jäsenvaltioiden säännöt koskien alkoholijuomien valmistusta, maahantuontia ja jakelua poikkeavat toisistaan merkittävästi, aiheuttaen huolta tavaroiden vapaan liikkuvuuden toteutumisesta. Esimerkiksi Alkon vähittäismyyntimonopolia ja siihen liittyviä rajoituksia perustellaan alkoholilaissa kansanterveydellisillä syillä. Ympäröivän yhteiskunnan ja olosuhteiden muuttuessa rajoittavia säännöksiä ja niiden EU-oikeuden mukaisuutta tulisi arvioida uudelleen.

6.2.1 Tuonnin ja viennin määrälliset rajoitukset

EU:n toiminnan kannalta keskeistä on jäsenvaltioista peräisin olevien tuotteiden sekä kolmansista maista tuotujen ja jäsenvaltioissa vapaassa vaihdannassa olevien tuotteiden vapaa liikkuvuus. Tavaroiden vapaan liikkuvuuden sääntelykokonaisuuteen kuuluu myös SEUT:n II osaston 3 lukuun "Jäsenvaltioiden välisten määrällisten rajoitusten kieltäminen". Kyseiseen lukuun sisältyvät artiklat 34–37, jotka määrittelevät vapaata liikkuvuutta.

SEUT 34–37 artikloiden vahvuus tavaroiden vapaan liikkuvuuden kannalta on niiden laaja soveltamisala. Niitä voidaan käyttää monenlaisissa tilanteissa ja kansallisten oikeussäännösten arvioinnissa, myös silloin, kun säännökset eivät suoraan liity kaupankäyntiin. Esimerkiksi alkoholinkulutukseen liittyvät kansanterveydelliset rajoitukset, jotka koskevat sekä kotimaisia että muista jäsenvaltioista tuotuja tuotteita, voivat kuulua näiden artikloiden soveltamisalaan. Tämä vuorovaikutus kauppapoliittisten tavoiteiden ja muiden politiikatavoitteiden välillä onkin luonut tiettyä jännitettä artikloiden soveltamisessa ja tuottanut paitsi koko joukon ennakkoratkaisuja, myös inspiroinut akateemista kritiikkiä.[180]

Tuonnin ja viennin määrällisten rajoitusten kielto on yksi Euroopan unionin keskeisistä periaatteista, ja se on kirjattu SEUT:n artikloihin 34 ja 35. Tämän periaatteen tarkoituksena on poistaa jäsenvaltioiden väliset esteet tavaroiden vapaalta liikkuvuudelta unionin sisämarkkinoilla. 34 artikla sisältää kiellon jäsenvaltioiden välisen tuonnin määrällisistä rajoituksista ja niitä vastaavista toimista. 35 artikla puolestaan asettaa vastaavan kiellon jäsenvaltioiden välistä vientiä koskien. Määrällisillä rajoituksilla tarkoitetaan esimerkiksi kiintiöitä, jotka rajoittavat tuotavien tai vietävien tavaroiden määrää, mutta kielto ulottuu myös epäsuoriin esteisiin, kuten kansallisiin säädöksiin tai käytäntöihin, jotka haittaavat tavaroiden liikkuvuutta.

Kielto koskee myös toimenpiteitä, joilla voi olla suoranaisia määrällisiä rajoituksia vastaavia vaikutuksia tavaroiden vapaaseen liikkuvuuteen. Tämä tarkoittaa kaikkia sääntöjä tai käytäntöjä, jotka voivat joko suoraan tai epäsuorasti, todellisesti tai mahdollisesti estää jäsenvaltioiden välistä kauppaa. Esimerkiksi kansalliset tekniset vaatimukset, jotka tekevät ulkomaisten tuotteiden myynnistä vaikeampaa kuin kotimaisten tuotteiden, voivat olla kiellettyjä. Samoin merkintä- ja pakkausvaatimukset, jotka aiheuttavat ylimääräisiä kustannuksia ulkomaisten tuotteiden valmistajille, voivat muodostaa esteen tavaroiden vapaalle liikkuvuudelle.

Euroopan unionin tuomioistuin on esitellyt edellä mainitun periaatteen *Dassonville*-tapauksessa (1974), jossa linjattiin, että mikä tahansa sääntö, joka haittaa kauppaa jäsenvaltioiden välillä, voi olla kielletty[181]. Tämä tunnetaankin nykyään Dassonville-lausekkeena. Tuomioistuin on sittemmin vahvistanut periaatteen useissa muissa ratkaisuissaan.

Määrällisten rajoitusten kiellolla on kuitenkin poikkeuksia, jotka on määritelty SEUT:n artiklassa 36. Jäsenvaltiot voivat asettaa rajoituksia, jos ne ovat välttämättömiä julkisen moraalin, järjestyksen tai turvallisuuden, ihmisten, eläinten tai kasvien terveyden ja elämän suojelun, kansallisten aarteiden suojelemisen tai teollisen ja kaupallisen omaisuuden suojaamisen kannalta.

Näiden poikkeusten käytön on kuitenkin täytettävä tiettyjen EU-oikeuden periaatteiden vaatimukset: rajoitusten on oltava perusteltuja, mikä edellyttää, että ne

---

180   Ks. myös Costa – Peers 2020, s. 375.
181   Asia C-8/74 Procureur du Roi v. Benoît ja Gustave Dassonville (Dassonville) (1974)
       ECLI:EU:C:1974:82, kohta 5.

ovat välttämättömiä tietyn tavoitteen saavuttamiseksi. Rajoitusten on siis läpäistävä sekä tarkoituksenmukaisuus- että välttämättömyystesti. Jos puheena oleva rajoittava oikeussäännös ei ole soveltuva tietyn tavoitteen saavuttamiseksi, tai kyseinen tavoite voitaisiin saavuttaa muilla, vähemmän rajoittavilla keinoilla, kansallinen oikeussäännös katsotaan suhteellisuusperiaatteen vastaiseksi.

6.2.2 Valtiolliset monopolit

37 artikla koskee puolestaan kansallisia monopoleja, tarkemmin sanottuna luonteeltaan kaupallisia sellaisia:

1. Jäsenvaltiot mukauttavat kaupallisia valtion monopolejaan niin, että tavaroiden hankintaa tai myyntiä koskevissa ehdoissa ei syrjitä jäsenvaltioiden kansalaisia. Tämän artiklan määräyksiä sovelletaan kaikkiin toimielimiin, joiden välityksellä jäsenvaltio lain nojalla tai tosiasiallisesti suoraan tai välillisesti valvoo tai ohjaa jäsenvaltioiden välistä tuontia tai vientiä taikka olennaisesti vaikuttaa siihen. Näitä määräyksiä sovelletaan myös monopoleihin, jotka perustuvat valtion myöntämään yksinoikeuteen.

2. Jäsenvaltiot eivät toteuta uusia toimenpiteitä, jotka ovat ristiriidassa 1 kohdan periaatteiden kanssa tai joilla rajoitetaan jäsenvaltioiden välisten tullien ja määrällisten rajoitusten kieltämistä koskevien artiklojen soveltamisalaa.

3. Jos kaupalliseen valtion monopoliin liittyy sääntely, jonka tarkoituksena on helpottaa maataloustuotteiden menekkiä tai varmistaa niistä paras mahdollinen tuotto, tätä artiklaa sovellettaessa on tarpeen antaa yhtäläiset takeet niiden tuottajien työllisyydestä ja elintasosta, joita asia koskee.

37 artiklan 1 kohdassa asetetaan jäsenvaltioille aktiivinen velvoite mukauttaa olemassa olevia kansallisia monopolejaan niin, että tavaroiden hankintaa tai myyntiä koskevissa ehdoissa ei syrjitä jäsenvaltioiden kansalaisia. Artiklan 2 kohta asettaa jäsenvaltioille passiivisen velvollisuuden pidättäytyä uusista toimenpiteistä, jotka olisivat ristiriidassa 1 kohdan periaatteiden kanssa tai joilla rajoitetaan 34–36 artikloiden soveltamisalaa.

Jotta kyseessä olisi nimenomaan 37 artiklan soveltamisalaan kuuluva kaupallinen valtion monopoli, seuraavan kahden edellytyksen on täytyttävä:

1. **Organisaatioon liittyvä edellytys** eli joko valtion omalla toimenpiteellään ja millaisessa tahansa oikeudellisessa muodossa perustama ad hoc -"toimielin", jolle on annettu monopolistisia oikeuksia ja jolla tyypillisimmässä muodossaan on erilaisia yksinoikeuksia, taikka tällaisten oikeuksien myöntäminen muulle yhteisölle, kuten yksityiselle yritykselle tai valtion alueelliselle yksikölle.

2. **Toimintaan liittyvä edellytys** eli kansallisten viranomaisten mahdollisuus vaikuttaa yhteisön sisäiseen kauppaan "toimielinten" tai edellä mainittujen yhteisöjen välityksellä; tämä vaikuttaminen voi 37 artiklan 1 kohdan toisen alakohdan mukaisesti olla sitä, että jäsenvaltio lain nojalla tai tosiasiallisesti valvoo tai ohjaa jäsenvaltioiden välistä kauppaa taikka vaikuttaa siihen muulla tavoin suoraan tai välillisesti mutta olennaisesti.[182]

Lisäksi huomionarvoista on, että 37 artiklaa voidaan soveltaa lähtökohtaisesti vain tavaramonopoleihin.[183] Palvelumarkkinoilla oleviin monopoleihin sitä voidaan soveltaa ainoastaan, mikäli niillä on suora vaikutus tavarakauppaan jäsenvaltioiden välillä.[184]

37 artiklan perimmäinen tarkoitus on estää jäsenvaltioita käyttämästä kaupallisia monopolejaan protektionistisiin tarkoituksiin, ja siten estää sellaisten rajoitusten luominen tavaroiden vapaalle liikkuvuudelle, jotka on nimenomaisesti kielletty SEUT:n muissa artikloissa.[185] 36 artiklassa määriteltyjä perusteita, joilla voidaan poikkeuksellisesti oikeuttaa tavaroiden vapaan liikkuvuuden rajoituksia, ei voida kuitenkaan soveltaa yhdessä 37 artiklan kanssa. Tämän vuoksi käytännön tilanteissa tulee olennaiseksi määrittää, kuuluuko jokin tietty oikeussäännös 34–35 artikloiden vai 37 artiklan soveltamisalaan.

Kuten EUT:n oikeuskäytännössä on usein todettu, 37 artiklassa ei vaadita monopolien poistamista, mutta siinä määrätään sitovasti niiden mukauttamisesta niin, että

182   Julkisasiamies Cosmasin ratkaisuehdotus yhdistetyissä asioissa C-157/94 Euroopan komissio
        v. Alankomaiden kuningaskunta, C-158/94 Euroopan komissio v. Italian tasavalta, C-159/94
        Euroopan komissio v. Ranskan tasavalta ja C-160/94 Euroopan komissio v. Espanjan kuningas-
        kunta (1996) ECLI:EU:C:1996:449, kohta 28 ja siinä viitattu oikeuskäytäntö.
183   Asia C-155/73 Sacchi (1974) ECLI:EU:C:1974:22, kohta 10 ja asia C-6/01, Anomar ja muut (2003)
        ECLI:EU:C:2003:446, kohta 59.
184   Asia C-271/81, Société cooperative d'amélioration del'élevage et d'insémination artificielle du
        Béarn (1983) ECLI:EU:C:1983:175, kohdat 8–13 ja asia C-17/94, Gervais ja muut (1995) EC
        LI:EU:C:1995:422, kohdat 35 ja 37.
185   Jalles 1980, s. 412.

mainittu syrjintä siirtymäkauden jälkeen on kokonaan poistettu.[186] Näin siitä huolimatta, että monopolit itsessään saattavat hyvinkin muodostaa rajoitteen jäsenvaltioiden väliselle kaupalle; monopoleissa on kyse siitä, että jäsenvaltio on rajoittanut tietyn tuotteen myymisen yhdelle taholle, joka kontrolloi markkinalle pääsyä.

Monopolin olemassaololle voi olla monia syitä, mutta monopolit ovat tästä huolimatta usein protektionistisia luonteeltaan, eivätkä siten käy luontevasti yksiin sisämarkkinoiden tavaroiden vapaan liikkuvuuden periaatteen kanssa. Tässä valossa 37 artiklaa on kuvailtu poikkeuskategoriana, jolla on mahdollista oikeuttaa tavaroiden vapaan liikkuvuuden rajoituksia, kunhan kyseiset rajoitukset eivät ole syrjiviä toisten jäsenvaltioiden kansalaisia kohtaan ja kunhan monopolin ylläpitämiselle on hyväksyttävä peruste.

37 artiklan mukaisen kiellon soveltamisen edellytyksenä valtion monopoleihin ja toimielimiin ei ole, että yksittäinen toimija pitää hallussaan tietyn tuotteen koko markkinaa. Riittävää on, että valtion monopolin tai sen toimielimen toiminta yhtäältä kohdistuu sellaiseen kauppatavaraan, joka voi kuulua jäsenvaltioiden välisen kilpailun ja kaupan piiriin. Mainitulla toiminnalla tulee myös olla tosiasiallista vaikutusta kilpailuun ja kauppaan.[187]

Pohjoismaisia alkoholimonopoleja, niiden toimintaa ja yksinoikeuksia sekä perusteluja on tarkasteltu suhteessa 37 artiklaan. Toistaiseksi EUT ei ole ratkaisukäytännössään todennut alkoholin vähittäismyyntimonopoleja sisämarkkinoiden kanssa yhteensopimattomiksi. Mahdollisuus tällaiseen tulkintaan on kuitenkin olemassa, kuten jäljempi katsaus EU-tuomioistuimen oikeuskäytäntöön osoittaa.

6.3 SEUT 34 ja 37 artiklat EU-tuomioistuimen oikeuskäytännössä

Euroopan unionin tuomioistuimen ratkaisukäytäntö 37 artiklan soveltamista koskien on vuosien saatossa vaihdellut. Nykyisessä oikeustilassa on hahmotettavissa erityisesti kolme keskeistä seikkaa, joihin on syytä kiinnittää huomiota arvioitaessa Alkon vähittäismyyntimonopolia ja sen yhteensopivuutta 37 artiklan kanssa:

---

186   *Ks. esim. asia C-59/75 Pubblico Ministero v. Flavia Manghera ja muut (1976) ECLI:EU:C:1976:14, kohta 5.*

187   *Asia C-6/64 Flaminio Costa v. ENEL (1964) ECLI:EU:C:1964:66.*

1. Oikeussäännösten liittyminen monopolin yksinoikeuden käyttämiseen.
Kansallisten oikeussäännösten on liityttävä suoraan monopolin olemassaoloon tai sen yksinoikeuden käyttämiseen, jotta niitä voidaan arvioida suhteessa 37 artiklaan. Mikäli oikeussäännökset liittyvät sinällään monopolin toimintaan, mutta ne ovat kuitenkin erotettavissa siitä, tulee säännöksiä arvioida suhteessa 34–36 artikloihin. Esimerkiksi Alkon monopolin alainen alkoholin vähittäismyynti kuuluu 37 artiklan soveltamisalaan, kun taas tuotteiden maahantuontia koskevia sääntöjä on arvioitu suhteessa 34–36 artikloihin.

2. Monopolin yleishyödyllinen tavoite. EUT:n oikeuskäytännössä on todettu, että kansallisella monopolilla tulee olla yleishyödyllinen tavoite. Koska itse artiklasta ei ole johdettavissa tällaista vaatimusta, epäselväksi jää, ovatko kansalliset monopolit, joilla ei ole yleishyödyllistä tavoitetta, yhteensopivia tavaroiden vapaata liikkuvuutta koskevien oikeussäännösten kanssa.[188] Lisäksi monopolin perustelevan yleishyödyllisen tavoitteen hyväksyttävyyteen ja suhteellisuuteen liittyvään arviointiin sisältyy epävarmuutta. Ei ole laisinkaan selvää, missä määrin esimerkiksi kansanterveydellisen tavoitteen on toteuduttava monopolin seurauksena, jotta sillä voidaan perustella vähittäismyyntimonopolia.

3. Monopolin toiminnan syrjimättömyys. Kuten edellä on todettu, 37 artiklan tarkoitus ei sinällään ole kieltää kansallisia monopoleja, vaan kontrolloida tapaa, jolla ne toimivat. Monopolit eivät saa harjoittaa toiminnassaan syrjintää toisten jäsenvaltioiden kansalaisia kohtaan. Keskeistä Alkon toiminnan kannalta onkin, ettei se toiminnassaan suosi esimerkiksi kotimaisia tai suuria valmistajia, maahantuojia tai jakelijoita.

Seuraavaksi käydään yksityiskohtaisemmin läpi yllä mainitut kolme kansallisten oikeussäännösten arviointiin vaikuttavaa seikkaa sekä niihin keskeisesti liittyvää EUT:n oikeuskäytäntöä. Tämän jälkeen arvioidaan niiden soveltumista Alkon vähittäismyyntimonopolia koskevaan sääntelyyn.

---

188   *Ks. myös Costa – Peers 2020, s. 401.*

6.3.1 Oikeussäännösten liittyminen monopolin yksinoikeuden käyttämiseen: Erottelutesti

Nykyisellään SEUT 34 ja 37 artiklan suhde on vakiintuneesti hahmotettu seuraavasti: valtion monopolien olemassaoloa ja niiden toimintaa koskevia oikeussääntöjä arvioidaan SEUT 37 artiklan perusteella. Sen sijaan sellaisten kansallisen lainsäädännön oikeussääntöjen vaikutukset unionin sisäiseen kauppaan, jotka vaikuttavat monopolin toimintaan mutta ovat siitä erillisiä, on arvioitava SEUT 34 artiklan perusteella.[189] Tämä erottelu on ensimmäisen kerran otettu käyttöön vuoden 1979 *Cassis de Dijon* -ratkaisussa.[190]

Tämä ensisilmäyksellä selkeältä vaikuttava erottelu on tuottanut hyvin erilaisia näkemyksiä siitä, millaisten kansallisten oikeussäännösten voidaan katsoa olevan erotettavissa monopolin toiminnasta. Alkujaan yhteisöjen tuomioistuin ei kuitenkaan ratkaisukäytännössään erotellut mitään monopoliin liittyviä kansallisia oikeussääntöjä monopolin toiminnasta irrallisiksi, vaan kaikkia siihen liittyviä oikeussääntöjä arvioitiin SEUT 37 artiklan perusteella.

6.3.1.1 Aikaisemmasta oikeuskäytännöstä

Oikeustilaa ennen *Cassis de Dijon* -ratkaisua kuvaa hyvin ratkaisu tapauksessa *Cinzano*.[191] Saksassa voimassa olleessa laissa säädettiin, että kansallisella monopolilla oli yksinoikeus tuoda maahan väkiviinoja (lukuun ottamatta rommia, arrakkia, konjakkia ja liköörejä). Lisäksi laissa säädettiin Saksan alueella tuotettavan alkoholin ja väkiviinatuotteiden verotuksesta sekä vastaavasta verosta, jota kannettiin maahantuoduista väkiviinatuotteista sekä tietyistä alkoholia sisältävistä tuotteista.

Vuonna 1963 Saksan valtiovarainministeriö päätti, että tuotteet, jotka eivät olleet laissa tarkoitettuja alkoholia sisältäviä tuotteita (esim. viinit), määriteltäisiin sellaisiksi silloin, kun alkoholin lisäämisen seurauksena ne menettäisivät alkuperäisen luonteensa. Tämän seurauksena vermutti, joka ei ollut aiemmin kuulunut veron piiriin, tuli verotetta-

---

189   *Asiat C-170/04 Klas Rosengren ym.* vastaan *Riksåklagaren (2007) ECLI:EU:C:2007:313, kohdat 17–18 oikeuskäytäntöviittauksineen ja C-456/10 Asociación Nacional de Expendedores de Tabaco y Timbre (ANETT) v. Administración del Estado (2012) ECLI:EU:C:2012:241, kohdat 22–23 oikeuskäytäntöviittauksineen.*

190   *Asia C-120/78 Rewe-Zentral AG v. Bundesmonopolverwaltung für Branntwein, ('Cassis de Dijon') (1979) ECLI:EU:C:1979:42, kohta 7.*

191   *Asia C-13/70 Francesco Cinzano & Cia GmbH v. Hauptzollamt Saarbrücken (1970) ECLI:EU:C:1970:110.*

vaksi. Italialainen vermutintuottaja Fransesco Cinzano valitti lakimuutoksesta tuomioistuimeen, joka puolestaan pyysi ennakkoratkaisua yhteisöjen tuomioistuimelta.

Tuomioistuin totesi, että asiassa on väitetty, ettei 37 artiklan 2 kohta tulisi asiassa sovellettavaksi, koska asiassa kyseessä oleva veromenettely ei liittynyt monopolin toimintaan. Tuomioistuin kiinnitti huomiota siihen, että artiklan 2 kohta kieltää uudet toimenpiteet, jotka ovat ristiriidassa artiklan 1 kohdan periaatteiden kanssa.

37 artikla ei tuomioistuimen mielestä kuitenkaan rajoittunut vain tuontiin ja vientiin, jotka ovat suoraan monopolin alaisuudessa, vaan kattoi kaikki toimenpiteet, joilla on yhteys monopolin olemassaoloon ja joilla on vaikutusta jäsenvaltioiden väliseen kauppaan tietyissä tuotteissa. Merkitystä ei ollut sillä, oliko kyseessä suoraan vai välillisesti monopolin toimintaan liittyvä toimenpide. Tuomioistuin katsoikin, että Saksan riidanalaista verosäännöstä voitiin arvioida suhteessa 37 artiklaan. Samainen tulkinta on vahvistettu ratkaisuissa *Manghera*[192] ja *Miritz*.[193]

Kuten *Cinzano*-ratkaisu, myös *Miritz*-ratkaisu koski Saksan alkoholimonopolia. Saksassa oli käytössä maahantuotaville alkoholituotteille erityinen "yhdenvertaisuusmaksu". Maksua nimenomaisesti ei sovellettu kotimaisiin tuotteisiin, vaan sen oli tarkoitus vastata niitä maksuja, joita kotimaisilta tuotteilta perittiin väkiviinamonopolin seurauksena. Tuomioistuin katsoi, että yhdenvertaisuusmaksun rakenne ja luonne liittivät sen Saksan alkoholimonopoliin, ja siihen tuli siten soveltaa 37 artiklaa.

Samaa tulkintalinjaa ilmentää Yhteisöjen tuomioistuimen *Manghera*-ratkaisu, joka koski Italian oikeussääntöjä, joiden nojalla valtion monopolille myönnettiin Italiassa yksinoikeus valmistaa, tuoda ja myydä tupakkaa Italiassa. Tuomioistuin totesi, että 37 artiklan 1 kohdan tavoitetta ei saavuteta, ellei muista jäsenvaltioista tuotujen samanlaisten kuin valtion monopolin alaisten tavaroiden vapaata liikkuvuutta turvata jäsenvaltiossa, jossa on kaupallinen valtion monopoli. Näin ollen yksinoikeutta tuontiin tarkasteltiin osana monopolia 37 artiklan kannalta.

6.3.1.2 Erottelutestin synty ja kehitys

Yhteisöjen tuomioistuimen kanta 37 artiklan soveltamisalasta muuttui tärkeän *Cassis de Dijon* -ratkaisun myötä. Ratkaisu havainnollistaa kokonaisuudessaan hyvin 37 ar-

---

192   *Asia C-59/75 Pubblico Ministero v. Flavia Manghera ja muut (1976) ECLI:EU:C:1976:14.*
193   *Asia C-91/75 Hauptzollamt Göttingen and Bundesfinanzminister v. Wolfgang Miritz GmbH & Co.*
       (1976) ECLI:EU:C:1976:7.

tiklan tulkintakäytännön kehitystä: Yhteisöjen tuomioistuimen aiemman tulkintalinjan mukaan kansalliset oikeussäännökset, joita asiassa arvioitiin, olisivat todennäköisesti tulleet 37 artiklan soveltamisalaan. Tulkintalinjan muutoksen myötä koko ratkaisu lähtikin sen sijaan eri urille. Tapausta ei näin ollen tunneta sen kytköksestä valtiollisiin monopoleihin ja 37 artiklaan, vaan sen katsottiin liittyvän tuonnin määrällisiin rajoituksiin ja 34 artiklaan.

Ratkaisussa oli kyse siitä, että kantajan tarkoituksena oli tuoda erä Ranskasta peräisin olevaa Cassis De Dijon -likööriä myydäkseen sitä Saksan liittotasavallassa. Saksan Bundesmonopolverwaltung für Branntwein (väkijuomamonopolivirasto) kuitenkin epäsi häneltä maahantuontiluvan sillä perusteella, että Saksan lainsäädännön mukainen hedelmäliköörien vähimmäisalkoholipitoisuus oli 25 %, eikä Cassis de Dijon -likööri täyttänyt tätä vaatimusta sen alkoholipitoisuuden ollessa vain 15–20 %. Likööriä pidettiin kuitenkin vapaasti kaupan Ranskassa.

Ennakkoratkaisua pyytänyt tuomioistuin tiedusteli Yhteisöjen tuomioistuimelta, kuuluuko vähimmäisalkoholipitoisuutta koskeva vaatimus Rooman sopimuksen 30 artiklassa (nykyinen SEUT 34 artikla) tarkoitetun, tuonnin määrällisiä rajoituksia vaikutukseltaan vastaavaa toimenpidettä koskevan kiellon, vai 37 artiklassa tarkoitetun, jäsenvaltioiden kansalaisten syrjintää tavaroiden hankintaa tai myyntiä koskevissa ehdoissa koskevan kiellon soveltamisalaan.

EUT totesi, että koska 37 artikla on kaupallisia monopoleja koskeva erityismääräys, sillä ei ole vaikutusta kansallisiin säännöksiin, jotka eivät koske julkisen monopolin omaan erityisalaan liittyvän tehtävän hoitamista. Tuomioistuimen mukaan säännöstä Saksan likööriemme vähimmäisalkoholipitoisuudesta oli siten arvioitava vain suhteessa tuonnin määrällisiä rajoituksia koskeviin säännöksiin.

Cassis de Dijon -ratkaisun myötä tuomioistuin otti käyttöön erottelun kansallisten säännösten välillä. Kansalliset säännökset voivat koskea julkisen monopolin erityisalaan liittyvän tehtävän hoitamista eli sen yksinoikeuden käyttämistä. Vaihtoehtoisesti säännöksillä voi olla liittymäkohtia monopolin toimintaan, mutta säännökset on kuitenkin erotettavissa monopolin yksinoikeuden käyttämisestä.[194] Tuomioistuin ei kuitenkaan ratkaisussaan täsmentänyt, millä perusteilla jonkin säännöksen on katsottava kuuluvan monopolin erityisalaan liittyvän tehtävän hoitamiseen. Tuomioistuin vahvisti *Cassis de*

---

194   Asia C-120/78 Rewe-Zentral AG v. Bundesmonopolverwaltung für Branntwein, ('Cassis de Dijon')
        (1979) ECLI:EU:C:1979:42, kohta 7.

Dijon -ratkaisussa syntyneen erottelutestin myös ratkaisuissa *Peureux I*[195], *Peureux II*[196] ja *Greek Oil I*[197].

Vuoden 1997 *Franzén*-ratkaisussa tuomioistuin esitteli uuden määrittelytavan 37 artiklan soveltamisalaan kuuluville oikeussäännöille. Asiassa oli kyse siitä, että Karl Franzén -nimistä henkilöä vastaan oli Ruotsissa nostettu syyte siitä, että hän oli myynyt tahallaan ja ilman vaadittua lupaa viiniä, jonka hän oli ostanut Ruotsin alkoholimonopolista Systembolagetista tai tuonut Tanskasta.

Viinin, vahvan oluen ja väkevien alkoholijuomien vähittäismyyntiä varten oli Ruotsissa perustettu valtionyhtiö Systembolaget. Systembolaget oli valtion kokonaan omistama osakeyhtiö, jolla oli yksinoikeus kyseisten alkoholijuomien vähittäismyyntiin. Lisäksi lain mukaan viiniä, vahvaa olutta ja väkeviä alkoholijuomia sai tuoda maahan ainoastaan valmistus- tai tukkumyyntiluvan haltija.

Ennakkoratkaisukysymyksen esittänyt tuomioistuin tiedusteli, onko Systembolagetin kaltainen lakisääteinen monopoli (1) yhteensopiva Rooman sopimuksen 30 artiklan (nykyinen SEUT 34 artikla) kanssa, (2) Rooman sopimuksen 37 artiklan (nykyinen SEUT 37 artikla) vastainen, ja (3) jos se on 37 artiklan vastainen, onko monopoli purettava vai onko sen mukauttaminen mahdollista.

EUT totesi ratkaisussaan, että perustamissopimuksen 37 artiklalla on tarkoitus sovittaa yhteen jäsenvaltioiden mahdollisuus pitää voimassa tietyt kaupalliset monopolit, joilla on yleisen edun mukainen tavoite, sekä yhteismarkkinoiden toteuttamisen ja toiminnan asettamat vaatimukset. Artiklalla on tarkoitus poistaa tavaroiden vapaan liikkuvuuden esteet, mutta tarkoituksena ei kuitenkaan ole sellaisten kauppaa rajoittavien vaikutusten poistaminen, jotka liittyvät luonnostaan kyseisten monopolien olemassaoloon.[198]

Koska Ruotsissa oli voimassa ainoastaan alkoholin vähittäismyyntimonopoli, tuomioistuin katsoi, ettei valmistus- ja tukkumyyntilupajärjestelmää tullut arvioida suhteessa 37 artiklaan, vaan 30 artiklaan[199]:

---

195   *Asia C-86/78 SA des grandes distilleries Peureux v. directeur des Services fiscaux de la Haute-Saône et du territoire de Belfort ("Peureux I") (1979) ECLI:EU:C:1979:64, kohta 35.*

196   *Asia C-119/78 SA des grandes distilleries Peureux v. Directeur des Services fiscaux de la Haute-Saône et du territoire de Belfort ("Peureux II") (1979) ECLI:EU:C:1979:66, kohta 28.*

197   *Asia C-347/88 Commission of the European Communities v. Hellenic Republic ("Greek Oil Supplies I") (1990) ECLI:EU:C:1990:470.*

198   *Asia C-189/95 Franzén (1997) ECLI:EU:C:1997:504, kohta 39.*

199   *Asia C-189/95 Franzén (1997) ECLI:EU:C:1997:504, kohdat 34–36.*

34. Kuten ennakkoratkaisupyynnön perusteluista ja yhteisöjen tuomioistuimelle esitetyistä huomautuksista ilmenee, kansallisen tuomioistuimen kysymykset eivät koske pelkästään niitä kansallisia oikeussääntöjä, joilla säännellään monopolin olemassaoloa ja toimintaa, vaan yleisemmin myös oikeussääntöjä, joilla ei säännellä monopolin toimintaa mutta joilla tästä huolimatta on välitön vaikutus tähän toimintaan, mistä esimerkkinä ovat valmistus- ja tukkumyyntilupia koskevat oikeussäännöt.

35. Yhteisöjen tuomioistuimen oikeuskäytännön mukaan monopolin olemassaoloa ja toimintaa koskevia oikeussääntöjä on tutkittava perustamissopimuksen 37 artiklan määräysten perusteella, joita sovelletaan erityismääräyksinä kaupallisten valtion monopolien yksinoikeuksien käyttämiseen.

36. Sitä vastoin niitä vaikutuksia yhteisön sisäiseen kauppaan, joita on sellaisilla muilla kansallisen lainsäädännön oikeussäännöillä, joilla ei sinänsä säännellä monopolin toimintaa mutta joilla on vaikutuksia tähän, on tutkittava perustamissopimuksen 30 artiklan perusteella.

Tuomioistuin kiinnitti huomiota siihen, että lupajärjestelmästä aiheutui muiden jäsenvaltioiden kansalaisille alkoholijuomien valmistamisesta ja tukkumyynnistä Ruotsissa lisäkustannuksia, kuten välittäjien käytöstä aiheutuvia kustannuksia, lupamaksujen maksamiseen liittyviä kustannuksia tai kustannuksia, jotka liittyivät siihen, että tavarantoimittajalla oli oltava varastointikapasiteettia Ruotsissa.

Tuomioistuimen arvioinnin lopputulos oli, että alkoholin vähittäismyyntimonopoli oli yhteensopiva 37 artiklan kanssa, mutta Ruotsin alkoholin valmistus- ja tukkumyyntilupajärjestelmä oli katsottava perustamissopimuksessa kielletyksi tuonnin määrälliseksi rajoitukseksi.

Ratkaisussa siis vahvistetaan tuomioistuimen aiempi 34–36 ja 37 artikloiden erottelu monopolien yksinoikeuden käyttämiseen suoraan liittyvien ja niiden toimintaan liittyvien, mutta kuitenkin niistä erotettavissa oleviin kansallisiin oikeussääntöihin. Oikeuskirjallisuudessa huomautetaan, että kyseinen ratkaisu ei kuitenkaan erityisesti selvennä oikeustilaa, sillä tuomioistuin ei täsmentänyt mitenkään, mitä tarkoitetaan arvioinnin kohteena olevien kansallisten oikeussäännösten liittymisellä "luonnostaan monopolien olemassaoloon".[200]

---

200   Butler 2021, s. 293–294.

Erottelutestin osalta ratkaisussa huomionarvoista on myös, että asiassa ratkaisuehdotuksen antanut julkisasiamies Elmer päätyi sen soveltamisen osalta päinvastaiseen lopputulokseen. Julkisasiamiehen näkemys oli, että valtion vähittäismyyntimonopolia koskevaan järjestelmään sisältyy alkoholijuomien ostojen keskittyminen. Hänen mukaansa Systembolagetilla oli väistämättä myös alkoholituotteiden ostomonopoli, koska alkoholituotteiden tavarantoimittajilla ei ollut ketään mahdollista toista sopijakumppania tuotteidensa myynnissä:[201]

86. Ruotsin järjestelmä ei siis koske pelkästään alkoholijuomien myyntiä kuluttajille. Valtion monopoliyritystä koskevaan järjestelmään kuuluu myös ja varsinkin se, että alkoholijuomien ostot on keskitetty niiden myymiseksi Ruotsin vähittäismarkkinoilla. Yrityksellä, jolla on monopoli tuotteiden myynnissä tietyillä markkinoilla eli esimerkiksi alkoholipitoisten tuotteiden vähittäismyyntimarkkinoilla, on välttämättä monopoli myös näiden tuotteiden ostamisessa myyntiä varten. Tällaisesta ostomonopolista seuraa, että yksittäisillä tavarantoimittajilla on vain yksi mahdollinen sopimuspuoli. Tuote joko pääsee monopoliaseman haltijan myyntikanavaan tai se suljetaan täysin pois kyseisiltä markkinoilta. Monopoliaseman haltija päättää siten, mitä tuotteita voidaan myydä ja siten mitkä tuotteet pääsevät markkinoille.

Julkisasiamies Elmer kiinnitti huomiota Ruotsin järjestelmän tosiasialliseen toimintaan kokonaisuutena ja totesi, että "se, että Ruotsin alkoholimonopoliin ei paperilla kuulu yksinoikeus maahantuontiin, on siten mielestäni pelkästään teoreettinen rakennelma, joka ei käytännössä muuta mitään: Systembolaget päättää tästä huolimatta, mitä tuotteita tuodaan Ruotsiin muista jäsenvaltioista."[202] Hänen lopputulemansa oli, että Ruotsissa sovellettavan kaltaisella järjestelmällä on todellisuudessa sama vaikutus kuin maahantuontimonopolilla, ja siihen olisi tullut soveltaa 37 artiklaa.

Yhteisöjen tuomioistuin otti uudelleen kantaa Ruotsin alkoholilainsäädäntöön vuoden 2007 *Rosengren*-ratkaisussaan.[203] Aivan niin kuin *Franzén*-ratkaisussa, myös tässä ratkaisussa tuomioistuin ja asiassa ratkaisuehdotuksen antanut julkisasiamies

---

201   *Julkisasiamies Elmerin ratkaisuehdotus asiassa C-189/95 Franzén (1997) ECLI:EU:C:1997:101, kohta 86.*

202   *Julkisasiamies Elmerin ratkaisuehdotus asiassa C-189/95 Franzén (1997) ECLI:EU:C:1997:101, kohta 93.*

203   *Asia C-170/04 Klas Rosengren ym. vastaan Riksåklagaren (2007) ECLI:EU:C:2007:313.*

Tizzano päätyivät vastakkaisiin lopputuloksiin 37 artiklan soveltamisen osalta.

Asiassa oli kyse siitä, että Ruotsissa asuvat Rosengren ja eräät muut henkilöt olivat tilanneet postimyynnin kautta espanjalaiselta viinintuottajalta laatikoittain viiniä kuljetettuna asuinpaikkaansa. Ruotsin alkoholilain mukaan tislatusta alkoholista valmistettuja juomia, viiniä ja vahvaa olutta sai tuoda lähtökohtaisesti maahan vain alkoholin tukkumyyntiluvan haltija taikka vähittäismyyntiyhtiö. Yksityishenkilöt saivat tuoda edellä mainittuja alkoholituotteita maahan vain huolehtimalla itse niiden kuljetuksesta.

Ennakkoratkaisukysymyksen esittänyt tuomioistuin tiedusteli yhteisöjen tuomioistuimelta, tulisiko katsoa, että alkoholin tuontikielto, joka koskee yksityishenkilöiden tilauksiin perustuvaa suoraa tuontia, on vähittäismyyntimonopolin toimintaa, jolloin sitä arvioitaisiin suhteessa EY 31 artiklaan, vai monopolista erotettavissa olevaa toimintaa, joka kuuluisi EY 28 artiklan soveltamisalaan.

Tuomioistuin totesi, että Ruotsin alkoholilaissa monopolille annettu erityinen tehtävä koostui siitä, että monopolille oli varattu yksinoikeus harjoittaa Ruotsissa alkoholijuomien vähittäismyyntiä kuluttajille, lukuun ottamatta myyntiä anniskelupaikoissa. Tuomioistuimen mukaan oli siten selvää, että tämä yksinoikeus ei kattanut kyseisten juomien maahantuontia. Vaikka yksityishenkilöiden tuontikiellolla oli tuomioistuimen mukaan vaikutuksia tavaroiden vapaaseen liikkuvuuteen Euroopan yhteisössä, sillä ei kuitenkaan säännelty sitä, kuinka Systembolaget käyttää yksinoikeuttaan harjoittaa alkoholin vähittäismyyntiä Ruotsin alueella.

Julkisasiamies Tizzano puolestaan katsoi ratkaisuehdotuksessaan, että ennen *Franzén*-ratkaisua tuomioistuin oli antanut ratkaisuja, joissa EY 31 artiklan soveltamisalaan ei ole katsottu kuuluviksi niinkään monopolin *yksinoikeuteen* liittyvät kansalliset säännökset vaan pikemminkin säännökset, jotka liittyvät erottamattomasti sille annetun "*erityistehtävän* toteuttamiseen". Nämä ratkaisut perustuivat julkisasiamies Tizzanon mukaan siihen olettamaan, että monopoli on olemassa ja toimii toteuttaakseen jotain tiettyä tehtävää, ja sen olemassaoloa ja sen toimintaa koskevat säännökset on siten yksilöitävä tämän tehtävän perusteella.

Julkisasiamies Tizzano huomauttaa, että itse asiassa *Franzén*-ratkaisussakin EY 31 artiklan soveltamisen piiriin luettujen oikeussäännösten joukkoon on otettu säännöksiä, jotka eivät koske kyseiselle monopolille annettua yksinoikeutta, esimerkiksi säännökset, joilla annetaan yksin monopolin tehtäväksi maahantuoda asiakkaiden pyynnöstä alkoholijuomia, joita ei ole tarjottavassa valikoimassa. Vaikka kyseessä on siis maahantuontia eikä alkoholijuomien vähittäismyyntiä koskeva säännös, yhteisöjen tuomioistuin on luokitellut sen monopolin toimintaa koskeviin säännöksiin.

Tizzanon arvioinnin lopputulos olikin, että Systembolagetin tilattujen alkoholijuomien maahantuontia koskeva tehtävä liittyi erottamattomasti kansallisessa laissa sille annetun erityistehtävän hoitamiseen, joka ei ollut pelkästään Ruotsin markkinoilla olevien alkoholijuomien myyminen vaan "yhden ja valvotun kanavan luominen näiden juomien hankintaa varten." Hän katsoi, että tällöin myös yksityishenkilöille asetettua alkoholijuomien maahantuontikieltoa olisi tullut pitää Ruotsin monopolin toimintaan liittyvänä säännöksenä, ja sitä olisi siten tullut arvioida EY 31 artiklan perusteella.[204]

Tuomioistuin jatkoi omaksumansa erottelutestin tulkinnan soveltamista *ANETT*-ratkaisussa, joka koski Espanjan tupakkavalmisteiden vähittäismyyntimonopolia. Tupakkatuotteiden vähittäismyyjien oli Espanjan lain mukaan ostettava myymänsä tuotteet valtuutetuilta tukkumyyjiltä, eivätkä he saaneet itse tuoda tupakkatuotteita maahan. Asiassa ennakkoratkaisupyynnön esittänyt tuomioistuin ei edes pyytänyt unionin tuomioistuimelta arviota vähittäismyyjien maahantuontikiellon hyväksyttävyydestä suhteessa 37 artiklaan, vaan tiedusteli ainoastaan, onko se 34 artiklassa kielletty määrällinen tuonnin rajoitus tai sitä vaikutuksiltaan vastaava toimenpide.

Julkisasiamies ei antanut ratkaisuehdotusta asiassa, mutta komissio ja Espanjan hallitus argumentoivat, että maahantuontikieltoa tulisi arvioida suhteessa 37 artiklaan, koska niiden mukaan kyseinen kielto koskee 37 artiklassa tarkoitetun kaupallisen valtion monopolin toimintaa, jolla on kauppaa rajoittavia vaikutuksia, jotka liittyvät tällaisen monopolin olemassaoloon. Tuomioistuin kuitenkin sivuutti nämä näkökannat ja katsoi viitaten *Franzén*- ja *Rosengren*-ratkaisuihin, että toimenpide voidaan erottaa monopolin toiminnasta, koska se ei koske tupakkatuotteiden vähittäismyyntiin Espanjassa sovellettavia järjestelyjä vaan tupakkatuotteiden tuotanto- ja myyntiketjun aikaisemman vaiheen markkinoita.[205]

6.3.1.3 Suomen alkoholilaki ja erottelutesti

Viimeisin merkittävä oikeustapaus, jossa EUT:n käsiteltäväksi on tullut SEUT 34 ja 37 artiklan erottelu on vuonna 2015 annettu ennakkoratkaisu tapauksessa *Visnapuu*[206],

---

204 *Julkisasiamies Tizzanon ratkaisuehdotus asiassa C-170/04 Klas Rosengren ym. vastaan Riksåklagaren (2006) ECLI:EU:C:2006:213, kohdat 37–48.*

205 *Asia C-456/10 Asociación Nacional de Expendedores de Tabaco y Timbre (ANETT) v. Administración del Estado, (2012) ECLI:EU:C:2012:241, kohta 29.*

206 *Asia C-198/14 Valev Visnapuu v. Kihlakunnansyyttäjä ja Suomen valtio – Tullihallitus (2015) ECLI:EU:C:2015:751.*

joka koski Alkon vähittäismyyntimonopolia. Virolainen yhtiö EIG, joka oli Valev Visnapuun määräysvallassa, ylläpiti internetissä www.alkotaxi.eu-nimistä sivustoa, jonka kautta Suomessa asuvilla henkilöillä oli mahdollisuus ostaa esimerkiksi mietoja ja väkeviä alkoholijuomia. Asiakkaiden maksettua ostokset EIG järjesti osalle asiakkaista näiden ostamien alkoholijuomien kotiinkuljetuksen Virosta Suomeen. Suomen silloisen alkoholilain 13 §:n mukaan alkoholin vähittäismyyntimonopoli oli Suomessa Alkolla. Alkoholilain 14 §:ssä säädettiin kuitenkin kahdesta Alkolla olevaa alkoholijuomien vähittäismyyntimonopolia koskevasta poikkeuksesta.

Alkoholilain 14 §:n 1 momentissa säädettiin, että käymisteitse valmistetun enintään 4,7 tilavuusprosenttia etyylialkoholia sisältävän alkoholijuoman vähittäismyyntiä sai Alkon lisäksi harjoittaa se, jolle lupaviranomainen on myöntänyt tätä koskevan vähittäismyyntiluvan. Kyseisen 14 §:n 2 momentissa säädettiin, että käymisteitse valmistetun enintään 13 % alkoholia sisältävän alkoholijuoman vähittäismyyntiä sai Alkon lisäksi sosiaali- ja terveysministeriön määräämin ehdoin lupaviranomaisen luvalla harjoittaa se, jolle oli myönnetty lupa kyseisen tuotteen valmistamiseen.

Omaan käyttöön tarkoitettujen alkoholijuomien maahantuonti oli sallittua eikä edellyttänyt lupaa, mutta Suomen viranomaiset olivat katsoneet eri ohjeistuksissa ja tiedotteissa, että yksityishenkilön tilatessa alkoholijuomia ulkomailta omistusoikeuden juomiin on tullut riidattomasti siirtyä tilaajalle ennen juomien maahantuontia. Tällöin on vaadittu, että tilaaja kuljettaa juomat itse tai järjestää myyjästä erillisen kuljetuksen.

Asiassa ennakkoratkaisua pyytänyt tuomioistuin eli Helsingin hovioikeus tiedusteli EUT:lta muiden asioiden ohella, onko SEUT 34, 36 ja 37 artikloita tulkittava siten, että ne ovat esteenä jäsenvaltion säännöstölle, jonka mukaan toiseen jäsenvaltioon sijoittautunut myyjä tarvitsee vähittäismyyntiluvan voidakseen tuoda alkoholijuomia vähittäismyyntiin kuluttajille tilanteessa, jossa myyjä huolehtii juomien kuljetuksesta tai antaa sen kolmannen tehtäväksi.

Ruotsin hallitus ja komissio esittivät, että vähittäismyyntilupajärjestelmää tulisi tarkastella SEUT 37 artiklan valossa. Suomen ja Norjan hallitukset esittivät järjestelmiä tarkasteltavan SEUT 34 artiklan kannalta. Ratkaisussaan tuomioistuin päätyi Suomen ja Norjan hallitusten esittämälle kannalle[207]:

207   Asia C-198/14 Visnapuu (2015) ECLI:EU:C:2015:751, kohdat 86–91.

86. Vakiintuneen oikeuskäytännön mukaan monopolin olemassaoloa ja toimintaa koskevia oikeussääntöjä on tutkittava suhteessa SEUT 37 artiklan määräyksiin, joita erityisesti sovelletaan kaupallisten valtion monopolien yksinoikeuksien käyttämiseen.

87. Sitä vastoin niitä vaikutuksia unionin sisäiseen kauppaan, joita on sellaisilla muilla kansallisen lainsäädännön oikeussäännöillä, jotka ovat erotettavissa monopolin toiminnasta, vaikka niillä olisikin vaikutuksia tähän, on tutkittava SEUT 34 artiklan perusteella.

88. Tämän oikeuskäytännön soveltamiseksi on tarpeen selvittää, onko vaatimusta, joka koskee vähittäismyyntilupaa alkoholijuomien tuomiseen vähittäismyyntiin Suomessa asuville kuluttajille ja joka on ennakkoratkaisukysymysten 5–8 kohteena, pidettävä monopolin olemassaoloa ja toimintaa koskevana oikeussääntönä vai monopolin toiminnasta erotettavissa olevana oikeussääntönä.

89. Monopolille alkoholilain 13 §:ssä annetussa erityistehtävässä on kyse siitä, että monopolille varataan yksinoikeus harjoittaa alkoholijuomien vähittäismyyntiä Suomessa. Alkon yksinoikeuksista suljetaan kuitenkin pois kahteen alkoholilain 14 §:ssä säädetyissä poikkeuksissa mainittuun kategoriaan kuuluvien alkoholijuomien vähittäismyynti, jota voi harjoittaa jokainen siihen asianmukaisen luvan saanut henkilö.

90. Edellä esitetystä seuraa, että alkoholilain 13 §:ssä perustettu monopolijärjestelmä on tutkittava SEUT 37 artiklan kannalta, koska siinä säädetään kaupallisen valtion monopolin olemassaoloa ja toimintaa koskevista oikeussäännöistä.

91. Alkoholilain 14 §:ssä perustetut kaksi lupajärjestelmää eivät sitä vastoin koske Alkolle myönnetyn monopolin toimintaa tai sen yksinoikeuksien käyttöä edellä mainitussa oikeuskäytännössä tarkoitetulla tavalla, koska kyseisten järjestelmien mukaan Alkon lisäksi muillakin asianmukaisen luvan saaneilla henkilöillä on oikeus harjoittaa tiettyihin kategorioihin kuuluvien alkoholijuomien vähittäismyyntiä. Niinpä kyseiset kaksi lupajärjestelmää ovat erotettavissa Alkolle annetun monopolin toiminnasta, ja ne on tutkittava SEUT 34 artiklan kannalta, kuten Suomen ja Norjan hallitukset ovat perustellusti katsoneet.

EUT siten totesi, että asiassa alkoholilain 13 §:ssä perustettu vähittäismyynti-monopolijärjestelmä on tutkittava SEUT 37 artiklan kannalta, koska siinä säädetään kaupallisen valtion monopolin olemassaoloa ja toimintaa koskevista oikeussäännöistä. Alkoholilain 14 §:ssä perustetut kaksi lupajärjestelmää eivät taas koskeneet monopolin toimintaa tai sen yksinoikeuksia, koska Alkon lisäksi muutkin henkilöt pystyivät harjoittamaan alkoholin vähittäismyyntiä. Näin ollen kyseiset lupajärjestelmät tulivat tutkittaviksi SEUT 34 artiklan kannalta.

Tuomioistuin kiinnitti kuitenkin huomiota siihen, että osa Visnapuun maahantuomista alkoholijuomista, muun muassa väkevät alkoholijuomat, eivät kuuluneet alkoholilain 14 §:ssä perustettujen kahden lupajärjestelmän soveltamisalaan. Täten ne kuuluivat pelkästään sen vähittäismyyntimonopolin piiriin, joka Alkolle oli annettu lain 13 §:ssä. Näin ollen asiassa olisi ollut tarpeen arvioida myös Alkon monopolin hyväksyttävyyttä 37 artiklan valossa, mutta tämän arvion suorittamiseen EUT:lla ei sen mielestä ollut riittävästi tietoja, ja se jätti arvioinnin kansallisen tuomioistuimen tehtäväksi. Korkeimman oikeuden ratkaisua tältä osin tarkastellaan lähemmin luvuissa 5.3.2 ja 5.3.3.

Visnapuu-ratkaisussa julkisasiamies oli jälleen kerran eri linjoilla tuomioistuimen kanssa ja katsoi, että alkoholilain 14 §:n mukaista vähittäismyyntilupajärjestelmää olisi tullut tarkastella suhteessa 37 artiklaan. Julkisasiamies Yves Bot kiinnitti ratkaisuehdotuksessaan huomiota siihen, että SEUT 37 artiklan soveltamisalan täsmällinen ulottuvuus oli edelleen epäselvä. Hän viittasi *Rosengren*-asiassa ratkaisuehdotuksen antaneen julkisasiamies Tizzanon tavoin *Franzén*-ratkaisuun, jossa sisällytettiin SEUT 37 artiklan soveltamisalaan sellainen maahantuontia koskevaan lainsäädäntöön kuulunut kansallinen säännös, joka ei tiukasti ottaen koskenut yksinoikeuden käyttämistä alkoholijuomien vähittäismyyntimonopolissa.

Julkisasiamies Bot totesi olevansa kaikkien asiassa lausunnon antaneiden jäsenmaiden kanssa samaa mieltä siitä, että alkoholilain 13 §:ssä tarkoitettu sääntö, jossa valtion monopolille myönnettiin yksinoikeus harjoittaa alkoholijuomien vähittäismyyntiä, koski ilman muuta pääasiassa kyseessä olevan suomalaisen monopolin olemassaoloa ja kuului siten selvästi SEUT 37 artiklan soveltamisalaan. Hän kuitenkin katsoi, että alkoholilain 14 §:n mukaisia vähittäismyyntilupajärjestelmiä olisi myös tullut arvioida SEUT 37 artiklan kannalta, koska nämä säännökset koskivat sitä, kuinka suomalainen monopoli hoiti erityistehtäväänsä. Hän totesi, ettei vähittäismyyntiluvalla olisi ollut mitään perustetta olemassaololleen ilman monopolin olemassaoloa ja toimintaa.[208] *Visnapuu*-ratkaisun perusteella vaikuttaakin siltä, että nykyisessä oikeustilassa kansalliset oikeussäännökset tulevat 37 artiklan soveltamisalan piiriin vain silloin, kun ne ovat suoraan kohdistettu monopolille ja sen toimintaan. Mikäli oikeussäännös koskee muita tahoja kuin varsinaista monopolia, kuten oli *Visnapuu*-ratkaisun vähittäismyynti-lupajärjestelmän tapauksessa, se tulee 34 artiklan soveltamisalan piiriin. Edes sellaisen säännöksen, joka koskee poikkeusta monopolin yksinoikeuden harjoittamiseen, ei ilmei-sesti voida katsoa liittyvän monopolin olemassaoloon ja yksinoikeuden käyttämiseen.

Vaikuttaa siltä, että EUT tarkoituksellisesti rajoittaa 37 artiklan soveltamisalaa 34 artiklan hyväksi. Mahdollinen syy tähän voisi olla se, että EUT:n arvioitavaksi on tullut kansallisia oikeussäännöksiä, jotka eivät olisi olleet kiellettävissä 37 artiklan nojalla.[209]

EUT:n *Cassis de Dijon* -ratkaisun jälkeinen tulkintalinja on johtanut 37 artiklan soveltamisalan merkittävään kapenemiseen. Huolimatta lukuisista hyvin perustel-luista mielipiteistä, joilla on argumentoitu kansallisten oikeussäännösten arvioimisen suhteessa 37 artiklan puolesta, EUT on tulkinnut, että ne ovat erotettavissa monopolin yksinoikeuden käyttämisestä. 37 artiklan soveltamisen kynnys on siis asetettu hyvin korkeaksi.

Tähänastisen kehityksen valossa vaikuttaa siltä, että mikä tahansa kansallisten monopolien toimintaan liittyvä oikeussäännös EUT:n arvioitavaksi tuleekin, se tullaan arvioimaan suhteessa 34–36 artikloihin. Poikkeuksen tähän näyttäisi tekevän ainoas-taan varsinainen oikeussäännös, johon koko monopolin olemassaolo perustuu. Alkon tapauksessa kyseinen säännös on alkoholilain 23 §.

6.3.2 Yleishyödyllinen tarkoitus

Jos kuitenkin kansallista oikeussäännöstä arvioitaessa todetaan, että se liittyy mono-polin yksinoikeuden harjoittamiseen tavalla, joka ei ole monopolista erotettavissa, on seuraavaksi arvioitava tarkemmin säännöksen hyväksyttävyyttä 37 artiklan kannalta. Tällöin keskeisimmäksi kysymykseksi nousee, onko itse monopolin olemassaolon tar-koitus yleishyödyllinen.

SEUT 37 artikla itsessään ei sisällä monopolin yleishyödylliseen tarkoitukseen

---

208   Julkisasiamies Bot'n ratkaisuehdotus asiassa C198/14 Visnapuu (2015) ECLI:EU:C:2015:463,
        kohdat 131–139.
209   Di Cicco 2016, s. 319.

liittyvää mainintaa. 36 artiklan poikkeussäännöksessä kuitenkin luetellaan oikeuttamis-
perusteita tuonnin ja viennin määrällisille rajoituksille:

*Mitä 34 ja 35 artiklassa määrätään, ei estä sellaisia tuontia, vientiä tai kaut-
takuljetusta koskevia kieltoja tai rajoituksia, jotka ovat perusteltuja julkisen
moraalin, yleisen järjestyksen tai turvallisuuden kannalta, ihmisten, eläinten
tai kasvien terveyden ja elämän suojelemiseksi, taiteellisten, historiallisten tai
arkeologisten kansallisaarteiden suojelemiseksi taikka teollisen ja kaupallisen
omaisuuden suojelemiseksi. Nämä kiellot tai rajoitukset eivät kuitenkaan saa
olla keino mielivaltaiseen syrjintään tai jäsenvaltioiden välisen kaupan peitel-
tyyn rajoittamiseen.*

36 artikla sisältää siis viittaukset vain 34–35 artikloihin, ei 37 artiklaan. Vakiin-
tunut tulkinta onkin, että sitä ei tästä syystä voida soveltaa oikeussäännöksiin, joita
arvioidaan suhteessa 37 artiklaan. Tältäkin osin oikeuskäytännössä on kuitenkin ollut
epäselvyyttä.

Greek Oil Supplies I -ratkaisussa yhteisöjen tuomioistuin katsoi, että 36 artiklan
yleiseen järjestykseen ja turvallisuuteen nojaava oikeuttamisperusta saattoi sinällään
tulla kyseeseen 37 artiklan vastaisen toimen oikeuttamiseksi. Tapauksen riidanalainen
oikeussäännös ei kuitenkaan ollut oikeutettavissa kyseisellä perusteella.[210] Hieman
myöhemmin sähkön tuontimonopolien ratkaisukokonaisuudessa tuomioistuin kuitenkin
pyörsi kantansa ja vahvisti yksiselitteisesti, etteivät 36 artiklan oikeuttamisperusteet
olleet käytettävissä 37 artiklan soveltamistilanteissa.[211]

Kuitenkin samana päivänä, jona sähkön tuontimonopoleja koskevat ratkaisut
annettiin, yhteisöjen tuomioistuin antoi edellä tarkemmin selostetun *Franzén*-ratkaisun
Ruotsin alkoholimonopolia koskien. *Franzén*-ratkaisussa tuomioistuin totesi, että "[p]
erustamissopimuksen 37 artiklalla on tarkoitus sovittaa yhteen jäsenvaltioiden mahdol-
lisuus pitää voimassa tietyt kaupalliset monopolit, joita käytetään välineenä pyrittäessä
saavuttamaan *yleisen edun mukaisia tavoitteita*, ja yhteismarkkinoiden toteuttamisen

---

210   *Asia C-347/88 Commission of the European Communities v. Hellenic Republic ("Greek Oil
       Supplies I") (1990) ECLI:EU:C:1990:470, kohdat 56-61.*
211   *Asiat C-157/94 Euroopan komissio v. Alankomaiden kunigaskunta (1997) ECLI:EU:C:1997:499,
       kohta 24; C-158/94 Euroopan komissio v. Italian tasavalta (1997) ECLI:EU:C:1997:500, kohta 33 ja
       C-159/94 Euroopan komissio v. Ranskan tasavalta (1997) ECLI:EU:C:1997:501, kohta 41.*

ja toiminnan asettamat vaatimukset."[212]

Tuomioistuin ei kuitenkaan mennyt arviossaan yksityiskohtiin sen suhteen, toteuttiko Systembolaget yleisen edun mukaisia tavoitteita. Tuomioistuin tyytyi vain toteamaan, että asiassa ei ollut kiistetty sitä, että Systembolagetin kaltaisella kansallisella alkoholijuomien vähittäismyyntimonopolilla pyritään saavuttamaan yleisen edun mukaisia tavoitteita, koska tarkoituksena on suojella kansanterveyttä alkoholin vahingollisilta vaikutuksilta.[213]

Franzén-ratkaisussa tuomioistuin päätyi siis laajentamaan 36 artiklan henkeä. Se ei kuitenkaan laajentanut artiklan soveltamisalaa koskemaan myös 37 artiklaa. Näin ollen 37 artiklan tulkintaan sisältyy yleisen edun tavoite, joka ei kuitenkaan perustu mihinkään nimenomaiseen oikeussäännökseen.

Oikeuskirjallisuudessa on huomautettu, että *Franzén*-ratkaisu annettiin pian sen jälkeen, kun Ruotsi liittyi Euroopan yhteisöön. Tuomioistuimen motiivina yleisen edun tavoitteen sisällyttämiseen 37 artiklan tulkintaan on siis voinut olla halu oikeuttaa uuden jäsenvaltion alkoholimonopolin olemassaolo tilanteessa, jossa tuomioistuin oli muuttanut kantaansa 36 artiklan soveltumisesta 37 artiklan vastaisten oikeussäännösten oikeuttamiseen.[214] Sattumoisin Ruotsin kanssa samaan aikaan Euroopan yhteisöihin liittyi myös Suomi, jolla oli voimassa vastaavanlainen alkoholimonopoli kuin Ruotsilla.

Esitettyään vaatimuksen valtiollisten monopolien yleisen edun tavoitteesta, tuomioistuin on pysynyt kannassaan. Vuonna 2005 tuomioistuin antoi *Hanner*-ratkaisun koskien Ruotsin lääkevalmisteiden monopolia.[215] Ruotsissa oli voimassa lainsäädäntö, jonka mukaan reseptilääkkeiden ja muiden kuin reseptilääkkeiden vähittäismyyntiä sai harjoittaa ainoastaan valtio tai valtion määräysvallassa olevat oikeushenkilöt. Poikkeuksena tiettyjen lääkkeiden myynti sairaaloille, lääkäreille ja eläinlääkäreille oli sallittua myös muille toimijoille, jos niillä oli tukkumyyntilupa. Vähittäismyyntimonopoli oli annettu Apoteketille, joka oli pääasiallisesti voittoa tavoittelematon Ruotsin oikeuden mukaan perustettu osakeyhtiö, jonka johto koostui lähinnä poliitikoista ja valtion virkamiehistä. Apoteket hankki myymänsä lääkkeet pääasiassa kahdelta tukkurilta.

Ruotsin viranomaiset panivat vireille rikosoikeudenkäynnin Hanneria vastaan. Hanner oli toimitusjohtaja Ruotsin oikeuden mukaan perustetussa Bringwell Interna-

---

212   Asia C-189/95 Franzén (1997) ECLI:EU:C:1997:504, kohta 39.
213   Asia C-189/95 Franzén (1997) ECLI:EU:C:1997:504, kohta 41.
214   Asia C-189/95 Franzén (1997) ECLI:EU:C:1997:504, kohta 41.
215   Asia C-438/02 rikosoikeudenkäynti Hanneria vastaan (2005) ECLI:EU:C:2005:332.

tional AB -nimisessä yhtiössä, jossa oli norjalaisia ja ruotsalaisia omistajia. Kyseinen yhtiö oli saattanut markkinoille 30.5.–27.7.2001 välisenä aikana kaksitoista pakkausta tuotteita Nicorette Plaster (laastareita) ja Nicorette Tuggummi (purukumeja) Ruotsissa voimassa olevan järjestelyn vastaisesti, jonka mukaan ainoastaan Apoteket sai harjoittaa lääkkeiden vähittäismyyntiä.

Ennakkoratkaisua pyytänyt tuomioistuin tiedusteli, oliko pääasiassa kyseessä olevan kaltainen järjestely, jossa määrätään vähittäismyyntiä koskevasta yksinoikeudesta, EY 31 artiklan (nykyinen SEUT 37 artikla) 1 kohdan vastainen.

Tuomioistuin viittasi ratkaisussaan suoraan *Franzén*-ratkaisun 39 kohtaan, ja vahvisti siinä todetun mukaisesti, että[216]:

35. EY31 artiklan 1 kohdalla on nimittäin tarkoitus sovittaa yhteen jäsenvaltioiden mahdollisuus pitää voimassa tietyt kaupalliset monopolit, joita käytetään välineenä pyrittäessä saavuttamaan yleisen edun mukaisia tavoitteita, ja yhteismarkkinoiden toteuttamisen ja toiminnan asettamat vaatimukset. Tällä artiklalla on tarkoitus poistaa tavaroiden vapaan liikkuvuuden esteet, mutta tarkoituksena ei kuitenkaan ole sellaisten kauppaa rajoittavien vaikutusten poistaminen, jotka liittyvät kyseisten monopolien olemassaoloon [...].

Tuomioistuin ei kuitenkaan ratkaisussaan ottanut mitenkään kantaa siihen, toteutettiinko lääkkeiden vähittäismyyntimonopolilla yleisen edun mukaista tavoitetta. Monopoli katsottiin sen sijaan muilla perusteilla 37 artiklan vastaiseksi, mitä käsitellään tarkemmin seuraavassa jaksossa.

Myöskään edellä tarkemmin selostetuissa *Rosengren*-, *ANETT*- ja *Visnapuu*-ratkaisuissa EUT ei ole arvioinut, toteuttavatko kyseessä olevat kansalliset monopolit yleisen edun tavoitetta. *Rosengren*- ja *ANETT*-ratkaisuissa 37 artikla ei tullut lainkaan sovellettavaksi ja *Visnapuu*-ratkaisussa EUT jätti kansallisen tuomioistuimen arvioitavaksi monopolin 37 artiklan mukaisuuden.

Näin ollen EUT:n ratkaisukäytännössä ei olla missään vaiheessa tarkemmin täsmennetty sitä, miten yleisen edun tavoitteen täyttymistä tulisi arvioida tai minkälaisia tavoitteita voidaan laskea yleisen edun mukaisiksi. Oikeuskirjallisuudessa on jopa esitetty näkökanta, että *Hanner*-ratkaisun jälkeisistä ratkaisuista voidaan vetää johtopäätös, että EUT on tosiassa pyörtänyt *Franzén*-ratkaisussa esittelemänsä vaatimuksen valtiol-

216   *Asia C-438/02 rikosoikeudenkäynti Hanneria vastaan (2005) ECLI:EU:C:2005:332, kohta 35.*

listen monopolien yleisen edun mukaisesta tavoitteesta. Täten, jos *Franzén*-ratkaisussa käsitellyt oikeussäännöt tulisivat tänäpäivänä EUT:n arvioitaviksi, niitä tarkasteltaisiin vain suhteessa 34–36 artikloihin.[217]

6.3.3 Syrjimättömyys

Yleiseen etuun liittyvän tavoitteen vaatimus ei ehkä ole 37 artiklan soveltamistilanteissa täysin selvä. Yksiselitteistä kuitenkin on, että merkitystä on sillä, miten monopolin rakenne ja toiminta on järjestetty. 37 artiklan 1 kohdan nojalla kiellettyjä ovat nimenomaisesti syrjivät toimenpiteet jäsenvaltioiden välisessä kaupassa: *"Jäsenvaltiot mukauttavat kaupallisia valtion monopolejaan niin, että tavaroiden hankintaa tai myyntiä koskevissa ehdoissa ei syrjitä jäsenvaltioiden kansalaisia."*

Kohdan muotoilu antaakin ymmärtää, että näin ollen kiellettyjä eivät olisi toimenpiteet, jotka rajoittavat tai estävät kauppaa, mutta eivät kuitenkaan syrji toisten jäsenvaltioiden kansalaisia. Kuitenkin artiklan kohdassa 2 käytetään nimenomaan termiä "rajoitetaan": *"Jäsenvaltiot eivät toteuta uusia toimenpiteitä, jotka ovat ristiriidassa 1 kohdan periaatteiden kanssa tai joilla rajoitetaan jäsenvaltioiden välisten tullien ja määrällisten rajoitusten kieltämistä koskevien artiklojen soveltamisalaa."*

Artiklan 1 ja 2 kohtien keskenään hieman ristiriitaisten muotoilujen vuoksi oikeuskäytännössä olisi ollut mahdollista omaksua joko kapeampi syrjintätesti tai laaja-alaisempi rajoittamistesti. Edellä mainitussa *Manghera*-ratkaisussa tuomioistuin vaikutti olevan itsekin epävarma oikeasta lähestymistavasta, todeten yhtäältä, että 37 artiklassa "ei vaadita mainittujen monopolien poistamista, mutta siinä määrätään sitovasti niiden mukauttamisesta niin, että mainittu syrjintä siirtymäkauden jälkeen on kokonaan poistettu"[218].

Toisaalta tuomioistuin totesi, että 37 artiklan 1 kohdan "velvoitteella pyritään varmistamaan tavaroiden vapaan liikkuvuuden perusperiaatteen noudattaminen koko yhteismarkkinoilla, erityisesti poistamalla jäsenvaltioiden välisen kaupan määrälliset rajoitukset ja vaikutukseltaan vastaavat toimenpiteet"[219].

Manghera-ratkaisun jälkeen tuomioistuin on kuitenkin vahvistanut, että 37 ar-

---

217   *Butler 2021, s. 300.*
218   *Asia C-59/75 Pubblico Ministero v. Flavia Manghera ja muut (1976) ECLI:EU:C:1976:14, kohta 5.*
219   *Asia C-59/75 Pubblico Ministero v. Flavia Manghera ja muut (1976) ECLI:EU:C:1976:14, kohta 9.*

tiklan kannalta olennaista on nimenomaan monopolin toiminnan syrjimättömyys.[220] Tuomioistuin on pitäytynyt tiukasti syrjintätestin käytössä siitäkin huolimatta, että useat julkisasiamiehet ovat ratkaisuehdotuksissaan kannattaneet rajoitustestin soveltamista myös 37 artiklan soveltamistilanteissa.[221]

Toisin kuin monopolin yleisen edun tavoitteen vaatimusta, monopolin syrjivyyttä on arvioitu yksityiskohtaisesti tuomioistuimen oikeuskäytännössä. Vähittäismyyntimonopolien kannalta valaiseva ratkaisu on edellä tarkemmin selostettu Franzén-ratkaisu. Todettuaan ensin edellä kuvatun mukaisesti, että Systembolagetin monopolilla oli yleisen edun mukainen tavoite, yhteisöjen tuomioistuin tarkasteli tarkemmin monopolin rakennetta syrjimättömyyden vaatimuksen näkökulmasta.[222]

Tuomioistuin kiinnitti ensinnäkin huomiota monopoliyhtiön käyttämään tuotteiden valintajärjestelmään, ja totesi, että se ei vaikuta sisältävän syrjiviä piirteitä. Arviossaan tuomioistuin kiinnitti huomiota seuraaviin seikkoihin:

- Systembolaget oli velvoitettu valitsemaan myytävät tuotteet siten, että huomioon otettavia seikkoja olivat tuotteiden laatu, niistä aiheutuvat terveyshaitat, asiakkaiden kysyntä ja muut liiketaloudelliset ja eettiset seikat, eikä tuotteiden alkuperällä siten saanut olla merkitystä tuotteita valittaessa.

- Systembolagetin ostosuunnitelma perustui arvioon tulevasta asiakkaiden kysynnästä, ja kun sitä laadittiin, siitä pyydettiin myös valmistajien, maahantuojien ja kuluttajien etujärjestöjen kannanottoa.

- Systembolaget valitsi tarjotut juomat pelkästään liiketaloudellisin perustein (tuotteen hinnan kilpailukykyisyys ja aikaisemmat kokemukset tuotetyypistä jne.) tai laadullisin perustein (sokkotesti), eivätkä nämä perusteet olleet luonteeltaan sellaisia, että niillä suosittaisiin kotimaisia tuotteita.

- Tavarantoimittajilla oli myös muita mahdollisuuksia saada tuotteensa mo-

---

220   *Ks. esim. asiat C-91/78 Hansen GmbH & Co. v. Hauptzollamt Flensburg (1979) ECLI:EU:C:1979:65, kohta 16 ja C-76/91 Caves Neto Costa SA v. Ministro do Comércio e Turismo and Secretário de Estado do Comércio externo (1993) ECLI:EU:C:1993:14, kohta 17.*

221   *Julkisasiamies Warnerin ratkaisuehdotus asiassa C-59/75 Pubblico Ministero v. Flavia Manghera ja muut (1976) ECLI:EU:C:1976:1, kohta 108; julkisasiamies Rozèsin ratkaisuehdotus asiassa C-78/82 Euroopan komissio v. Italian tasavalta (1983) ECLI:EU:C:1983:109, kohta 1975 ja julkisasiamies Légerin ratkaisuehdotus asiassa C-438/02 rikosoikeudenkäynti Hanneria vastaan (2004) ECLI:EU:C:2004:317, kohta 86.*

222   *Asia C-189/95 Franzén (1997) ECLI:EU:C:1997:504, kohta 43 eteenpäin.*

nopoliyhtiön valikoimiin. Niillä tavarantoimittajilla, joiden tarjoamia tuotteita Systembolaget ei ollut valinnut, oli oikeus siihen, että kuluttajaryhmä arvioi uudelleen niiden tuotteiden laadun makutestissä, minkä jälkeen monopoliyhtiö mahdollisesti myi näitä tuotteita koeluonteisesti tietyn ajanjakson ajan. Lisäksi tuotteet, joita Systembolaget ei ollut hyväksynyt ja jotka täyttivät Ruotsin valtion ja Systembolagetin välisen sopimuksen 4 kohdassa määritellyt objektiiviset edellytykset, voitiin ottaa tilausvalikoimaan, missä tapauksessa niitä myytiin asiakkaiden tilauksesta. Lisäksi Systembolagetin oli tuotava kuluttajan pyynnöstä ja kustannuksella maahan mitä tahansa alkoholijuomaa.

· Tavarantoimittajilla oli oikeus saada tietää niiden monopoliyhtiön päätösten perustelut, jotka koskevat juomien valintaa ja niiden pitämistä perusvalikoimassa, ja tavarantoimittajat voivat valittaa näistä päätöksistä erityiseen riippumattomaan valituslautakuntaan.

Seuraavaksi tuomioistuin tarkasteli Systembolagetin myymäläverkostoa, jonka totesi niin ikään olevan syrjimätön. Tältä osin tuomioistuin kiinnitti huomiota seuraaviin seikkoihin:

· Systembolagetin oli tehtävä päätökset myyntipaikkojen avaamisesta tai sulkemisesta ottaen huomioon tähän liittyvät liiketaloudelliset, palvelujen tarjontaan liittyvät ja alkoholipoliittiset seikat ja varmistettava, että jokaiseen kuntaan avataan kunnan ehdotuksesta myyntipaikka ja että juomia joka tapauksessa lähetetään erityistoimituksena kaikkialle maahan.

· Alkoholijuomia voitiin tilata ja toimittaa monopoliyhtiön 384 myymälään ja noin 550 toimituspaikkaan sekä 56 linja-autolinjan ja 45 maaseutupostilinjan kautta. Ruotsin 288 kunnasta 259:ssä oli ainakin yksi Systembolagetin myymälä, ja Systembolagetin arvion mukaan vuonna 1998 jokaisessa Ruotsin kunnassa olisi ainakin yksi sen myymälä.

Lopuksi tuomioistuin tarkasteli vielä Systembolagetin alkoholijuomien myynninedistämistä, jonka se myös katsoi syrjimättömäksi. Tuomiostuin kiinnitti huomiota seuraaviin seikkoihin:

• Systembolaget oli velvoitettu siihen, että juomien markkinoinnin ja niistä tiedottamisen oli oltava puolueetonta ja tasapuolista siten, ettei juomien alkuperällä ollut tältä osin merkitystä, ja lisäksi Systembolagetin oli pyrittävä tekemään kuluttajille tutuiksi myyntivalikoimiensa uudet juomat, noudattaen kuitenkin samalla alkoholilaissa säädettyjä rajoituksia.

• Uudet tuotteet esiteliin järjestelmällisesti monopoliyhtiön kuukausittaisessa julkaisussa, television ja lehdistön erikoistoimittajien viini- ja alkoholiarvioinneissa ja monopoliyhtiön myymälöiden esittelytiloissa.

• Systembolaget käytti myynninedistämiskeinoja samalla tavalla tuotteiden alkuperästä riippumatta, eivätkä nämä keinot olleet sinänsä sellaisia, että muista jäsenvaltioista maahantuodut tuotteet ovat niiden vuoksi kotimaassa valmistettuja tuotteita oikeudellisesti tai tosiasiallisesti epäedullisemmassa asemassa.

• Vaikka tilausvalikoiman juomat oli mainittu erityisessä hinnastossa, joka toimitettiin kuluttajalle pyynnöstä, tällainen poikkeava menettely, jota myös sovellettiin samalla tavalla tuotteen alkuperästä riippumatta, oli perusteltu siksi, että Systembolaget ei pitänyt varastossa näitä juomia, minkä vuoksi menettelyä näiden juomien osalta ei voitu verrata menettelyyn Systembolagetin muissa valikoimissa olleiden juomien osalta.

Joitakin vuosia myöhemmin antamassaan Ruotsin lääkevalmisteiden vähittäismyyntimonopolia koskevassa *Hanner*-ratkaisussaan, joka on selostettu tarkemmin edellä, tuomioistuin tukeutui *Franzén*-ratkaisussa hahmottelemiinsa kriteereihin monopolin toiminnan syrjimättömyyden arvioimiseksi. Hanner-ratkaisussa tuomioistuin tarkasteli siis niin ikään monopolin tuotteiden valintajärjestelmää, myymäläverkostoa ja tuotteiden myynninedistämistä.

Toisin kuin Systembolagetin tapauksessa *Franzén*-ratkaisussa, tuomioistuin totesi kuitenkin, että Apoteket ei ollut velvoitettu käyttämään ostosuunnitelmaa tai tarjouspyyntöjärjestelmää, joiden nojalla valmistajilla, joiden tuotteita ei valita, olisi oikeus saada tieto valintapäätöksen perusteluista. Apoteketin tapauksessa ei myöskään ollut määrätty mahdollisuudesta riitauttaa kyseinen päätös riippumattomassa valvontaelimessä. Tuomioistuimen mukaan vaikutti päinvastoin siltä, että Apoteketin oli mahdollista valita tuotevalikoimansa lähtökohtaisesti täysin vapaasti.[223]

Tuomioistuimen johtopäätös oli, että Apoteketin rakenne ja toiminta ja erityisesti sen lääkkeiden valintajärjestelmä olivat sellaisia, että toisista jäsenvaltiosta peräisin olevat lääkkeet saattoivat kaupankäynnin osalta joutua niiden takia huonompaan asemaan suhteessa ruotsalaisiin lääkkeisiin. Kyseistä valtion monopolia ei siten ollut mukautettu niin, ettei siinä syrjitä toisista jäsenvaltioista peräisin olevia lääkkeitä. Näin ollen sillä rikottiin EY 31 artiklan (nykyinen SEUT 37 artikla) 1 kohtaa.[224]

Franzén- ja *Hanner*-ratkaisuista voidaankin tiivistäen johtaa kolme kriteeriä, joiden on täytyttävä, jotta valtiollisen vähittäismyyntimonopolin voidaan katsoa läpäisevän syrjimättömyystestin:[225]

· Valintajärjestelmä: vähittäismyyntimonopolin tuotteiden valintajärjestelmässä tuotteiden alkuperällä ei saa olla merkitystä, ja kyseisen valintajärjestelmän on oltava avoin niin, että siinä määrätään sekä päätösten perusteluvelvollisuudesta että riippumattomasta valvontamenettelystä.

· Myyntiverkosto: monopolin myyntiverkosto on järjestettävä siten, että myyntipaikkojen lukumäärä ei ole niin rajoitettu, että tällä vaarannetaan tuotteiden toimitukset kuluttajille.

· Markkinointi: monopolin harjoittaman markkinoinnin ja mainonnan on oltava puolueetonta ja tasapuolista siten, ettei tuotteiden alkuperällä ole tältä osin merkitystä, ja perustetulla järjestelmällä on pyrittävä tekemään uudet tuotteet kuluttajille tutuiksi.

6.4   Siirtymä 37 artiklasta 34 artiklaan

6.4.1   Franzén -tapaus

Edellä käsitellyssä Franzén-tuomiossa[226] Ruotsin alkoholimonopolin hyväksyttävyyttä tulkittiin erityisesti kaupallisia monopoleja koskevan SEUT 37 artiklan näkökulmasta.

---

223   *Asia C-438/02 rikosoikeudenkäynti Hanneria vastaan (2005) ECLI:EU:C:2005:332, kohta 42.*
224   *Asia C-438/02 rikosoikeudenkäynti Hanneria vastaan (2005) ECLI:EU:C:2005:332, kohta 44.*
225   *Asiat C-438/02 rikosoikeudenkäynti Hanneria vastaan (2005) ECLI:EU:C:2005:332, kohdat 39–41 ja C-189/95 Franzén (1997) ECLI:EU:C:1997:504, kohdat 44, 51, 54 ja 62.*
226   *Asia C-189/95 Franzén (1997) ECLI:EU:C:1997:504.*

Kyse oli Ruotsin alkoholimonopolin kaltaisen järjestelmän arvioinnista. EU-tuomioistuimen Franzén-tuomion kohteena oli alkoholimonopolin hyväksyttävyys SEUT 37 artiklan[227] näkökulmasta. Unionin tuomioistuin totesi ennakkoratkaisussaan, että SEUT 37 artiklan kanssa eivät ole ristiriidassa kansallisen alkoholijuomien vähittäismyyntimonopolin rakennetta koskevat oikeussäännöt eli esimerkiksi ne perusteet ja menettelyt, joita monopoliyhtiö soveltaa valitessaan tuotteensa, vähittäismyyntipaikkojen avaamista koskevat säännökset ja monopoliyhtiön valikoimissa olevien tuotteiden myynninedistämistä koskevat säännökset, jos nämä järjestelyt *eivät ole syrjiviä tai luonteeltaan sellaisia, että maahantuodut juomat ovat niiden vuoksi oikeudellisesti tai tosiasiallisesti kotimaisia tuotteita epäedullisemmassa asemassa* (tuomion kohta 5).

Franzén-tapauksessa tuomioistuin kiinnitti perusteluissaan huomiota nimenomaan monopolin rakenteeseen ja siihen, *onko rakenteessa SEUT 37 artiklan kieltämiä syrjiviä ehtoja.* Tuomioistuin arvioi erikseen myyntiin otettavien tuotteiden valintajärjestelmän, myyntiverkoston sekä myynninedistämistoimien mahdollisia syrjiviä vaikutuksia. Monopolin rakenne ja toiminta täytyy järjestää siten, että jäsenvaltioiden kansalaisten syrjintä tavaroiden hankintaa tai myyntiä koskevissa ehdoissa saadaan estetyksi, jottei jäsenvaltioista tuotavien tavaroiden kauppaa kohdeltaisi oikeudellisesti tai tosiasiallisesti huonommin kuin kotimaisten tavaroiden kauppaa.

Vaikka monopolijärjestelmä sinänsä oli hyväksyttävä, SEUT 34 ja 36 artiklan vastaisia ovat sellaiset kansalliset oikeussäännöt, joiden mukaan alkoholijuomia saavat tuoda maahan vain valmistus- tai tukkumyyntiluvan haltijat. Tämä oikeusohje annettiin sen varalta, että lupajärjestelmää on pidettävä muista jäsenvaltioista peräisin olevien alkoholijuomien tuonnin rajoituksena sen vuoksi, että siitä aiheutuu näiden juomien osalta lisäkustannuksia, kuten välittäjien käytöstä aiheutuvia kustannuksia, lupamaksujen maksamiseen liittyviä kustannuksia tai kustannuksia, jotka liittyvät siihen, että tavarantoimittajalla on oltava varastointikapasiteettia kyseisessä jäsenvaltiossa. Lisäedellytyksenä vielä oli, ettei ole osoitettu, että näillä kansallisilla oikeussäännöillä käyttöön otettu lupajärjestelmä - erityisesti siltä osin kuin kysymys on edellytyksistä, jotka koskevat varastointikapasiteettia ja lupien haltijoilta vaadittuja korkeita lupamaksuja - olisi oikeassa suhteessa kansanterveyden suojelemiseen ja että tätä päämäärää ei

---

227   *Lukemisen helpottamiseksi vanhempien EU-tuomioistuimen ratkaisujen selostamisessa käytetään nykyisen SEUT-sopimuksen artikkelinumeroita, jotka sisällöllisesti vastaavat aiempien sopimusversioiden artikloja.*

voitaisi saavuttaa toimenpiteillä, joilla yhteisön sisäistä kauppaa rajoitetaan vähemmän kuin tällä järjestelmällä (tuomion kohta 6).

EU-tuomioistuimen linjauksen mukaan Systembolagetin kaltaista monopolia sinänsä voidaan käyttää alkoholin saatavuuden rajoittamiseen alkoholista aiheutuvien kansanterveydellisten haittojen vähentämiseksi. EU-tuomioistuin katsoi, että Ruotsin alkoholimonopoli oli tältä osin SEUT 37 artiklan tavoitteiden mukainen ja oikeutettu. Vaikka itse monopolia koskeva perusratkaisu hyväksyttiinkin, SEUT 37 ja 34 artikla edellyttävät, että *muihin jäsenvaltioihin sijoittautuneilla toimijoilla täytyy olla mahdollisuus saada tavaroitaan myyntiin niitä haluaville kuluttajille valtiossa, jossa monopoli on käytössä*, ja vastaavasti kuluttajilla on monopolista huolimatta oltava mahdollisuus hankkia vapaasti tuotteita muista jäsenvaltioista. Toisin sanoen tehokkuus edellytti, ettei Ruotsin alkoholin torjuntaa koskevien tavoitteiden perusteella voitu sulkea muista maista tulevan alkoholin pääsyä Ruotsin markkinoille.

6.4.2 Rosengren-tapaus

Rosengren-tapaus koski viinin tilaamista Espanjasta Ruotsiin yksityishenkilöiden toimesta postimyyntinä. Viinilaatikot takavarikoitiin, koska ne oli maahantuotu Ruotsin alkoholilain vastaisesti. Ruotsin korkeimman oikeuden ennakkoratkaisupyynnössä tiedusteltiin, oliko Ruotsin lainsäädäntö, jonka mukaan Ruotsissa asuvat yksityishenkilöt eivät saaneet tuoda maahan alkoholijuomia ilman että he huolehtisivat itse juomien kuljetuksesta, sopusoinnussa EU-oikeuden kanssa.

EU-tuomioistuin totesi, että kansalliseen lakiin, jolla on perustettu kaupallinen monopoli, kuuluva säännös, jolla kielletään yksityishenkilöitä tuomasta suoraan alkoholijuomia ilman että he itse kuljettaisivat ne, on kielletty tuonnin määrällinen rajoitus, vaikka kyseisessä laissa velvoitetaan vähittäismyyntimonopolin haltija toimittamaan ja tarvittaessa siis tuomaan maahan pyynnöstä asianomaiset juomat. EU-tuomioistuin totesi, että EU-oikeutta rikotaan silloin, kun kuluttajille heidän käyttäessään monopolin haltijan palveluja hankkiakseen maahantuotavia alkoholijuomia, aiheutuu epäkohtia, joita heille ei aiheutuisi, jos he itse ryhtyisivät maahantuontiin.[228]

Kansallista säännöstä, jossa kielletään yksityishenkilöiltä alkoholijuomien maahantuonti, ei voida pitää SEUT 36 artiklan perusteella oikeutettuna ihmisten terveyden ja elämän suojelemiseksi, kun sillä ei voida saavuttaa tavoitteena olevaa alkoholin kulu-

---

228   *Ks. Franzén, tuomion kohdat 33, 34 ja 36 kohta sekä tuomiolauselman 2 kohta 1.*

tuksen yleistä rajoittamista. Tuontikielto ei ollut oikeassa suhteessa siihen tavoiteltuun päämäärään nähden, että nuorisoa suojellaan alkoholin kulutuksen haitoilta. Silloin, kun tällainen kielto merkitsee poikkeusta tavaroiden vapaata liikkuvuutta koskevasta periaatteesta, kansallisten viranomaisten on osoitettava, että kyseinen kielto on suhteellisuusperiaatteen mukainen eli että se on tarpeen esitetyn tavoitteen saavuttamiseksi ja että tätä tavoitetta ei voitaisi saavuttaa kielloin tai rajoituksin, jotka eivät ole yhtä laajoja tai joilla yhteisön sisäistä kauppaa rajoitetaan vähemmän. Tuontikielto, joka koskee kaikkia iästä riippumatta, ylittää kuitenkin selvästi sen, mikä on tarpeen tavoitellun päämäärän kannalta eli sen kannalta, että suojellaan nuorisoa alkoholin kulutuksen haitoilta.

Rosengren-tapauksessa Ruotsin hallitus vetosi yksityishenkilöiden alkoholin maahantuontikiellon perustana olevan tarve rajoittaa alkoholin kulutusta yleisesti. EU-tuomioistuin katsoi kuitenkin, että tällä kiellolla vain ohjattiin maahantuonti Systembolagetin kautta tehtäväksi. Tuomioistuin piti tätä yhden maahantuontikanavan suosimisena ja itse kieltoa terveyden ja elämän suojelemiseksi ylimitoitettuna, koska sen vaikutukset olivat marginaaliset, eikä niillä tosiasiassa voitu saavuttaa tavoiteltuja päämääriä. Kun kielto koski kaikenikäisiä yksityishenkilöitä, se ylitti merkittävästi sen tason, minkä voi katsoa olevan tarpeen tavoitellun päämäärän saavuttamiseksi.

Ruotsin silloisen alkoholilain maahantuontikiellolla ei voitu tehokkaasti, jos ollenkaan, saavuttaa päämääränä ollutta alkoholin kulutuksen yleistä rajoittamista, eikä se ollut oikeassa suhteessa tavoitteeseen nuorison suojelemiseksi alkoholin kulutuksen haitoilta nähden.[229] Ruotsissa sovellettua maahantuonnin kieltoa pidetiin siis *suhteellisuusperiaatteen* vastaisena. Kieltäessään yksityishenkilöiltä alkoholin maahantuonnin, joka tapahtuu yksityishenkilöiden itse valitsemien itsenäisten välittäjien tai ammattimaisten kuljetusyritysten toimesta, Ruotsin kuningaskunta rikkoi silloisen SEUT 34 mukaisia jäsenvelvoitteitaan. Maahantuontikieltoa ei voitu perustella myöskään SEUT 36 artiklan perusteella.

Samanaikaisesti Rosengren-tapauksen kanssa Euroopan komissio oli nostanut kanteen Ruotsin sopimusrikkomuksesta ja vaati tuomioistuinta vahvistamaan, että Ruotsin alkoholilain yksityistä tuontia koskevat säännökset rikkoivat SEUT 34 artiklaa.

---

229   Asiassa ratkaisuehdotuksen antaneet julkisasiamiehet Tizzano ja Mengozzi olivat sitä vastoin katsoneet, että yksityisten ihmisten alkoholin maahantuontikielto liittyi oleelliselta osin valtion vähittäismyyntimonopolin olemassaoloon ja toimintaan. Tämän takia asia olisi heidän mielestään pitänyt käsitellä EY 31 (SEUT 37) perusteella eikä EY 28 (SEUT 34) perusteella.

EU-tuomioistuin[230] perusti arvionsa Rosengren-tuomioon ja totesi seuraavaa:

"Ruotsin kuningaskunta ei ole noudattanut EY 28 [nykyisen SEUT 34] artiklan mukaisia velvoitteitaan, koska se on kieltänyt yksityishenkilöiltä alkoholijuomien maahantuonnin, joka tapahtuu näiden henkilöiden valitsemien itsenäisten välittäjien tai ammattimaisten kuljetusyritysten välillä, eikä tätä kieltoa voida pitää perusteltuna EY 30 [nykyisen SEUT 36] artiklan nojalla."

Rosengren-tapauksen jälkeen Ruotsissa aloitettiin alkoholilain uudistus. Maahantuontikielto poistetiin alkoholilaista ja alkoholin etämyynti sallittiin Ruotsissa.

Tapausten tosiseikastossa kuluttaja oli ostanut alkoholituotteita toisesta EU-valtiosta ja oli itse järjestänyt kuljetuksen. Toisaalta tuomioiden perusteella on selvää, että jäsenvaltion toimenpiteen pitää läpäistä SEUT 34 ja 36 artiklan mukainen tarkastelu myös siinä tapauksessa, että viinit myynyt taho on järjestänyt kuljetuksen.

6.4.3 Ahokainen ja Leppik

Suomen alkoholilain mukaan yli 80 prosenttia alkoholia sisältävien alkoholijuomien eli niin kutsutun väkiviinan maahantuonti edellyttää maahantuontilupaa. *Ahokainen ja Leppik* -tapauksessa[231] väkiviinan maahantuontiin liittyvä maahantuontilupa katsottiin EU-oikeuden mukaiseksi ja oikeasuhtaiseksi tavoiteltuun päämäärään nähden.

EU-tuomioistuin totesi, että silloiset EY 28 ja EY 30 artikla eli nykyiset SEUT 34 ja 36 artiklat eivät olleet esteenä järjestelmälle, jonka mukaan denaturoimattoman yli 80-prosenttisen etyylialkoholin maahantuonti edellyttää ennakkolupaa. Tilanne voisi kuitenkin olla toisin, mikäli kyseessä olevan jäsenvaltion (tässä tapauksessa Suomen) tilanteelle ominaisten tosiseikkojen ja oikeudellisten seikkojen perusteella ilmenee, että kansanterveyttä voidaan suojella ja yleinen järjestys turvata alkoholin vahingollisilta vaikutuksilta toimenpiteillä, jotka vaikuttavat vähemmän yhteisön sisäiseen kauppaan.

Vaikka maahantuontilupaa ei yleisesti voida vaatia, väkiviina muodostaa tästä poikkeuksen vaarallisen korkean alkoholipitoisuutensa vuoksi. Itse tapauksessa kyse oli valmisteverojen maksamatta jättämiseen liittyneestä veropetoksesta.

---

230   *Asia C-186/05 Komissio v. Ruotsi (2007) ECLI:EU:C:2007:571.*
231   *Asia C-434/04 Ahokainen ja Leppik (2006) ECLI:EU:C:2006:609 ja julkisasiamiehen ratkaisuehdotus asiassa (2006) ECLI:EU:C:2006:462.*

Olennaista tapauksessa on, että väkiviinan kaltaisen tuotteen osalta voidaan edellyttää maahantuontilupaa. Alkoholiprosentin korkeudella on merkitystä, sillä väkiviinan kaltaisen tuotteen osalta terveysriskit ovat korkeampia, vaikka sellaisen tuotteen meneminen kaupaksi kuluttajille saattaisikin vaikuttaa eteläeurooppalaisesta näkökulmasta yllättävältä.[232] Tämän vuoksi kohtelun tietynlainen erilaisuus tai tietty määrä maahantuotuihin tuotteisiin kohdistuvaa erilaista vaikutusta voi olla hyväksyttävissä, jos se on oikeassa suhteessa kotimaisten ja maahantuotujen tuotteiden objektiivisiin eroihin. Tältä osin suhteellisuustestillä erotellaan toisistaan hyväksyttävissä oleva syrjintä ja mielivaltainen syrjintä. Väkiviinan vaarallisuuden vuoksi alkoholihaittojen torjumisen tehokkuus edellytti normaalia tiukempaa valvontaa ja tuontilupaa.

6.4.4 Visnapuu-tapaus

Visnapuu-tapauksessa[233] kyse oli Suomen alkoholilaista, jonka mukaan myyjä, joka on sijoittautunut toiseen jäsenvaltioon, tarvitsee vähittäismyyntiluvan voidakseen tuoda alkoholijuomia vähittäismyyntiin Suomessa asuville kuluttajille. Myyntiluvan saaminen edellyttää myyntipaikkaa.

Suomalaiset asiakkaat olivat tilanneet Visnapuun yrityksen kautta alkoholituotteita Virosta ja osa näistä toimitettiin Visnapuun toimesta heidän kotiovelleen Suomeen. Visnapuuta syytettiin alkoholirikoksesta ja törkeästä veropetoksesta.

Alkoholilain mukaan alkoholijuomia sai tuoda maahan ilman erillistä maahantuontilupaa omaa käyttöä varten sekä kaupalliseen tai muuhun elinkeinotarkoitukseen

---

232   *Jutun julkisasiamies M. Poiares Maduro siteerasi ratkaisuehdotuksensa aluksi Shakespearea: "Hyvä viini on oiva, rattoisa luojananti, jos sitä oikein käytetään. On kuitenkin hämmästyttävää, "että ihminen voi ottaa suuhunsa vihollisen, joka varastaa häneltä aivot" (William Shakespeare, Othello, II näytös, III kohtaus, suom. Yrjö Jylhä), kun kyseessä oleva vihollinen on hyvästä viinistä poiketen niinkin "hurja" kuin käytännöllisesti katsoen puhdas etyylialkoholi. Suomen hallituksen tämän oikeudenkäynnin aikana toimittamista tiedoista ilmenee kuitenkin, että kuluttajien osoittama kysyntä sellaisia väkeviä juomia kohtaan, joiden alkoholiprosentti on äärimmäisen korkea, ei ole mitenkään teoreettista. Suomen laissa kielletään sellaisten aineiden vähittäismyynti, jotka sisältävät enemmän kuin 80 prosenttia denaturoimatonta etyylialkoholia (väkiviina). Niiden kaupallinen käyttö teollisiin tarkoituksiin tai raaka-aineena kuuluu lupajärjestelmän piiriin. Suomen korkein oikeus on pyytänyt yhteisöjen tuomioistuimelta ennakkoratkaisua siitä, onko EY 28 ja EY 30 artiklan mukaista, että toisesta jäsenvaltiosta tapahtuva sellaisten aineiden maahantuonti, jotka sisältävät enemmän kuin 80 prosenttia denaturoimatonta etyylialkoholia, on luvanvaraista. Kysymys nousi esiin rikosoikeudenkäynnissä Ahokaista ja Leppikiä vastaan, joita syytetään denaturoimattoman etyylialkoholin salakuljettamisesta Saksasta Suomeen."*

233   *Asia C-198/14 Visnapuu (2015) ECLI:EU:C:2015:751.*

omaa kulutuskäyttöä varten. Kaupallisessa tai muussa elinkeinotarkoituksessa alkoholijuomia käyttävä tarvitsi maahan tuotavan alkoholijuoman osalta toimintaansa erillisen luvan.

EIG, jonka kotipaikka on Virossa ja joka on Visnapuun määräysvallassa, ylläpiti internetissä www.alkotaxi.eu-nimistä sivustoa, jonka kautta Suomessa asuvilla henkilöillä oli mahdollisuus ostaa mietoja ja väkeviä alkoholijuomia. Asiakkaiden maksettua ostokset EIG järjesti osalle asiakkaista näiden ostamien alkoholijuomien kotiinkuljetuksen Virosta Suomeen. EIG ei tehnyt Suomen tullille ilmoitusta maahan tuomistaan alkoholijuomista, joten valmisteverot jäivät määräämättä kokonaisuudessaan.

Helsingin hovioikeus esitti käräjäoikeuden määräämää rikostuomiota koskevassa valitusasiassa ennakkoratkaisupyynnön EU-tuomioistuimelle SEUT 30 ja 36 artiklan soveltamisesta. Helsingin hovioikeus tiedusteli alkoholin etämyyntiä koskevilla kysymyksillään pääasiallisesti, onko SEUT 34, SEUT 36 ja SEUT 37 artiklaa tulkittava siten, että ne ovat esteenä jäsenvaltion säännöstölle, jonka mukaan toiseen jäsenvaltioon sijoittautunut myyjä tarvitsee vähittäismyyntiluvan voidakseen tuoda alkoholijuomia vähittäismyyntiin ensin mainitussa jäsenvaltiossa asuville kuluttajille tilanteessa, jossa myyjä huolehtii kyseisten juomien kuljetuksesta tai antaa sen kolmannen tehtäväksi. Helsingin hovioikeus halusi siis käytännössä tietää, onko Suomen alkoholilain vähittäismyyntilupaa koskeva vaatimus EU-oikeuden mukainen vai ei.

EU-tuomioistuin totesi vapaan liikkuvuuden osalta seuraavaa: SEUT 34 ja 36 artiklat eivät ole esteenä tällaiselle säännöstölle, kunhan säännöstö on sellainen, että sillä voidaan taata tavoitellun päämäärän toteuttaminen eli tässä tapauksessa kansanterveyden ja yleisen järjestyksen suojelu. Lisäksi edellytetään, että tätä päämäärää ei voida saavuttaa vähemmän rajoittavilla toimenpiteillä vähintään yhtä tehokkaasti eikä kyseinen säännöstö ole mielivaltaisen syrjinnän keino tai jäsenvaltioiden välisen kaupan peitelty rajoitus, minkä selvittäminen on ennakkoratkaisua pyytäneen tuomioistuimen asiana. [234] Kansallisen alkoholin myyntiä Suomessa koskevan lainsäädännön tulee olla sellainen, että sillä voidaan taata kansanterveyden ja yleisen järjestyksen suojelu, päämäärää ei voida saavuttaa sisämarkkinakauppaa vähemmän rajoittavilla toimenpiteillä vähintään yhtä tehokkaasti eikä säännöstö ole mielivaltaisen syrjinnän tai jäsenvaltioiden välisen kaupan peitelty rajoitus. [235]

EU-tuomioistuin jätti ennakkoratkaisua pyytäneen tuomioistuimen ratkaistavak-

---

234   Asia C-198/14 Visnapuu (2015) ECLI:EU:C:2015:751, kohdat 99, 102, 208 ja 129.
235   EU-tuomioistuimen tuomio asiassa C-198/14 Visnapuu, erityisesti kohdat 95-96 ja 129.

si, onko kansanterveyttä ja yleistä järjestystä koskevien syiden varsinainen tarkoitus sivuutettu ja käytetäänkö niitä siten, että muista jäsenvaltioista peräisin olevia tavaroita syrjitään tai että tiettyä kotimaista tuotantoa välillisesti suojellaan SEUT 36 artiklassa tarkoitetulla tavalla.

Visnapuu-ennakkoratkaisun jälkeen Helsingin hovioikeus[236] antoi tuomionsa niin kutsutussa Alkotaxi-jutussa, joka oli ollut ennakkoratkaisupyynnön taustalla. Visnapuu tuomittiin hovioikeudessa käräjäoikeuden tavoin törkeästä veropetoksesta.[237]

Alkoholirikoksen osalta Helsingin hovioikeus otti kantaa vähittäismyyntilupa-vaatimuksen oikeasuhtaisuudesta EU-tuomioistuimen edellyttämällä tavalla. Visnapuu oli siis tuonut maahan Suomessa asuville henkilöille alkoholijuomia ilman alkoholilain mukaista vähittäismyyntilupaa.

Korkein oikeus arvioi Visnapuu-tuomioissaan, ettei tuossa yksittäisessä asiassa ilmennyt, että kansallisella alkoholilailla olisi ollut unionin oikeuden kieltämiä ja unionin oikeuden sisämarkkinakaupan rajoitusten suhteellisuuden vaatimukset ylittäviä vaiku-tuksia.[238] Korkein oikeus kuitenkin tältä osin otti kantaa vain tuomioissa nimenomaisesti käsiteltyihin seikkoihin, erityisesti rikosoikeudellisen tunnusmerkistön täyttymiseen. Visnapuu-tapaus ei ota kattavasti kantaa alkoholin etämyyntiin, vaan ainoastaan kyseiseen tapaukseen.

6.4.5 Vironviina-tapaus

Helsingin hovioikeus on 7.2.2023 antamallaan päätöksellä[239] hylännyt syytteet törkeästä alkoholirikoksesta tapauksessa, jossa suomalaismies oli myynyt alkoholia Virosta ja Latviasta kahden verkkosivun kautta. Yhtiön toimipaikka ja varasto, josta tuotteet tulivat myytiin, sijaitsi Tallinnan satamassa. Kahdella eri alkoholia myyneellä sivustolla ostaja ohjattiin valitsemaan tietty kuljetusyritys. Verkosta ostetut tuotteet sai joko hakea Tallinnan satamasta tai vaihtoehtoisesti saada kotiin Matkahuollon toimipisteeseen kul-

---

236 *EU-tuomioistuin antoi ratkaisunsa asiassa 12.11.2015. Hovioikeus antoi asiaa koskevan tuomionsa 24.4.2017 ja korkein oikeus 28.6.2018.*

237 *Visnapuu oli kuljettanut ilman alkoholilainmukaista lupaa alkoholijuomia Virosta Suomeen. Visnapuu oli myynyt internetissä www.alkotaxi.eu -nimisen sivuston kautta erilaisia mietoja ja väkeviä alkoholijuomia, joita suomalaiset pystyivät ostamaan. Asiakkaiden maksettua ostoksensa, Visnapuu järjesti valmiste- ja juomapakkausveron alaisille alkoholijuomille kotiin kuljetuksen Virosta Suomeen. Visnapuu oli tapauksessa sekä etämyyjä että maahantuoja. Visnapuu ei ollut maksanut maahantuomistaan etämyydistä alkoholijuomista veroja.*

238 *KKO 2018:49, johtopäätöksistä ks. tuomion kohdat 43 ja 44 sekä kohdat 65 ja 72.*

239 *R2023/285, Helsingin hovioikeus 7.2.2023 R 20/1078.*

jetettuna. Sen sijaan tuomio tuli törkeästä veropetoksesta kahden vuoden ehdolliseen vankeuteen, koska valmisteverot oli jätetty tilittämättä.

Helsingin käräjäoikeus oli hylännyt vuonna 2020 kaikki syytteet. Kolmesta hovioikeudenneuvoksesta kaksi jätti ratkaisuun eriävän mielipiteen. Toinen heistä oli käräjäoikeuden kannalla ja olisi hylännyt kaikki syytteet. Toinen eriävän mielipiteen jättänyt hovioikeudenneuvos vetosi puolestaan mm. aiempiin tuomioihin veropetoksista ja olisi tuominnut miehen kahden vuoden ja kahdeksan kuukauden vankeuteen. Hänkään ei kuitenkaan olisi antanut tuomiota alkoholirikoksesta.

Oikeudenkäynnin keskiössä oli kysymys siitä, saako alkoholia myydä Suomeen kotiin kuljetettuna, jos myyjä ei itse järjestä tuotteiden kotiinkuljetusta. Toinen kysymys oli, onko myyjä tässä tapauksessa järjestänyt kuljetuksen itse vai ei.

Hovioikeus totesi, että etämyyntiä koskevaa viranomaisohjeistusta ei ole tekoaikana ollut olemassa. Vuosina 2014–2016 yhtiö toi maahan ja myi Suomessa asuville yksityishenkilöille yli 235 000 litraa alkoholia. Myyjän sivustolla ostaja ohjattiin valitsemaan tietty erillinen kuljetusyritys. Tapauksessa oli kysymys siitä, miten alkoholin kuljetus järjestettiin ja mikä oli yhtiön vastuu kuljetuksen järjestämisessä. Hovioikeuden mukaan alkoholijuomien maahantuonti ei sellaisenaan ollut alkoholilainsäädännön vastaista. Laista ei myöskään käy ilmi, onko alkoholijuomien etämyynti ulkomailta ostajille Suomeen kiellettyä ja rangaistavaa.

Myyjäyhtiö ei ilmoittanut myyntejä Suomen veroviranomaisille arvonlisäveron tai valmisteveron määräämistä varten, eikä yhtiöllä ollut Suomen alkoholilaissa tarkoitettua alkoholin tukku- tai vähittäismyyntilupaa. Verotuksen näkökulmasta kyseessä oli etämyynti, jossa verovelvollisuus kuuluu myyjälle. Myyjä järjesteli oikeuden mukaan kuljetuksen olennaisia vaiheita tavalla, jonka vuoksi kysymys oli ollut arvonlisäverolaissa tarkoitetusta kaukomyynnistä sekä valmisteverotuslaissa tarkoitetusta etämyynnistä. Lisäksi myyjällä oli tilattujen tuotteiden kuljettamista koskevan aloitteen teossa hallitseva rooli. Näin oikeus päätyi siihen, että verovelvollisuus kuuluu myyjälle. Oikeus katsoi, että mies välttei veroja ja toiminta oli tahallista. Syytteen törkeästä alkoholirikoksesta hovioikeus sen sijaan hylkäsi yksimielisesti.

Syytetty itse kertoi oikeudessa pyrkineensä järjestämään toiminnan ottamalla huomioon sosiaali- ja terveysalan lupa- ja valvontavirasto Valviran vuonna 2010 antaman ohjeistuksen. Sen mukaan yksityishenkilö voi tilata alkoholia omaan käyttöönsä esimerkiksi internetin välityksellä. Hovioikeus totesi, että alkoholijuomien maahantuonti sellaisenaan ei ole ollut alkoholilainsäädännön vastaista. Lisäksi etämyynnin ei voida katsoa olevan Suomessa tapahtunutta alkoholilain vastaista myyntiä. Rikoslaki ja alkoholilaki eivät olleet tekoaikana sisältäneet säännöksiä etämyynnistä, eikä siitä edelleenkään säädetä laissa, hovioikeus totesi päätöksessään.

KKO on myöntänyt asiassa valitusluvan seuraavilta osin: A oli harjoittanut alkoholijuomien myyntiä A Oy:n verkkokauppasivustojen kautta siten, että myynti oli tosiasiallisesti suuntautunut Virosta Suomeen. Verkkokaupan asiakas oli voinut valita, noutaako hän tilaamansa tuotteet itse vai valtuuttaako hän B Oy:n avustamaan kuljetussopimuksen tekemisessä erillisen kuljetusliikkeen kanssa. Jos asiakas oli valinnut jälkimmäisen vaihtoehdon, kuljetusliike oli tuonut alkoholijuomat Suomeen. Kysymys siitä, oliko A etämyyjänä tuonut maahan ja myynyt alkoholijuomaa Suomessa ja menettelyllään syyllistynyt törkeään alkoholirikokseen.[240]

6.4.6 Winefinder-tapaus Ruotsissa

Ruotsissa on annettu heinäkuussa 2023 korkeimman oikeuden ratkaisu[241], jossa osapuolina olivat Systembolaget ja Winfinder, jonka myynnit Ruotsiin Ruotsin alkoholimonopoli halusi estää. Viinin jakelija Winefinder voitti korkeimman oikeudessa. Tuomio tarkoittaa, että Winefinder voi vapaasti tuoda viiniä Tanskasta ja kuljettaa sitä asiakkaille Ruotsiin.

Ruotsin korkein oikeus viittasi ratkaisuissaan mm. tapauksiin Franzén, Rosengren ja Visnapuu. Ruotsin korkein oikeus viittaa siihen, että Suomessa oli haluttu kieltää etämyynti, mutta asiasta kuitenkin jätettiin viemättä kielto lakiin.

Winefinder oli myynyt viinejä tanskalaisella verkkosivustollaan. Asiakas oli tilannut viiniä Winefinderin verkkokaupasta, minkä jälkeen Winefinder oli pakannut viinit ja lähettänyt ne omasta toimestaan asiakkailleen Ruotsiin. Ruotsin korkein oikeus katsoi, että Winefinderin toiminta on sallittua Ruotsin kansallisen alkoholilainsäädännön perusteella.

6.5 Suomen alkoholilainsäädäntö EU:n sisämarkkinaoikeuden valossa

Koska Alkon vähittäismyyntimonopoli rajoittaa tavaroiden vapaata liikkuvuutta, on sen toimintaa sekä sitä koskevaa sääntelyä arvioitava EU:n sisämarkkinaoikeuden valossa. Edellä käsitellyistä teemoista etenkin syrjimättömyys sekä yleisen edun mukainen

---

240   *KKO VL:2023-62*
241   *Ruotsin korkeimman oikeuden 7.7.2023 annettu tuomio T 4709-22.*

tavoite tuovat mielenkiintoisia näkökulmia keskusteluun Alkon monopolin asemasta ja oikeutuksesta 2020-luvulla. Myös 36 artiklan mukaisia oikeuttamisperusteita on syytä tarkastella samassa yhteydessä, sillä erottelutestin perusteella Alkon yksinoikeudesta irrallisella alkoholilainsäädännöllä on samanlaiset perusteet ja tavoitteet kuin vähittäismyyntimonopolilla.

6.5.1 Syrjimättömyys Alkon toiminnassa

Aiemmin kappaleessa 6.3.3 esitettiin *Hanner*- ja *Franzén*-ratkaisujen pohjalta syntynyt syrjimättömyystesti. Testin kolmea kohtaa soveltamalla voidaan tarkastella sitä, toteutuuko Alkon monopolin syrjimättömyys. Syrjimättömyystestissä arvioitavat kriteerit ovat valintajärjestelmä, myyntiverkosto ja markkinointi. Kappaleessa 3.3.3 on käsitelty tarkemmin Alkon hankintamenettelyä ja hinnoittelua Alkon oman valikoimaanotto-ohjeen perusteella. Alkon valikoimaan ottamisesta, valikoimasta poistamisesta sekä tuotteiden hinnoittelusta säännellään alkoholilain 25 §:n 1 momentissa.

Valikoimaan liittyvät päätökset tulee tehdä julkisin ja tasapuolisin perustein riippumatta myyjän tai valmistajan kansalaisuudesta tai kotipaikasta. Alkon valikoimaan liittyviin päätöksiin voidaan hakea oikaisua Valviralta.[242] Alkon valikoimaanotossa tuotehaut toteutetaan tarjousmenettelyn avulla.

Tuotehaun tarjousten tulee saapua Alkon Kumppaniverkko-palveluun määrätyn aikataulun mukaisesti. Tarjouksiin tulee liittää esimerkiksi tuotteen vähittäishinta ja tarjouksen tekijällä tulee olla toiminnan edellyttämät voimassa olevat luvat. Alkon mukaan tarjottuja tuotteita arvioidaan tasapuolisesti käyttäen joko sokko- ja/tai avointa arviointia. Valinta perustuu asiakastarpeeseen ja -kysyntään sekä siihen, ovatko tuotteet sopivia suhteessa jo olemassa olevaan valikoimaan. Valituksi tulleiden tuotteiden on täytettävä lakisääteiset vaatimukset.[243]

Alkon vähittäismyyntipaikan hyväksyy aluehallintovirasto. Esteenä myyntipaikan hyväksymiselle on kohtuuton haitta asuinympäristölle.[244] Kuten aiemmin kappaleessa 3.3.2 todettiin, Alkolla on 370 myymälää ympäri Suomea ja lisäksi yli sata noutopistettä. Alkon myymälöiden perustamiskriteerejä ovat asiakaspalvelunäkökohdat, yhteiskuntavastuu, taloudellinen kannattavuus, alueen väestöpohja sekä myymäläverkoston

---

242   *Alkoholilaki (1102/2017), 80.2 §.*
243   *Alkon valikoimaanotto-ohje 30.12.2024, s. 9–13.*
244   *Alkoholilaki (1102/2017), 26 §.*

kattavuus.[245]

Väkevän alkoholijuoman markkinointi on lailla kielletty. Mietojen alkoholijuomien markkinointia rajoitetaan alkoholilaissa monilta osin.[246] Alko itse määrittelee toimivansa mainonnassa tasapuolisesti ja syrjimättömästi kaikkia alkoholijuomien myyjiä ja valmistajia kohtaan. Alkon periaatteena on, ettei se markkinoinnissaan nosta esiin yksittäistä tuottajaa eikä markkinoi edistääkseen yksittäisten tuotteiden menekkiä.[247]

Alkon monopolin syrjimättömyyttä on tarkasteltu myös tuomioistuimessa. Aiemmin käsitellyssä *Visnapuu*-ratkaisussa EUT jätti arvioinnin Alkon monopolin syrjimättömyydestä ennakkoratkaisua pyytäneelle tuomioistuimelle.[248] Korkein oikeus kiinnitti ratkaisussaan huomiota tuolloin voimassa olleisiin alkoholilainsäädännön kohtiin, jotka määrittelevät alkoholiyhtiön eli Alkon toimintaa. Alkoholilain mukaan päätökset Alkon valikoimasta tulee tehdä julkisin ja tasapuolisin perustein riippumatta myyjän tai valmistajan kansalaisuudesta tai kotipaikasta. Näitä periaatteita on sovellettava myös markkinoinnissa.

Korkeimman oikeuden ratkaisun mukaan Alkon valikoimaa koskevat päätökset ovat perusteltuja. Lisäksi korkein oikeus kiinnitti huomiota raportointimenettelyyn, jota noudattaen Alkon toiminnan syrjimättömyydestä oli raportoitu komissiolle säännöllisesti. Korkein oikeus katsoi, että ei pystytä osoittamaan, etteivätkö luetellut keinot riittäisi takaamaan Alkon syrjimättömyyttä.[249]

Edellä esitetystä huolimatta erityisesti Alkon valikoimaanottomenettelyyn voidaan katsoa liittyvän syrjiviä piirteitä. Alkon tilausvalikoimaan valittaville tuotteille ei ole käytössä tarjousmenettelyä ja siksi se onkin esimerkiksi pientuottajille erityinen mahdollisuus saada tuotteitaan Alkon valikoimaan. Siirtyminen tilausvalikoimasta toiseen, esimerkiksi vakiovalikoimaan, vaatii kuitenkin joko hakumenettelyä tai tiettyjen myyntimäärien täyttymistä 12 kuukauden jaksolla. Lisäksi myynnin tulee muodostua vähintään 20 myymälän kautta.[250] Pienemmille ja erityisesti paikallisille toimijoille myyntikynnyksen täyttäminen on yleensä huomattavasti vaikeampaa verrattuna suurempiin toimijoihin. Vähimmäismyyntimääriä on asetettu myös keskuvarastojakelussa oleville vakiovalikoiman tuotteille sekä ympärivuotisesti dollylavoilla toimitettaville tuotteille.[251]

---

245   *Alkon verkkosivut, kohta Liikepaikat.*
246   *Alkoholilaki (1102/2017), 50 §.*
247   *Alkon verkkosivut, kohta Alko ja mainonta.*
248   *Asia C-198/14 Visnapuu (2015) ECLI:EU:C:2015:751, kohdat 94–96.*
249   *KKO 2018:49, kohdat 37–43.*
250   *Alkon valikoimaanotto-ohje 30.12.2024, s. 16–17.*
251   *Alkon valikoimaanotto-ohje 30.12.2024, s. 35 ja 53–54.*

Volyymivaatimusten asettaminen tuo etua suurille toimijoille, joilla on resursseja kattavampaan tuotantoon sekä jo olemassa olevaa kysyntää useissa myymälöissä.

Vaikka Alkon valintakriteerit on määritelty valikoimaanotto-ohjeessa, ohjetta ei voida pitää täysin täsmällisenä. Useissa kohdissa kriteerit ovat yleisluontoisia ja ohje jättää harkintavaltaa Alkolle, mikä lisää valikoimaanoton läpinäkymättömyyttä. Alkon mukaan valikoimaanotossa "[t]avoitteena on löytää tarjotusta joukosta parhaiten asiakastarpeen ja -kysynnän täyttävä tuote suhteessa olemassa olevaan valikoimaan. Arvioinnissa kiinnitetään huomiota tuotteen laatuun sekä muihin kuluttajalle lisäarvoa tuoviin näkökohtiin."[252] Kuitenkaan mainittujen perusteiden keskinäistä järjestystä tai painotusta ei ilmoiteta.

Alkoholilain 80 §:n 2 momentin mukaan Alkon päätökseen voi hakea oikaisua Valviralta. Alko voi pyynnöstä toimittaa perustellun päätöksen oikaisun hakemista varten.[253] Perusteet päätöksille pitää siis erikseen pyytää. Vaikka kriteerit tuotevalinnoille on ilmoitettu, kriteerit ovat laajat ja valintoihin johtavaa harkintaa ei voida pitää täysin läpinäkyvänä.

Alkon valintakriteeri asiakastarpeesta ja -kysynnästä voi jo itsessään suosia suurempia toimijoita. Suuremmilla toimijoilla myynti on vakiintunutta ja tuotteet ovat siten saaneet näkyvyyttä ja tunnettuutta. Näin suurempien toimijoiden tuotteille voi olla enemmän kysyntää verrattuna pienempiin, vasta markkinoille tulleisiin toimijoihin.[254]

Tuotetoimittajille asetetaan ehtoja liittyen esimerkiksi toimituksiin ja toimitusvarmuuteen sekä tuotteiden vastuullisuuteen liittyen. Alko voi veloittaa toimittajilta toimitusvirheistä aiheutuvat kustannukset ja tilauksia tulee pystyä toimittamaan kaikkiin myymälöihin vähintään kerran viikossa.[255] Myyjien tulee suorittaa vastuullisuuskoulutus, jonka laiminlyönti voi johtaa seurauksiin. Lisäksi Alko seuraa vastuullisuuskriteerien noudattamista.[256] Rajallisemmilla resursseilla toimivien pienten tuottajien on suhteessa suuriin toimijoihin vaikeampi noudattaa Alkon asettamia velvoitteita.

Alkon valikoima on jo käytännönkin syistä, esimerkiksi myymälöiden koon takia, rajallinen. Valikoiman rajallisuuteen ei siis vaikuta pelkästään Alkon oma toiminta. Valikoiman rajallisuus kuitenkin voimistaa Alkon valikoimaanoton syrjivää vaikutusta entisestään. Esimerkiksi vuonna 2024 toteutetun alle 8,0 tilavuusprosenttisten viinien

---

252   *Alkon valikoimaanotto-ohje 30.12.2025, s. 12.*
253   *Alkon valikoimaanotto-ohje 30.12.2024, s. 29.*
254   *Alkon valikoimaanotto-ohje 30.12.2024, s. 12–13.*
255   *Alkon valikoimaanotto-ohje 30.12.2024, s. 37–38.*
256   *Alkon valikoimaanotto-ohje 30.12.2024, s. 20–21.*

ja muiden käymisteitse valmistettujen juomien vapauttamisen jälkeen kyseisten tuotteiden valikoima laajeni merkittävästi. Ennen uudistusta Alkon valikoimissa oli ollut noin 600 tuoteryhmän tuotetta. Koska tuolloin tuotteet kuuluivat monopolin piiriin, oli täten koko valikoiman koko noin 600 tuotetta. Vapauttamisen jälkeen tuotteita myydään myös päivittäistavarakaupoissa, joissa tarjolla oleva valikoima on jopa kaksinkertaistunut verrattuna Alkon valikoimaan.[257]

Voidaan siis todeta, että SEUT 37 artiklan mukaisen syrjimättömyyden tulkintaa on tarkasteltu oikeuskäytännössä kattavasti. Syrjimättömyydelle on *Franzén*- ja *Hanner*-ratkaisuissa asetettu kolmen kohdan syrjimättömyystesti. Alkon monopolia tarkastellessa voidaan todeta, että markkinoinnin ja myyntiverkoston osalta monopoli ei vaikuta syrjivältä. Alkoholilaki rajoittaa alkoholijuomien mainontaa ja markkinointia laajasti ja lisäksi Alko itse toteaa, ettei se markkinoinnissaan nosta esiin yksittäisiä tuotteita tai tuottajia. Täten voidaan katsoa, että Alkon mainonta ja markkinointi eivät edistä erityisesti esimerkiksi kotimaisten tuotteiden myyntiä, vaan eri tuottajia ja tuotteita pyritään kohtelemaan tasapuolisesti. Myymälöitä ja noutopaikkoja Alkolla on ympäri Suomen. Myymälöiden perustamisessa Alko huomioi esimerkiksi liiketaloudelliset syyt sekä liikepaikan keskeisen sijainnin asiakkaiden näkökulmasta.

Aiemmin esitetyin tavoin Alkon monopolin voidaan kuitenkin katsoa olevan syrjivä tuotteiden valintajärjestelmän ja valikoiman osalta. Alkon valintamenettely suosii suuria toimijoita, kun pienten toimijoiden on vaikea saada tuotteitaan Alkon hyvin rajalliseen valikoimaan. Erityisesti myynnin volyymitavoitteet ovat haaste pienille toimijoille. Myös muut valintamenettelyssä asetetut tavoitteet esimerkiksi toimituksiin liittyen voivat rajoittaa pienten toimijoiden tosiasiallista mahdollisuutta saada tuotteensa hyväksytyksi Alkon valikoimaan.

Valintakriteerien yleisluontoisuus ja Alkolle valintamenettelyssä jäävä harkintavalta heikentävät prosessin läpinäkyvyyttä ja valinnan lopputuloksen ennakoitavuutta. Pienille ja paikallisille toimijoille tarjotaan mahdollisuutta saada tuotteensa Alkon tilausvalikoimaan. Alkon monopolin takia tätä mahdollisuutta ei kuitenkaan voida pitää riittävänä pienille toimijoille. Myynnin vapauttaminen lisäisi pienten toimijoiden mahdollisuutta päästä markkinoille, sillä tällöin valikoiman koko kasvaa.

Mikäli toimija ei saa yli 8,0 tilavuusprosenttia etyylialkoholia sisältävää alkoholijuomaansa Alkon myymälävalikoimaan, tarkoittaa se sitä, ettei kyseinen tuote pääse

---

257   *Kilpailu- ja kuluttajaviraston (KKV) alkoholimarkkinaselvityksen toinen osa "Etukäteisarviointi
viinien myynnin mahdollisesta vapauttamisesta", s. 36–38.*

vähittäismyyntiin mihinkään Suomen kivijalkamyymälään. Vaikka Alkon tarkoituksena ei olisi toimia syrjivästi, jo monopolirakenteen olemassaololla voi itsessään olla syrjiviä vaikutuksia. Alkon ollessa ainoa monopolin piiriin kuuluvien tuotteiden vähittäismyyntikanava, suurten toimijoiden, kuten tukkujen, vahva asema heijastuu markkinoilla tarjolla oleviin tuotteisiin.

Kun Alko on ainoa paikka myydä monopolin piiriin kuuluvia alkoholituotteita, suurten toimijoiden merkittävä osuus Alkon valikoimasta johtaa siihen, että pienten toimijoiden tuotteet eivät pääse markkinoille. Monopolirakenne keskittää päätöksenteon valikoimasta yksin Alkolle ja vaihtoehtoisia reittejä markkinoille pääsemiseksi ei ole. Tuotantoketjun eri toimijoiden asema vähittäismyynnissä on riippuvainen Alkosta.

6.5.2 Alkon kansanterveydellinen oikeutus

Visnapuu-ratkaisussa EUT jätti Alkon vähittäismyyntimonopolin 37 artiklan mukaisuuden arvioinnin kansallisen tuomioistuimen tehtäväksi. Korkeimman oikeuden arvioitavaksi tuli paitsi syrjimättömyys Alkon toiminnassa, myös yleisen edun tavoitteluun liittyvä kysymys. Korkein oikeus antoi asiassa ratkaisun vuonna 2018, jossa se tyytyi toteamaan suppeasti monopolia käytettävän yleisen edun mukaisten tavoitteiden saavuttamiseksi[258]:

> *36. Suomessa alkoholilainsäädännön tarkoituksena on ehkäistä alkoholin käyttäjilleen, muille ihmisille ja koko yhteiskunnalle aiheuttamia haittoja rajoittamalla alkoholin kulutusta ja valvomalla siihen liittyvää elinkeinotoimintaa. Korkein oikeus toteaa, että myös Alkolle annetun vähittäismyyntimonopolin tarkoituksena on vähentää alkoholin käytöstä aiheutuvia haittoja. Tämä ilmenee tekoaikana voimassa olleen alkoholiyhtiön toiminnasta annetun asetuksen (243/2000) 1 §:n 1 momentista ja nykyään vuoden 2017 alkoholilain 23 §:stä. Monopolia käytetään siten välineenä, jolla pyritään saavuttamaan yleisen edun mukaisia tavoitteita.*

Alkoholilain 1 §:n mukaan lain tavoitteena on vähentää alkoholipitoisten aineiden kulutusta ja ehkäistä alkoholin käyttäjille, muille ihmisille ja koko yhteiskunnalle aiheutuvia haittoja. Alkoholilain 23 §:n mukaan Alkon monopoliasema perustuu juuri näiden

---

haittojen ehkäisemiseen. Alkoholilakia koskevassa hallituksen esityksessä tämän täsmennetään tarkoittavan nimenomaisesti kansanterveydellistä tavoitetta[259]:

Alkoholilailla – kuten muullakin lainsäädännöllä – on tavoite, jota lainsäädännöllä pyritään toteuttamaan. Lainsäädännön tavoitesäännöksillä on merkitystä, vaikka niiden välitön oikeudellinen merkitys rajoittuu tulkinnalliseen vaikutukseen lain varsinaisten säännösten soveltamisessa. Alkoholilain kansanterveydellisen tavoitteen kirjaaminen lakiin on erityisen tärkeää, koska lailla rajoitetaan ihmisten terveyden edistämiseksi elinkeinotoiminnan toimintaedellytyksiä.

Voimassa olevan alkoholilain 1 §:n mukaan lain tarkoituksena on alkoholin kulutusta ohjaamalla ehkäistä alkoholipitoisista aineista aiheutuvia yhteiskunnallisia, sosiaalisia ja terveydellisiä haittoja. Pykälän esitöissä viitataan siihen, että haitat riippuvat kokonaiskulutuksen määrästä ja kulutustavoista. Kulutuksen ohjaamisella pyritään alhaisempaan kokonaiskulutukseen yleensä sekä alhaisempaan kulutukseen yksittäisillä käyttökerroilla.

Lain tarkoituksena olisi tässä suhteessa edelleen alkoholipitoisten aineiden kulutuksen vähentäminen. [...]

Kansanterveydellisen tavoitteen saavuttaminen Alkon vähittäismyyntimonopolilla on kuitenkin kyseenalainen. Hallittu alkoholin myynnin vapauttaminen ei itsessään merkitse tästä tavoitteesta poikkeamista. Alkoholin myyntiä onkin viime vuosina asteittain vapautettu, ja Alkon myynnin osuus kaikesta alkoholin myynnistä on laskenut. Vähittäismyyntikanavassa kulutukseen myyty alkoholi muodosti vuonna 2023 75 prosenttia alkoholin kokonaiskulutuksesta. 2000-luvun alkuvuosina Alkon osuus alkoholin myynnistä sataprosenttiseksi muutettuna alkoholina oli yli 50 prosenttia, mutta vuonna 2024 enää 40 prosenttia (Kuvio 2). Litramääräisesti myynti on laskenut noin 16 prosenttiin.[260]

Suhteessa kokonaiskulutukseen Alkon osuus on vähittäismyyntikanavankin osuutta alhaisempi. Kokonaiskulutuksesta Alkon myynnin osuus sataprosenttiseksi alkoholiksi muutettuna on pysytellyt noin 30 ja 35 prosentin välillä (kuvio 3). Kun suurin osa alkoholin myynnistä tapahtuu Alkon vähittäismyyntimonopolin ulkopuolella, on sen rooli kansanterveyden edistäjänä menettänyt merkitystään.

---

259   *HE 100/2017 vp, s. 6.*
260   *Valviran Jakelutiet-tilasto 2024.*

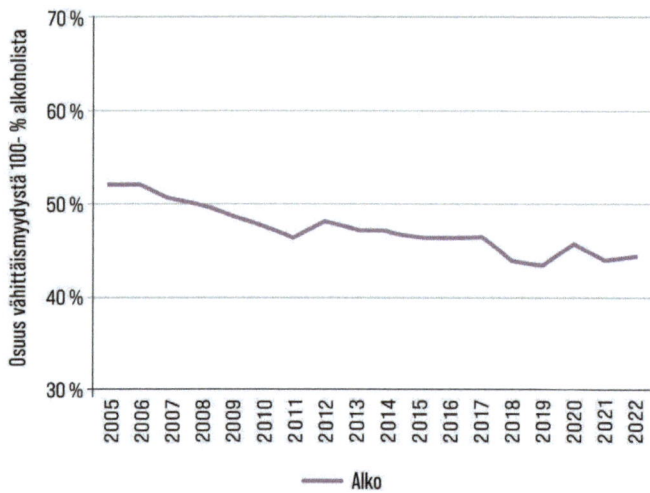

Kuvio 2: Alkon osuus vähittäismyynnistä 100-prosenttisena
alkoholina mitattuna vuosina 2005–2022[261]

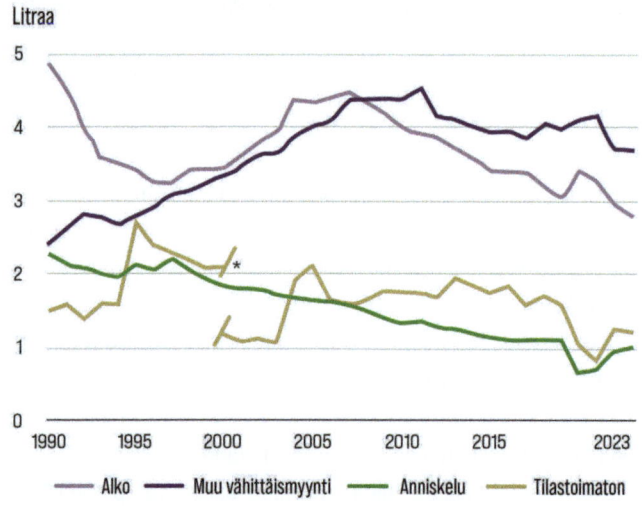

* Muutos tilastointitavassa vuonna 2000 **Lähde:** Alkoholijuomien kulutus. SVT. THL, Valvira.

Kuvio 3: Alkoholin kokonaiskulutus hankintakanavan mukaan sataprosenttina
alkoholina 15 vuotta täyttänyttä asukasta kohti vuosina 1990–2023[262]

---

261 Anttinen ym. 2024, s. 32. Tilastot THL (2015) ja THL (2023b).
262 Mäkelä – Warpenius 2024, s. 25.

Alkon monopoliaseman vaikutusta kansanterveyteen perustellaan saatavuuden rajoittamisella, myynninvalvonnalla sekä vastuullisen juomakulttuurin edistämisellä. Hallituksen esityksessä uudistetuksi alkoholilaiksi vuodelta 2017 vaihtoehtoisina keinoina alkoholilainsäädännölle mainitaan esimerkiksi veropolitiikka, yleinen hyvinvointi-, sosiaali- ja terveyspolitiikka sekä erilaiset yhteistyömuodot eri yhteiskunnan toimijoiden välillä.[263]

EUT:n *Scotch Whisky Association* -ratkaisussa on todettu erityisesti verotuksen merkitys kulutuksen hillinnässä ja kansanterveyden suojelemisessa.[264] Hallituksen esityksessä vaihtoehtoisia keinoja pidetään kuitenkin vain alkoholilainsäädäntöä täydentävinä keinoina.[265] Kun Alkon osuus alkoholin kokonaismyynnistä on jatkuvasti laskenut, vähittäismyyntimonopolin vaikuttavuutta on perustellusti kyseenalaistettu ja alkoholipolitiikan vapauttamista vaativat puheenvuorot ovat lisääntyneet.

EU-oikeudellisesti ei ole riittävää, että vähittäismyyntimonopolilla tavoitellaan kansanterveydellisiä päämääriä, jos vähittäismyyntimonopolin avulla ei tosiasiassa saavuteta tavoitteita, tai tavoitteet voitaisiin saavuttaa vähemmän kilpailua rajoittavin keinoin. Suhteellisuusperiaate EU:n yleisenä oikeusperiaatteena asettaa raamit vapaata liikkuvuutta rajoittaville toimenpiteille. Kuten aiemmin käsitellystä oikeuskäytännöstä käy ilmi, EUT ei kuitenkaan ole asettanut kriteerejä yleisen edun mukaisen tavoitteen arvioimiselle 37 artiklan yhteydessä.

Järjestelmän on joka tapauksessa kyettävä täyttämään oikeasuhtaisuuden ja välttämättömyyden vaatimukset ollakseen yhteensopiva EU:n sisämarkkinaoikeuden kanssa. Jos vähittäismyyntimonopolia vähemmän kauppaa rajoittavalla toimenpiteellä pystytään saavuttamaan monopolin tavoitteet, tulisi tällaisia keinoja suosia. Alkon monopolin hyväksyttävyyttä onkin tarkasteltava sen kannalta, miten hyvin se onnistuu ehkäisemään alkoholinkulutuksesta aiheutuvia haittoja yhteiskunnalle.

Sen sijaan 36 artiklan mukaiseen kansanterveydelliseen oikeutukseen on EUT:n oikeuskäytännössä kiinnitetty huomiota. Esimerkiksi *Visnapuu*-ratkaisussa EUT:n arvioitavaksi tuli erottelutestin soveltamisen jälkeen, olivatko 36 artiklan piiriin lukeutuvat alkoholilaissa esitetyt lupajärjestelmät oikeutettavissa kyseisen säännöksen perusteella.

Tuomioistuin kiinnitti ratkaisussaan huomiota esimerkiksi siihen, että rajoituksen tulee olla oikeasuhtainen tavoiteltuun päämäärään nähden. Lisäksi vaatimuksena

---

263   HE 100/2017 vp.
264   Asia C333/14 Scotch Whisky Association (2015) ECLI:EU:C:2015:845, kohta 44.
265   HE 100/2017 vp, s. 45.

on, että kansanterveydellistä tavoitetta ei voida saavuttaa vähemmän laajoilla kielloilla tai rajoituksilla. Toisaalta tuomioistuin toteaa, että kansallisen toimenpiteen liittyessä kansanterveyteen on jäsenvaltiolle annettava tavallista enemmän harkintavaltaa liittyen siihen tapaan ja tasoon, jolla kansanterveyttä halutaan suojella.[266]

Kansallisen tuomioistuimen olisi kuitenkin tehtävä lopullinen arvio lupajärjestelmän yhteensopivuudesta 36 artiklan kanssa, sillä tämän olisi helpompi tarkastella toimenpiteiden oikeasuhtaisuutta ja tarpeellisuutta Suomen tilanteessa. Tässä yhteydessä korkein oikeus toteaa[267]:

48. Unionin tuomioistuin on todennut, että sellaisen toimenpiteen oikeasuhteisuuden osalta, jossa on kyse poikkeuksesta tavaroiden vapaata liikkuvuutta koskevaan periaatteeseen, kansallisten viranomaisten on osoitettava, että jäsenvaltion lainsäädäntö on tarpeen esitetyn tavoitteen saavuttamiseksi. Lisäksi on osoitettava, että tätä tavoitetta ei voitaisi saavuttaa kielloin tai rajoituksin, jotka eivät ole yhtä laajoja tai joilla unionin sisäistä kauppaa rajoitetaan vähemmän. Jos kansallinen toimenpide liittyy kansanterveyteen, on kuitenkin otettava huomioon se, että ihmisten terveyden ja hengen suojaaminen on EUT-sopimuksessa suojelluista oikeushyvistä ja intresseistä tärkein ja että jäsenvaltioiden asiana on päättää siitä tasosta, jolla ne aikovat suojella kansanterveyttä, ja siitä tavasta, jolla kyseinen taso on saavutettava. Koska tämä taso voi vaihdella jäsenvaltiosta toiseen, jäsenvaltioille on tältä osin myönnettävä harkintavaltaa.

Scotch Whisky -ratkaisussa käsiteltiin alkoholijuomien hinnan korotusta kansanterveyden perusteella ja tämän toimenpiteen soveltuvuutta suhteessa SEUT 36 artiklaan. Ennakkoratkaisukysymykset koskivat sitä, voidaanko hinnankorotus toteuttaa, mikäli myös muita vaihtoehtoisia keinoja kansanterveyden suojelemiseksi on käytettävissä, sekä sitä, missä määrin kansallisen tuomioistuimen täytyy näyttää toteen toimenpiteen oikeasuhtaisuus.

EUT totesi ratkaisussa, että vähimmäisvaatimuksena jäsenvaltion on kyettävä osoittamaan oikeuttamisperusteidensa tueksi asianmukaiset todisteet tai kyseisen jäsenvaltion toteuttaman rajoittavan toimenpiteen soveltuvuutta ja oikeasuhteisuutta koskeva analyysi. Perusteluja on pystyttävä tukemaan täsmällisillä tiedoilla. Jäsen-

---

266   *Asia C-198/14 Visnapuu (2015) ECLI:EU:C:2015:751, kohdat 115–118.*
267   *KKO 2018:49, kohta 48.*

valtion on myös täytynyt oikeasuhtaisuutta selvittäessään tarkastella keinoja, jotka saattaisivat rajoittaa unionin sisäistä kauppaa ja kilpailua vähemmän.[268]

Yhteenvetona voidaan todeta, että jos Alkon vähittäismyyntimonopolin oikeuttamisperuste tulisi nykypäivänä arvioitavaksi EU-tuomioistuimessa, ei olisi lainkaan selvää, miten *Franzén*-ratkaisun mukaista yleisen edun mukaista tavoitetta arvioitaisiin. Oikeuskäytäntöä 36 artiklan kansanterveydellisestä oikeutuksesta voidaan käyttää lähtökohtana.

Alkon asema perustuu kansanterveyden suojelemiseen, mutta jotta vähittäismyyntimonopolin kilpailua rajoittava vaikutus voidaan oikeuttaa, edellytetään sääntelyltä tarpeellisuutta sekä oikeasuhtaisuutta. Kun alkoholipolitiikkaa on jatkuvasti vapautettu ja Alkon osuus kaikesta alkoholin myynnistä on laskenut, muodostuu kansanterveydellisen tavoitteen toteutumisesta keskeinen kysymys.

---

268   *Asia C-333/14 Scotch Whisky Association (2015) ECLI:EU:C:2015:845, kohdat 50 ja 54.*

7
ALKON MONOPOLI JA ALKOHOLIN
TUKKUMYYNTIMARKKINAT
KILPAILUOIKEUDEN VALOSSA

7.1 Johdanto

Euroopan unionin vahva sitoutuminen aina sen perustamisesta saakka kilpailtujen, avointen markkinoiden edistämiseen on vaikuttanut keskeisesti kilpailuoikeuden roolin kehittymiseen Euroopassa. Vuosikymmenten aikana jäsenvaltiot ovat luopuneet monilla markkinoilla kontrollistaan, laillisista kartelleista ja pienin askelin myös protektionistisesta politiikasta. Näin myös kilpailuoikeuden merkitys on kasvanut.

Sääntelytaloudessa, jossa yhteiskunta vaikuttaa hyödykkeiden hinnanmuodostukseen, kilpailuoikeuden rooli ei voi olla kovin merkittävä. Vapaassa, sääntelemättömässä markkinataloudessa kilpailuoikeudella sen sijaan asetetaan puitteet yritysten käyttäytymiselle markkinoilla.

Kirjoitetun oikeuden ohella taloustieteellä on kilpailuoikeudessa voimakas vaikutus. Ilman talouteen ja markkinoiden toimintaan liittyvien peruskonseptien ymmärrystä kilpailuoikeuden soveltaminen on käytännössä mahdotonta. Kilpailujuristien arkipäivään kuuluukin paitsi taloustieteen peruskysymysten opiskelu, vaativimmissa tapauksissa myös työskentely tiiviisti yhdessä ekonomistien kanssa. Tämä on tarpeellista ennen kaikkea markkinoiden määrittelyyn sekä yritysten markkinavoimaan liittyvissä kysymyksissä, mutta taloustieteellä on merkitystä myös kilpailunrajoitusten hyötyjä ja haittoja arvioitaessa.

Kilpailuoikeus puuttuu markkinavoiman hankkimiseen tai sen käyttöön pääasiassa kolmen tyyppisissä tapauksissa. Ensinnäkin markkinoilla toimivat yritykset voivat pyrkiä hankkimaan markkinavoimaa suhteessa asiakkaisiinsa harjoittamalla yhteistyötä tai koordinoimalla kilpailukäyttäytymistään (kartellit, muu horisontaalinen ja vertikaalinen yhteistyö).

Toiseksi, kun yritys on merkittävässä markkina-asemassa, sitä sääntelevät lisänormit määräävän markkina-aseman väärinkäytöstä. Näillä pyritään varmistamaan kilpailumekanismin toimivuus myös silloin, kun markkinoilla on merkittävässä asemassa olevia toimijoita. Muutoin määräävässä markkina-asemassa oleva yritys voisi yksipuolisesti heikentää hyödykkeidensä hinta–laatusuhdetta taikka sulkea pienempiä kilpailijoitaan markkinoiden ulkopuolelle. Kolmanneksi markkinavoimaa voidaan pyrkiä hankkimaan yrityskaupoilla. Nämä ovat kiellettyjä, jos ne olennaisesti estävät tehokasta kilpailua sisämarkkinoilla tai niiden merkittävällä osalla erityisesti siitä syystä, että luodaan määräävä markkina-asema tai vahvistetaan sitä.

Edellä mainittu on niin sanottu kilpailuoikeuden suppea määritelmä. Kilpailuoikeuteen laajassa merkityksessä kuuluvat myös julkisia yrityksiä koskeva sääntely, valtion tukitoimet, julkisia hankintoja koskeva sääntely sekä sektorikohtainen alasääntely. Näillä lähtökohtaisesti EU:n sekä muista kansainvälisistä sopimuksista seuraavilla säännöksillä pyritään varmistamaan, että valtiot eivät toimillaan puutu markkinoiden toimintaan ja että kilpailu voi toimia.

Markkinavoimalla tarkoitetaan yrityksen kykyä hinnoitella yli kilpailullisen hintatason tai muutoin vaikuttaa kilpailuolosuhteisiin esimerkiksi sulkemalla muita yrityksiä markkinoiden ulkopuolelle. Markkinavoima on elinkeinoelämässä havaittavissa oleva reaalinen ilmiö. Samalla markkinavoima on yksi kilpailuoikeuden taloudellisista ydinkäsitteistä. Yksi tapa kuvata kilpailuoikeuden tehtäviä on todeta, että sillä pyritään puuttumaan haitalliseen markkinavoimaan joko jälkikäteen taikka torjumalla liiallista markkinavoimaa ennakollisesti. Kartelleissa, määräävän aseman väärinkäytössä ja yrityskauppavalvonnassa kaikissa kyse on markkinavoiman kontrolloinnista.

Kartellien ja markkinavoiman väärinkäytön valvonnalla vaikutetaan yritysten markkinakäyttäytymiseen. Yrityskauppavalvonnalla markkinavoimaa säännellään puuttumalla sellaiseen markkinarakenteen keskittymiseen, jonka arvellaan estävän toimivan kilpailun ylläpitämisen. Perinteisesti kartelleja on tarkasteltu taloustieteessä oligopoliteorian ja määräävää markkina-asemaa monopoliteorian avulla. Kilpailupolitiikan vaikeimpiin kysymyksiin kuuluu kannanotto tehokkuuden ja markkinavoiman väliseen suhteeseen. Liiallinen markkinavoima vähentää sekä allokatiivista että dynaamista tehokkuutta. Toisaalta suurempi yrityskoko voi olla välttämätön tehokkuusetujen saavuttamiseksi. Markkinavoimaa ei itsessään voida pitää hyvänä tai pahana, mutta se on oikeudellista sääntelyä vaativa ilmiö.

Aiemmin niin sanottujen julkisesti hoidettujen alojen, kuten energia-, liikenne- ja televiestinnän vapauttaminen on ollut merkittävässä roolissa EU:n kilpailupolitiikassa.

EU:ssa on laajasti katsottu, että näiden sektoreiden vapauttaminen kilpailulle on tärkeää EU:n kilpailukyvyn ja työllisyyden edistämiseksi. Kyseisten sektorien asteittaisella avaamisella on pyritty myös alentamaan palveluiden käyttäjien ja viime kädessä kuluttajien palveluista maksamia kustannuksia ja parantamaan palveluiden ja tuotteiden laatua.

Kilpailun vapauttaminen on kuitenkin kohdannut julkisessa ja poliittisessa keskustelussa myös kritiikkiä. Kansallisella tasolla Suomessa vastaavaa keskustelua käydään Alkon vähittäismyyntimonopolin osalta. Alkon toiminnalla on luvussa 6 esitetyn mukaisesti vaikutuksia tavaroiden vapaaseen liikkuvuuteen EU:n tasolla, mutta myös tästä erotettavissa olevia kilpailullisia vaikutuksia. Vaikutukset eivät rajoitu pelkkään vähittäismyyntitoimintaan, vaan ne ulottuvat kaikille alkoholijuomamarkkinoiden tasoille kuten valmistukseen, maahantuontiin ja tukkumyyntiin.

Kilpailuoikeuden yleinen lähtökohta on suojata kilpailuprosessia vapaassa markkinataloudessa. Taustalla on käsitys, että vapaa markkinatalous on paras talousjärjestelmä luomaan hyvinvointia. Markkinatalouden perusteet nojaavat yritysten vapaaseen kilpailuun. Talouden uskotaan olevan sitä tehokkaampi, mitä vapaammin yritykset saavat kilpailla. Kilpailulainsäädäntö pyrkii osaltaan suojaamaan tätä kilpailuprosessia.[269]

Kilpailua pidetään hyvänä asiana, koska sen katsotaan edistävän tekokkuutta. Allokatiivisella tehokkuudella tarkoitetaan sitä, että resurssit markkinoilla kohdentuvat mahdollisimman tehokkaasti. Kutakin hyödykettä valmistetaan optimaalinen määrä, ja hinnat ovat mahdollisimman lähellä tuotantokustannuksia. Tuotantopanokset allokoituvat tavalla, joka tuottaa taloudellisesti suurimman mahdollisen hyödyn. Allokatiivinen tehokkuus edellyttää, että markkinoilla toimii riittävän suuri joukko myyjiä ja ostajia ja että resurssit voivat vapaasti siirtyä sektorilta toiselle. Taustalla on täydellisen kilpailun teoreettinen malli.

Niin sanotussa Pareto-optimissa yhdenkään oikeussubjektin asemaa ei voida parantaa ilman, että samalla heikennettäisiin jonkun toisen asemaa. Pareto-kriteeri ei kuitenkaan itsessään kerro markkinoiden ohjauksen perusteella saavutetun lopputuloksen – kullekin yksilölle kertyvien varallisuuspositioiden keskinäisen optimoinnin muodostaman kokonaisuuden – sisällöstä.

Samanaikaisesti voi olla olemassa suuri joukko Pareto-optimaalisia ratkaisuja. Pareto-kriteeri ei kerro, mikä vaihtoehdoista tulisi valita, vaan tämä on viime kädessä yhteiskunnallinen valintakysymys. Kriteeri on tässä mielessä arvoneutraali. Kriteerin eetti-

---

269   *Vapaan markkinatalouden vastakohta on talousjärjestelmä, jossa valtiolla ja julkisyhteisöillä on keskeinen rooli tuotteiden ja palveluiden tuotannon suunnittelussa.*

nen perusta on rakennettu suostumuksen varaan. Yksilö, jonka asema uhkaa heikentyä, voi kieltäytyä muutoksesta. Pareto-kriteeri on siinä mielessä konservatiivinen, että se tekee yhteiskunnallisista uudistuksista vaikeasti toteutettavia, koska toimenpiteiden läpivieminen edellyttää myös niiden hyväksyntää, jotka kärsisivät haittaa muutoksesta. Vaihtoehdoksi esitetyn Kaldor–Hicks-säännön mukaan toimenpide on tehokas, jos siitä aiheutuva tulonlisäys on suurempi kuin siitä aiheutuvat menetykset, jolloin on mahdollista kompensoida häviäjille aiheutuvat menetykset. Malli ei edellytä, että korvaus todellisuudessa maksettaisiin. Tätä sääntöä on kritisoitu monimutkaisuudesta ja siitä, että lopputulos voi riippua siitä, miten vertailu suoritetaan ja miten eri tekijöitä painotetaan.

Dynaamisella tehokkuudella tarkoitetaan teknistaloudellista edistystä, talouden jatkuvaa muutosta ja pyrkimystä olemassa olevan tietotaidon lisäämiseen. Lyhyesti sanottuna nämä hyvin pelkistetysti esitetyt mallit pyrkivät kuvaamaan sitä, että kilpailu lisää tehokkuutta.[270]

Kilpailuprosessilla tarkoitetaan tuotannontekijöiden jakautumista kysynnän ja tarjonnan perusteella. Vapaassa markkinataloudessa valtio puuttuu mahdollisimman vähän omilla toimillaan kysynnän ja tarjonnan muotoutumiseen eri markkinoilla, ja kysynnän ja tarjonnan mekanismia pyritään suojaamaan yritysten välisessä toiminnassa markkinoilla. Kilpailuoikeus asettaa siis rajat tavalle, jolla yritykset saavat harjoittaa liiketoimintaa ja tehdä keskenään yhteistyötä. Kilpailuoikeuden tavoitteena on pyrkiä niin lyhyellä kuin pitkälläkin tähtäimellä estämään markkinavoiman hyväksikäyttö, joka vaikuttaisi negatiivisesti taloudellisten resurssien jakautumiseen.

Enenevissä määrin kilpailuoikeuden tavoitteena pidetään myös kuluttajahyvinvoinnin lisäämistä. Kuluttajahyvinvoinnin käsite liittyy vahvasti taloudellisen tehokkuuden käsitteeseen, sillä tehokkaampien markkinoiden ajatellaan hyödyttävän myös kuluttajia.[271] Komissio on todennut, että kilpailupolitiikka "edistää yrittäjyyttä ja tehokkuutta, ja sen ansiosta kuluttajilla on enemmän valinnanvaraa, hinnat ovat edullisempia ja laatu parempaa".[272]

Kilpailun toimivuuden näkökulmasta on usein toivottavaa, että markkinoilla on useita toimijoita yhden tai harvojen toimijoiden sijaan. Tämä saattaa johtaa ajatteluun, että kilpailuoikeudella on suojeltava pieniä yrityksiä suurten yritysten markkinavoimalta. Ensisijainen lähtökohta on kuitenkin tehokkaiden yritysten suojelu – ovat ne sitten

---

270   *Ks. tarkemmin Kuoppamäki 2003, s. 31–38.*

271   *Ks. kuluttajahyvinvoinnin käsitteestä mm. Gerber 2020.*

272   *Euroopan komission verkkosivut, kohta Kilpailupolitiikan tavoitteet.*

pieniä tai suuria.

Suomessa keskeiset kilpailuoikeussäännökset sisältyvät kilpailulakiin (948/2011). Suomen kilpailuoikeus on pitkälti yhdenmukaistettu EU:n kilpailuoikeuden kanssa. Tässä mielessä ei ole perusteltua tehdä merkittävää eroa Suomen ja EU:n kilpailuoikeusjärjestelmien tavoitteiden välillä. Kilpailulain esitöissä viitataan EU:n kilpailuoikeuteen sovellettaessa kansallista kilpailuoikeutta: koska kansallisen lainsäädännön kieltosäännökset on harmonisoitu vastaamaan EU:n kilpailusääntöjä, kaikkiin Suomen alueella vaikuttaviin kilpailunrajoituksiin sovelletaan samanlaisia sääntöjä siitä riippumatta, onko niillä kauppavaikutusta Euroopan unionin tasolla vai ei.[273]

EU:n kilpailuoikeuden kulmakiven muodostavat Euroopan unionin toiminnasta tehdyn sopimuksen (SEUT)[274] 101 ja 102 artiklat sekä EU:n neuvoston hyväksymät kilpailuoikeuden soveltamisesta ja täytäntöönpanosta annetut asetukset. 101 artikla käsittelee erilaisia yhteistyön muotoja yritysten välillä, kun taas 102 artikla sääntelee yritysten yksipuolista toimintaa.

SEUT:n 101(1) artiklassa kielletään sellaiset horisontaaliset ja vertikaaliset sopimukset, yritysten yhteenliittymien päätökset sekä yritysten yhdenmukaistetut menettelytavat, jotka ovat omiaan vaikuttamaan jäsenvaltioiden väliseen kauppaan ja joiden tarkoituksena on estää, rajoittaa tai vääristää kilpailua sisämarkkinoilla tai joista seuraa, että kilpailu estyy, rajoittuu tai vääristyy sisämarkkinoilla.

Poikkeuksena tähän sääntöön 101(3) artiklassa säädetään, että 101(1) artiklassa esitetty kielto ei koske sopimuksia, jotka tehostavat tuotantoa tai tuotteiden jakelua taikka edistävät teknistä tai taloudellista kehitystä jättäen kuluttajille kohtuullisen osuuden näin saatavasta hyödystä. Lisäedellytyksenä on, että kilpailua rajoittavat ehdot ovat välttämättömiä tehokkuustavoitteiden toteuttamiseksi eivätkä anna yrityksille mahdollisuutta poistaa kilpailua merkittävältä osalta kysymyksessä olevia tuotteita.

SEUT 101 artiklan mukainen sopimusten arviointi koostuu näin ollen kahdesta osasta. Ensiksi on arvioitava, onko sopimuksen tarkoituksena rajoittaa kilpailua tai seuraako siitä kilpailun rajoittuminen. Toinen vaihe on tarpeellinen vain, jos vastaus edelliseen kysymykseen on myöntävä. Toisessa vaiheessa selvitetään sopimuksen kilpailua edistävät vaikutukset ja arvioidaan, täyttyvätkö 101(3) artiklan mukaiset poikkeuksen soveltamisen edellytykset. Kilpailua rajoittavista vaikutuksistaan huolimatta horisontaalisetkin sopimukset voivat olla hyväksyttyjä 101(3) artiklan nojalla, mikäli ne

273   HE 88/2010 vp, s. 6.
274   EUVL C 326, 26.10.2012, s. 47 (konsolidoitu toisinto).

kokonaisuutena arvioiden edesauttavat kilpailunormien tavoitteiden saavuttamista. Horisontaalisilla sopimuksilla tarkoitetaan sopimuksia sellaisten yritysten välillä, jotka toimivat samalla tuotanto- tai jakeluportaalla. Ne saattavat parantaa yritysten tehokkuutta, jolloin kustannukset laskevat, tuotteen laatu parantuu tai syntyy kokonaan uusia tuotteita.[275] Vertikaalisilla sopimuksilla tarkoitetaan eri tuotanto- tai jakeluportaalla toimivien yritysten välisiä sopimuksia, esimerkiksi erilaisia hyödykkeen valmistajan ja sen jälleenmyyjän välisiä jakelusopimuksia.

Kaikkein selvimmin 101(1) artiklan vastaisuus ilmenee kartelleissa, joiden selvänä tarkoituksena on kilpailun rajoittaminen kilpailijoiden välillä esimerkiksi hinnoista tai tuotantomääristä sopimalla taikka markkinoita tai asiakkaita jakamalla. Tällaiset rajoitukset vaikuttavat suoraan kilpailumekanismin toimivuuteen ja niillä on siten kielteisiä vaikutuksia markkinoihin. Artiklan 101(3) poikkeuksen soveltaminen näihin horisontaalisiin sopimustyyppeihin on epätavallista.

Kaikkien yritysten välisten sopimusten tarkoituksena ei kuitenkaan ole kilpailun rajoittaminen. Tällöin sopimusta ei kartellien tapaan voida suoralta kädeltä pitää 101(1) artiklan mukaan kiellettynä, vaan sopimuksen todellisten vaikutusten arvioiminen markkinoilla on tarpeen. Arvioinnissa on siis selvitettävä, voiko sopimuksella olla merkittävä kielteinen vaikutus kilpailuun markkinoilla. Tämä tarkoittaa muun muassa vaikutuksia hintoihin, tuotantomääriin, innovaatiotoimintaan taikka tavaroiden tai palvelujen valikoimaan tai laatuun. Vaikutusten arviointi puolestaan edellyttää koko sen taloudellisen kontekstin arviointia, johon sopimus liittyy. Tässä suhteessa merkitystä on sekä sopimuksen luonteella että sopimuspuolten asemalla markkinoilla.

101 artiklan osalta on keskeistä huomioida, että sitä sovelletaan yritysten väliseen yhteistyöhön yleisesti. Näin ollen sen soveltamisen edellytyksenä ei ole yritysten välinen sopimus, vaan kyse voi olla myös esimerkiksi hiljaisesta yhteisymmärryksestä tai "herrasmiessopimuksesta". Käytännössä kilpailun kannalta ongelmallista yritysten välistä yhteistyötä esiintyy helpoiten oligopolistisilla markkinoilla, joilla toimii vain rajattu määrä markkinaa hallitsevia toimijoita. Suomen alkoholijuomien valmistuksen markkinoita voidaan pitää suurimpien toimijoiden markkinaosuuksien valossa tietyissä segmenteissä oligopolistisina, ja kilpailuviranomaiset ovatkin aiemmin puuttuneet toimintaan sektorilla.

SEUT 102 artiklassa ja kilpailulain 7 §:ssä kielletään puolestaan määräävän mark-

---

275 *Komission suuntaviivat 101(3) artiklan soveltamisesta, kohta 33. Ks. EUVL C 101, 27.4.2004, s. 97.*

kina-aseman väärinkäyttö. Määräävä asema voidaan määritellä huomattavaksi määräksi markkinavoimaa. Määräävässä asemassa olevan yrityksen markkinaosuus on selvästi kilpailijoita suurempi (tyypillisesti vähintään 40–45 %), ja yritys nauttii kilpailueduista, jotka antavat sille taloudellista valtaa.

EU:n tuomioistuimen määritelmässä[276] korostetaan, että taloudellisen vallan myötä määräävässä asemassa oleva yritys voi käyttäytyä merkittävässä määrin kilpailijoistaan, asiakkaistaan ja viime kädessä kuluttajista riippumattomasti. Määräävässä asemassa olevan yrityksen riippumattomuuden vastapainona on asiakkaiden riippuvuus ja kilpailijoiden haavoittuvuus. Määräävä markkina-asema itsessään ei ole kielletty, ainoastaan aseman väärinkäyttö suhteessa asiakkaisiin tai kilpailijoihin.

Määräävän aseman todentamisen esikysymyksenä on määriteltävä relevantit hyödyke- ja maantieteelliset markkinat, joilla markkinavoimaa tarkastellaan. SEUT 102 artiklan ja kilpailulain 7 §:n väärinkäyttökiellon esimerkkiluettelossa korostuu markkinavoiman kohtuuttoman hyödyntämisen estäminen suhteessa asiakkaisiin. Käytännössä väärinkäyttövalvonnassa painottuu kuitenkin ennen muuta kilpailuprosessin turvaaminen. Valtaosa EU:n komission ja tuomioistuinten käsittelemistä tapauksista on liittynyt tilanteisiin, joissa markkinoita hallitseva yritys on pyrkinyt estämään kilpailijoiden toimintaa tai sulkemaan kilpailijat kokonaan markkinoiden ulkopuolelle. EU:n tuomioistuimen oikeuskäytännön perusteella määräävän markkina-aseman arvioinnissa otetaan huomioon markkinoiden kilpailurakenne sekä erityisesti määräävässä asemassa olevan yrityksen ja sen kilpailijoiden markkina-asema, olemassa olevien kilpailijoiden toiminnan laajentuminen, potentiaalisten kilpailijoiden markkinoille tulo ja asiakkaiden tasapainottava neuvotteluvoima.[277]

Kilpailulain 4 §:n 2 momentin mukaan määräävällä markkina-asemalla tarkoitetaan yhdellä tai useammalla elinkeinonharjoittajalla taikka elinkeinonharjoittajien yhteenliittymällä olevaa koko maan tai tietyn alueen kattavaa yksinoikeutta tai muuta sellaista määräävä asema tietyillä hyödykemarkkinoilla. Määräävässä markkina-asemassa oleva elinkeinoharjoittaja merkittävästi ohjaa hyödykkeen hintatasoa tai toimitusehtoja taikka vastaavalla muulla tavalla vaikuttaa aktiivisesti kilpailuolosuhteisiin tietyllä tuotanto- tai jakeluportaalla.

Määräävässä asemassa oleva yritys voi ainakin tiettyyn rajaan asti käyttäytyä

---

276   *Määritelmä annettiin ensimmäisen kerran asiassa C-27/76 United Brands v. komissio (1987) ECLI:EU:C:1978:22, Kok. 1978 s. 207.*

277   *Ks. esim. tapaus United Brands.*

kilpailun paineista vapaana. Määräävä asema johtaa yleensä tuotteen ostajien valin-
nanvapauden supistumiseen ja neuvotteluaseman huonontumiseen. Määräävässä
asemassa oleva yritys voi tällöin käyttää asemaansa hyväksi ilman että se ainakaan
välittömästi menettää asemiaan kilpailijoille. Markkinavoimaa on niin merkittävästi, että
yritys saa mahdollisuuden haitata aktuaalisten tai potentiaalisten kilpailijoiden toimin-
taa ja asettaa sopimuskumppaneilleen ehtoja, jotka ovat sille itselleen keskimääräistä
edullisempia.

Kilpailulain 4.2 §:n määräävän markkina-aseman tunnusmerkistössä[278] edelly-
tetään joko mahdollisuutta vaikuttaa hyödykkeen hintatasoon tai mahdollisuutta muulla
tavalla vaikuttaa alan kilpailuolosuhteisiin. Riittävää on siten hinnoittelun vapaus tai muu
vastaava mahdollisuus vaikuttaa kilpailuolosuhteisiin.

Mahdollisuus vaikuttaa hintatasoon tarkoittaa sitä, että määräävässä asemassa
oleva yritys ohjaa hintojen tai niihin vaikuttavien tekijöiden kehitystä muiden yritysten
joutuessa seuraamaan määräävässä asemassa olevan yrityksen päätöksiä. Yritys voi
kannattavasti nostaa hintoja, jos hinnankorotus pidemmällä aikavälillä tarkasteltuna
nostaa yrityksen katetta enemmän kuin yritys hinnankorotuksen seurauksena me-
nettää asiakkaita kilpailijoilleen. Hinnoittelun ohella vaikutusmahdollisuus voi koskea
muitakin keskeisiä toimitusehtoja, esimerkiksi laatutekijöitä tai eri hyödykkeiden
niputtamista yhteen. Edes monopoliyritys ei voi hinnoitella tuotteitaan täysin vapaasti.
Hinnoitteluvapaus on siten venyvä käsite. Kilpailulain 4.2 §:ssä ei edellytä, että yritys
voisi yksinään määrätä hinnoista, vaan riittävää on mahdollisuus olennaisesti vaikuttaa
niiden määräytymiseen. Riittävänä on siis pidettävä suhteellista hinnoitteluvapautta.[279]

Verrattaessa EU-tuomioistuimen SEUT 102 artiklaa koskevaa määritelmää
Suomen kilpailulain 4.2 §:ään havaitaan, että kansallisen kilpailulain määritelmässä
korostetaan mahdollisuutta aktiivisesti vaikuttaa kilpailuolosuhteisiin. EU:n tuomiois-
tuimen määritelmässä taas korostetaan riippumattomuutta. Käytännössä mahdollisuus
aktiivisesti vaikuttaa alan kilpailuolosuhteisiin ja mahdollisuus toimia kilpailun paineista
riippumattomasti ovat saman kolikon kaksi puolta. Sekä kilpailulaissa että 102 artiklas-
sa edellytetään rakenteellista markkinatarkastelua, jota kuitenkin on täydennettävä
yrityksen käyttäytymistä ja markkinatrendejä koskevalla dynaamisella tarkastelulla.
Kummankin säännöksen soveltaminen edellyttää relevanttien hyödykemarkkinoiden ja
maantieteellisten markkinoiden määrittelyä.

---

278   *Ks. tarkemmin Kuoppamäki 2003, s. 242 eteenpäin.*
279   *Ks. esim. Kuoppamäki 2018, s. 201 eteenpäin.*

Määräävä asema voidaan siis määritellä huomattavaksi määräksi markkinavoimaa, jonka turvin yritys voi kannattavasti ylläpitää kilpailullisia hintoja korkeampia hintoja tai kannattavasti rajoittaa tuotantoa tai laatua alle kilpailullisen tason. Määräävässä asemassa oleva elinkeinonharjoittaja voi näin ollen käyttää markkinavoimaansa hyväksi ilman, että se välittömästi ja merkittävästi menettää markkinaosuuttaan kilpailijoille.

Määräävässä asemassa oleva yritys voi haitata kilpailuprosessia myös muilla tavoin, kuten esimerkiksi luomalla markkinoille pääsyn esteitä tai sulkemalla muita yrityksiä markkinoiden ulkopuolelle. Toisaalta pitää tehdä ero niin kutsutun reippaan kilpailun ja väärinkäytön välillä. Myös suorituskilpailulle on ominaista, että osa kilpailijoista sulkeutuu markkinoiden ulkopuolelle. Käytännössä arviointi on sekä rakenteellista että yrityksen käyttäytymiseen liittyvää.

Jotta yrityksen määräävä asema tulee riittävällä tavalla todennetuksi, tarkastelun kohteena olevan yrityksen asemaa ja markkinoita on välttämätöntä tarkastella kokonaisvaltaisesti. Mitään yksittäistä helppoa tapaa määräävän aseman osoittamiseksi ei ole olemassa. On paljon tilanteita, joissa markkinajohtajalla pintapuolisesti tarkastellen näyttää olevan paljon markkinavoimaa, mutta tarkemmin tarkasteltuna asia ei todellisuudessa ole näin. Yritys toimii paljon voimakkaamman kilpailullisen paineen alaisena kuin äkkiseltään voisi olettaa. Toisaalta markkinavoimaa saatetaan aliarvioida. Usein virheratkaisut johtuvat siitä, että päätös tehdään vain yhden "mittarin" perusteella, jollainen ei koskaan voi korvata kattavaa kilpailuanalyysia.

Määräävän markkina-aseman väärinkäyttöä koskeva kielto koskee ensi sijassa yrityksen yksipuolista käyttäytymistä ja vain tietyissä tapauksissa useamman yrityksen toimintaa. Tältä osin 102 artikla eroaa 101 artiklasta, joka puuttuu nimenomaisesti kahden tai useamman yrityksen väliseen yhteistoimintaan. Lisäksi kun 101 artikla koskee kaikkia yrityksiä markkina-asemasta riippumatta, 102 artikla soveltuu vain yrityksiin, jotka ovat määräävässä markkina-asemassa.

Määräävän markkina-aseman väärinkäyttöä on SEUT 102 artiklan ja kilpailulain 7 §:n nojalla *erityisesti:*

1. kohtuuttomien osto- tai myyntihintojen taikka muiden kohtuuttomien kauppaehtojen suora tai välillinen määrääminen;

2. tuotannon, markkinoiden tai teknisen kehityksen rajoittaminen kuluttajien vahingoksi;

3. erilaisten ehtojen soveltaminen eri kauppakumppanien samankaltaisiin

suorituksiin kauppakumppaneita epäedulliseen kilpailuasetelmaan asettavalla tavalla; tai

4.sen asettaminen sopimuksen syntymisen edellytykseksi, että sopimuspuoli hyväksyy lisäsuoritukset, joilla niiden luonteen vuoksi tai kauppatavan mukaan ei ole yhteyttä sopimuksen kohteeseen.

Luettelo ei ole tyhjentävä. Tämä ilmenee toisen lauseen ilmaisusta "erityisesti". Kotimaisen väärinkäyttökiellon tunnusmerkistö on yhdenmukainen perustamissopimuksen 102 artiklan kanssa.

Määräävä markkina-asema itsessään ei ole lähtökohtaisesti kilpailuoikeuden vastainen. Määräävässä markkina-asemassa olevalla yrityksellä on oikeus kilpailla omilla ansioillaan. Tärkeää on, että väärinkäyttö erotetaan normaalista kilpailukäyttäytymisestä. Yritysten tavoitteena on lähtökohtaisesti aina kasvattaa markkinaosuuksiaan myymällä parempia hyödykkeitä ja olemalla tehokkaampia kuin kilpailijansa. Esimerkiksi kilpailijoiden sulkeminen markkinoilta ei ole määräävän markkina-aseman väärinkäyttöä, jos se on seurausta määräävässä markkina-asemassa olevan yrityksen kilpailijoitaan tehokkaammasta toiminnasta.[280]

Määräävässä markkina-asemassa olevalla yrityksellä on kuitenkin velvollisuus huolehtia, että sen toiminta ei haittaa kilpailua markkinoilla. Euroopan unionin tuomioistuin totesi tapauksessa *Michelin*, että yrityksen määräävän aseman toteaminen ei sellaisenaan ole kyseisen yrityksen kannalta syytös vaan merkitsee ainoastaan, että kyseisellä yrityksellä on erityinen velvollisuus olla toiminnallaan rajoittamatta toimivaa kilpailua yhteismarkkinoilla.[281]

Määräävän markkina-aseman väärinkäyttönä pidetään ensinnäkin toimintaa, jolla yritys pyrkii heikentämään kilpailijoidensa mahdollisuuksia toimia markkinoilla tai sulkemaan ne kokonaan markkinoilta. Toisentyyppisenä väärinkäyttönä pidetään toimintaa, jolla ei sinänsä ole välttämättä vaikutuksia markkinoiden rakenteeseen, mutta jolla yritys pyrkii hyötymään vahvasta markkina-asemastaan toimien mielivaltaisesti tai kohtuuttomasti suhteessa asiakkaisiin. Markkinoiden rakenteeseen vaikuttavalla väärinkäytöllä ei ole välttämättä välittömiä vaikutuksia asiakkaiden asemaan. Vaikutukset ilmenevät vasta myöhemmin hyödykkeiden toimittajien määrän vähentymisenä ja tätä

---

280   *Ks. mm. asiat C-209/10 Post Danmark (2012) EU:C:2012:172, kohta 22 ja C-413/14 P Intel (2017) EU:C:2017:632, kohta 134.*

281   *Asia C-322/81 Michelin (1983) EU:C:1983:313, kohta 57.*

kautta kilpailun heikkenemisenä.

Kauppakumppaneihin kohdistuva väärinkäyttö voidaan määritellä perusteetto-maksi tai epäreiluksi menettelyksi niitä kohtaan, jotka ovat riippuvaisia määräävässä asemassa olevasta yrityksestä. Tarkastelussa keskeisellä sijalla on kauppaehtojen kohtuuttomuuden arviointi. Kilpailijoihin kohdistuva väärinkäyttö on menettelyä, jonka tarkoituksena tai seurauksena on määräävässä asemassa olevan yrityksen markkinoilla kohtaaman kilpailun väheneminen. Jaottelu menee limittäin, jos määräävässä asemassa olevan yrityksen asiakas on samaan aikaan sen kilpailija toisilla markkinoilla. Usein väärinkäyttö kohdistuu samanaikaisesti sekä asiakkaisiin että kilpailijoihin.

Kolmantena päätyyppinä voidaan mainita toimenpiteet, joilla määräävässä asemassa oleva yritys pyrkii laajentamaan markkinavoimaansa uusille alueille. Esimerkiksi sitomista voidaan pitää asiakkaan kannalta kohtuuttomana menettelynä, jolla määräävässä asemassa oleva yritys suostuu myymään monopolihyödykettä vain mikäli asiakas ostaa samalla vähemmän halutun ja kilpaillun hyödykkeen. Kilpailijan näkökulmasta kyse on poissuljennasta, jossa monopolihyödykkeen avulla rajoitetaan kilpailua kilpaillun hyödykkeen markkinoilla. Määräävässä asemassa olevan yrityksen itsensä kannalta sitominen on toimenpide, jonka tarkoituksena on laajentaa määräävä asema uusille hyödykemarkkinoille.

Yksinkertaistaen voidaan todeta, että määräävän markkina-aseman väärin-käytön arviointi noudattaa tavallisesti seuraavan tyyppistä nelivaiheista testiä, jossa selvitetään:

- Millä hyödyke- ja maantieteellisillä markkinoilla yritys toimii?
- Onko yritys määräävässä markkina-asemassa määritellyillä markkinoilla?
- Onko yrityksen toiminnan katsottava täyttävän SEUT 102 artiklan mukaiset väärinkäytön kriteerit?
- Onko yrityksellä olemassa kielletylle toiminnalleen hyväksyttävät perusteet suhteessa kilpailua heikentäviin vaikutuksiin?

Suomen alkoholimarkkinoiden kilpailuoikeudelliset haasteet kumpuavat mer-kittävässä määrin Alkon monopoliasemasta vähittäismyynnissä. Tämä monopoli luo esteen kilpailulle, mikä voi vääristää markkinoiden luonnollista toimintaa. Normaalisti kilpailu useiden toimijoiden kesken kannustaisi innovaatioihin, parantaisi tehokkuutta ja laajentaisi kuluttajien valinnanvaraa, mutta Alkon yksinoikeus haittaa tätä markkinoiden luonnollista kehitystä. Koska Alkolla ei ole kilpailijoita, sillä ei ole kilpailuun perustuvaa painetta kehittää palveluitaan, optimoida toimintaansa tai laskea hintojaan. Lisäksi Alkon monopoli ulottuu tukkumyyntiin ja valmistukseen, sillä se toimii monille alkoholituotteille ainoana ostajana. Keskittynyt alkoholijuomien tukkumarkkina aiheuttaa toisaalta ongelmia ilman lakisääteistä monopoliakin.

Alkon asema antaa sille huomattavaa neuvotteluvoimaa. Alkon sanelemat ehdot suosivat usein suuria toimijoita, asettaen pienemmät valmistajat ja uudet toimijat heikompaan asemaan. Alkon vähittäismyyntimonopoli edesauttaakin markkinoiden keskittymistä ja kaventaa kuluttajien valinnanvaraa. Kilpailuoikeuden näkökulmasta Alkon monopoli muodostaa rakenteen, joka rajoittaa vapaata kilpailua ja herättää kysymyksiä siitä, kuinka hyvin kilpailu voidaan turvata pelkästään Alkon toimintaa sääntelemällä.

Kilpailuoikeudellisia haasteita luo myös osin Alkon monopolista seuraava tukkumyynnin, valmistuksen ja maahantuonnin oligopolistinen markkinarakenne. Kun markkinoita hallitsee muutama suuri panimo ja maahantuoja, kilpailu jää rajoitetuksi, ja toimijat voivat helposti ajautua kiellettyyn yhteistyöhön kuten yhdenmukaistettuihin menettelytapoihin. Suomessa onkin nähty tapauksia, joissa suurimpien panimoiden on todettu toimivan kilpailuoikeuden vastaisesti, mikä on saanut kilpailuviranomaiset puuttumaan asiaan.

Oligopolistinen rakenne hankaloittaa myös uusien toimijoiden pääsyä markkinoille. Tämä vahvistaa vakiintuneiden toimijoiden hallitsevaa asemaa, pitää hinnat keinotekoisen korkealla ja kaventaa kuluttajien valinnanvaraa entisestään. Yhdessä Alkon monopoli ja oligopolistiset rakenteet luovat ympäristön, jossa kilpailu on heikentynyt useilla tasoilla, mikä näkyy korkeampina hintoina ja suppeampana valikoimana kuluttajille.

7.2 Kilpailulainsäädännön oikeus- ja taloustieteelliset ulottuvuudet

Kilpailulainsäädännön keskeisenä tavoitteena on siis turvata toimiva kilpailu ehkäisemällä kartellit ja muut kilpailua rajoittavat toimet sekä määräävän markkina-aseman muodostuminen ja väärinkäyttö. Tässä yhteydessä taloustieteelliset menetelmät yhdistyvät oikeudelliseen arviointiin. 1960-luvun lopulta lähtien kilpailuoikeus ja sen soveltaminen ovatkin saaneet yhä enemmän vaikutteita kilpailutaloustieteestä.

Markkinoiden, kilpailun ja yritysten käyttäytymisen hahmottaminen taloustieteellisestä näkökulmasta on tarpeen kilpailuoikeuden soveltamisessa, jotta lainsäädännöllä voidaan saavuttaa sen keskeinen tavoite, hyvinvointia lisäävän kilpailun suojeleminen ja ylläpito. Taloustieteelliset menetelmät perustuvat matemaattisiin malleihin ja tapauskohtaiseen tilastotietoon, kun taas oikeudelliset käsitteet vaativat tarkkarajaisuutta ja ennakoitavuutta niiden ollessa yleisesti sovellettavia. Esimerkiksi oikeudelliselle määräävän markkina-aseman käsitteelle ei ole suoraa vastinetta talousteoriassa. Taloustiede ei tunne tiettyä raja-arvoa, jolloin yritys on määräävässä markkina-asemassa. Kyse on eräänlaisesta jatkumosta täydellisen kilpailun ja monopolin välillä, jolla kaikki toimialat ja yritykset sijaitsevat jossain kohtaa. Yhtymäkohtia oikeustieteen ja taloustieteen välillä voidaan kuitenkin tunnistaa. Useat oikeudelliset käsitteet, joilla markkina-asemaa arvioidaan, kuten mahdollisuus toimia asiakkaista ja kilpailijoista riippumattomalla tavalla, ovat välineitä tai edellytyksiä kyvylle nostaa hintatasoa kilpailullista tasoa korkeammalle.

Tässä kappaleessa käsitellään lyhyesti eräiden kilpailuoikeuden keskeisten käsitteiden, erityisesti markkinavoiman, markkina-aseman sekä relevanttien markkinoiden, sisältöä oikeudellisesta sekä taloustieteellisestä näkökulmasta.

7.2.1 Oikeudellinen ulottuvuus

Kilpailulain 4 §:n mukaan määräävällä markkina-asemalla tarkoitetaan yhdellä tai useammalla elinkeinonharjoittajalla taikka elinkeinonharjoittajien yhteenliittymällä olevaa koko maan tai tietyn alueen kattavaa yksinoikeutta tai muuta sellaista määräävää asemaa tietyillä hyödykemarkkinoilla, joka merkittävästi ohjaa hyödykkeen hintatasoa tai toimitusehtoja taikka vastaavalla muulla tavalla vaikuttaa kilpailuolosuhteisiin tietyllä tuotanto- tai jakeluportaalla.

Määräävällä markkina-asemalla on voimakas kytkös yrityksen markkinavoiman arviointiin. Kuten komission tiedonannossa todetaan, määräävään markkina-asemaan liittyy se, että kilpailupaine ei ole riittävän voimakas ja sen vuoksi kyseisellä yrityksellä on huomattava markkinavoima tietyllä ajanjaksolla. Tällaisessa markkinatilanteessa kuluttajien toimet ja reaktiot eivät juurikaan vaikuta yrityksen toimiin markkinoilla. Määräävä asema on usein seurausta monien eri tekijöiden yhteisvaikutuksesta. Yksikään näistä tekijöistä ei välttämättä yksinään johda määräävään markkina-asemaan.[282]

Ensimmäinen kysymys markkinavoiman ja siitä seuraavan määräävän markki-

---

282   *Komission tiedonanto — Ohjeita komission ensisijaisista täytäntöönpanotavoitteista sovellettaessa EY:n perustamissopimuksen 82 artiklaa yritysten määräävän aseman väärinkäyttöön perustuvaan markkinoiden sulkemiseen (2009/C 45/02), kohdat 9–10.*

na-aseman selvittämisessä on markkinaosuuksien arviointi. Ne kertovat ennen kaikkea markkinoiden rakenteesta sekä markkinoilla olevien yritysten merkityksestä kilpailuolosuhteille. Komissio toteaa tiedonannossa, että sen kokemuksen mukaan määräävä markkina-asema ei ole todennäköinen, jos yrityksen markkinaosuus relevanteilla markkinoilla on alle 40 prosenttia. Mitä suurempi markkinaosuus on ja mitä kauemmin yritys on markkinaosuuden säilyttänyt, sitä todennäköisempiä ovat määräävä markkina-asema sekä se, että markkina-asema mahdollistaa väärinkäytökset markkinoilla.[283]

Määräävän markkina-aseman määrittämisessä keskeisessä asemassa ovat relevanttien hyödyke- ja maantieteellisten markkinoiden tunnistaminen, jotka yhdessä muodostavat relevantit markkinat. Lisäksi tärkeää on relevanteilla markkinoilla toimivien yritysten markkina-aseman määrittäminen sekä kilpailutilanteen arvioiminen, kuten alalle tulon esteiden selvittäminen.

Relevanttien hyödykemarkkinoiden määrittelyssä otetaan huomioon esimerkiksi tuotteiden käyttötarkoitus, ominaisuudet ja hinta. Pääsääntöisesti relevantit hyödykemarkkinat muodostuvat sellaisista tuotteista, joita asiakkaat pitävät toisilleen vaihtoehtoisina. Vastaavasti relevanttien maantieteellisten markkinoiden osalta merkitystä on sillä, miten laajalta alueelta tuotteita voi hankkia. Relevantti maantieteellinen markkina voi olla esimerkiksi Euroopan laajuinen, kansallinen taikka vielä tätäkin alueellisempi.

Tapauksessa *Compagnie Maritime Belge* Euroopan unionin tuomioistuin on katsonut, että 102 artiklassa olevalla ilmaisulla "useampi yritys" tarkoitetaan, että kaksi – tai useampi – oikeudellisesti toisistaan riippumatonta taloudellista kokonaisuutta voivat yhdessä olla määräävässä asemassa edellyttäen, että ne taloudelliselta kannalta katsoen esiintyvät tai toimivat yhdessä tietyillä markkinoilla yhtenä yksikkönä. Keskeistä tuomioistuimen mukaan siis on, että yritykset muodostavat markkinoilla yhteisen yksikön.[284]

Jotta voidaan selvittää, onko kysymys yhteisestä yksiköstä, on tuomioistuimen mukaan tutkittava asianomaisten yritysten välisiä taloudellisia ja muita vuorovaikutussuhteita. Sellaisia ovat esimerkiksi yritysten väliset taloudelliset yhteydet, joiden avulla ne voivat toimia yhdessä kilpailijoistaan, asiakkaistaan ja kuluttajista riippumatta.

Tuomioistuimen mukaan yhteinen määräävä markkina-asema voi perustua

---

283   *Komission tiedonanto – Ohjeita komission ensisijaisista täytäntöönpanotavoitteista sovellettaessa EY:n perustamissopimuksen 82 artiklaa yritysten määräävän aseman väärinkäyttöön perustuvaan markkinoiden sulkemiseen (2009/C 45/02), kohdat 13–15.*

284   *Yhdistetyt asiat C-395/96 P ja C-396/96 P Compagnie Maritime Belge (2000) ECLI:EU:C:2000:132.*

sopimukseen tai muihin oikeudellisiin yhteyksiin. Tämä ei kuitenkaan ole välttämätön edellytys, vaan toteaminen voi perustua myös muihin vuorovaikutussuhteisiin ja riippua sekä taloudellisesta että markkinarakennetta koskevasta arvioinnista.[285] Esimerkiksi Suomen panimoalalla on 2000-luvun alkupuolella todettu suurimpien panimoiden olleen yhteisessä määräävässä markkina-asemassa.[286]

7.2.2 Taloustieteellinen ulottuvuus

Taloustieteessä markkinavoima viittaa yrityksen kykyyn nostaa tuotteidensa tai palveluidensa hintaa kilpailullisen tason yläpuolelle. Mitä korkeammalle hintataso on mahdollista nostaa, sitä enemmän markkinavoimaa yrityksellä on. Monopolimarkkinalla monopolitoimijan markkinavoima on suurin mahdollinen. Toisessa ääripäässä teoreettisella täydellisen kilpailun toimialalla hinta vastaa tuotannon rajakustannuksia, eikä yrityksillä ole lainkaan markkinavoimaa.

Todellisuudessa eri toimialoilla ja markkinoilla yritykset omaavat aina jonkinasteista markkinavoimaa. Monet markkinat ovat oligopolistisia markkinoita, joilla toimii rajallinen joukko yrityksiä, jotka myös tiedostavat päätöstensä vaikutukset kilpailijoihin ja kuluttajiin.

Erilaisia markkinarakenteita on taloustieteessä lukuisia ja niiden hyvinvointivaikutukset eroavat toisistaan. Markkinarakenteiden tarkempi tarkastelu ohitetaan tässä, mutta hyvänä nyrkkisääntönä voidaan pitää sitä, että mitä alhaisempi jokaisen yksittäisen toimijan markkinavoima on, sitä korkeampi yhteiskunnan taloudellinen hyvinvointi on. Tämä on perussyynä sille, että huomattavan markkinavoiman omaavien yritysten toimintaan puututaan kilpailulainsäädännön keinoin. Lisäksi toimialoille, joihin ei markkinaehtoisesti voi syntyä kilpailua, kohdistetaan erityissääntelyä. Jälkimmäisessä on kyse luonnollisista monopoleista, jotka on erotettava muista syistä asetetuista tai syntyneistä monopoleista.

Käytännössä markkinavoiman analysointi on haastavaa. Esimerkiksi kysymys siitä, mikä on oikea vertailukohta, eli kilpailullinen hintataso, on harvoin yksiselitteistä. Esimerkiksi rajakustannusten määrittely eri toimialoilla on hankalaa. Markkinavoimaa voidaan analysoida suoraan esimerkiksi estimoimalla residuaalista kysyntää. Tämän-

---

285   Yhdistetyt asiat C-395/96 P ja C-396/96 P Compagnie Maritime Belge (2000)
        ECLI:EU:C:2000:132, kohta 45.
286   Kilpailuviraston päätös Carlsberg AS / Orkla ASA:n panimoliiketoiminnat, Dnro 573/81/2000,
        2.1.2001.

tyyppiset ekonometriset tekniikat asettavat vaatimuksia tilastoaineiston saatavuudelle ja laadulle. Perinteisesti markkinavoimaa onkin kilpailuoikeudessa tarkasteltu epäsuorasti keskittyen markkinaosuuksiin.

Markkinaosuuksien osalta on syytä muistaa, että markkinaosuudet toisaalta toimivat karkeana arviona yritysten markkinavoimasta, mutta voivat johtaa harhaan esimerkiksi markkinarakenteeseen liittyvistä syistä. Kilpailuviranomaisten soveltamat erilaiset raja-arvot markkinaosuuksille, jonka jälkeen esimerkiksi yrityksen oletetaan omaavan huomattavaa markkinavoimaa, ovatkin enemmän tai vähemmän sattumanvaraisesti valittuja. Niille ei löydy yleisesti päteviä perusteita taloustieteellisestä tutkimuksesta.

Markkinaosuuden lisäksi markkinavoiman epäsuorassa analysoinnissa tulee kiinnittää huomiota ainakin kilpailijoiden suhteelliseen asemaan, alalle tulon edellytyksiin sekä yritysten markkinavoimaa rajoittavaan asiakkaiden neuvotteluvoimaan. Yritysten hinnoittelun vapautta ja tätä kautta kykyä tuottaa voittoa rajoittavat lähinnä kuluttajien halukkuus maksaa tietystä tuotteesta tai palvelusta, kilpailijat sekä uhka uusien kilpailijoiden alalle tulosta.

Koska kilpailullisilla markkinoilla ei ole mahdollista saavuttaa kuin "normaali" voittotaso, yrityksillä on kannuste vaikuttaa tuotteen hintaan muuttamalla tuottamansa hyödykkeen ominaisuuksia. Asiakkaat ovat valmiita maksamaan enemmän vain hyödykkeistä, jotka tuottavat heille enemmän hyötyä. Yritykset voivat siis ansaita suurempia voittoja, jos ne pystyvät tuottamaan hyödykkeitä, jotka vastaavat paremmin asiakkaiden vaatimuksia. Käytännössä tämä tarkoittaa sitä, että kilpailluilla markkinoilla myyjillä on taloudellinen kannuste parantaa tuottamiensa hyödykkeiden laatua.

Yritysten markkinavoimaa rajoittavia tekijöitä ovat esimerkiksi olemassa oleva ylikapasiteetti, matalat alalle tulon kynnykset vaadittavien investointien muodossa yhdessä asiakkaiden alhaisten vaihtokustannusten kanssa sekä keskittynyt ostajakunta. Jos markkinoiden ostajakunta on hyvin keskittynyt, on asiakkailla hyvät mahdollisuudet käyttää tasapainottavaa neuvotteluvoimaa.

Markkinavoimaan liittyvä keskeinen konsepti on relevantit hyödyke- ja maantieteelliset markkinat. Markkinavoimaa ei ole koskaan olemassa epämääräisellä yleisellä tasolla, vaan se liittyy aina tiettyihin relevantteihin markkinoihin. Relevanttien markkinoiden määrittely on paitsi keskeistä, myös usein käytännössä kiistanalaista ja määrittelyllä on monessa tapauksessa suuri vaikutus siihen, millainen kuva toimialan keskittyneisyydestä ja yrityksen markkinavoimasta muodostuu.

Taloudellisessa tarkastelussa relevanttia markkinaa eivät muodosta tuotteet, jotka muistuttavat toisiaan jollain kriteerillä, vaan tuotteet, jotka luovat toisilleen kilpailupainetta. Usein käytetty esimerkki on henkilöautot. Kaikissa on neljä pyörää ja ne kulkevat paikasta A paikkaan B. Tästä huolimatta eri hintaluokkien tai eri autotyyppien tuotteet eivät kilpaile keskenään eivätkä muodosta yksittäistä relevanttia markkinaa. Relevanttien markkinoiden rajauksia pyritään käytännössä lähestymään ns. SSNIP-testin[287] ajattelutavan mukaisesti. Testin voi toteuttaa eri tavoin, joten nimestään huolimatta kyse ei ole tietystä yksittäisestä testistä.

Testin perusajatus on tarkastella sitä, miten kuluttajat tai tuottajat reagoisivat tuotteen tai palvelun hinnan nousuun, toisin sanoen kuinka helposti he siirtyisivät kuluttamaan tai tuottamaan korvaavaa tuotetta, mikäli sellainen olisi olemassa. Testissä oletetaan, että tarkastelun alainen tuote tai palvelu on monopolistin hallussa, ja tarkastellaan sitä, olisiko tämän hypoteettisen monopolistin mahdollista nostaa voitollisesti tuotteen hintaa 5–10 prosenttia tilanteessa, jossa muiden hyödykkeiden hinnat pysyvät ennallaan.

Mikäli tämä on mahdollista, eli hinnannousu on monopolille voitollinen, tuote muodostaa relevantin markkinan ja kilpailu käydään tämän tuotteen valmistajien kesken. Mikäli taas hintojen nostaminen voitollisesti ei ole mahdollista, on se osoitus siitä, että muiden tuotteiden tarjoajat asettavat tuotteen myynnille kilpailullisia rajoitteita. Tässä tapauksessa muut tuotteet ovat substituutteja eli kilpailevia vaihtoehtoja kyseiselle tuotteelle. Tällöin analyysissa siirrytään seuraavalle tasolle: seuraavaksi lähimmät substituutit sisällytetään tuotekoriin ja tarkastellaan uudelleen hypoteettisen monopolistin toimintaa sillä oletuksella, että se olisi näiden tuotteiden ainoa tarjoaja. Relevantit markkinat ovat siis pienin mahdollinen markkinakokonaisuus, joka on teoriassa monopolisoitavissa.

Tiivistettynä määräävän aseman selvittämisessä päästään järkeviin tuloksiin, kun analyysissa kiinnitetään huomiota samanaikaisesti neljään dimensioon[288]:

1. Markkinoiden rakenteellinen tarkastelu – asymmetria, keskittymisaste ja alallepääsyn esteet;
2. Riippumattomuus kilpailun paineista – mahdollisuus hinnoitella yli kilpailullisen hintatason;

---

287 Sanoista *"Small but significant and non-transitory increase in price"*. Suomeksi myös *hypoteettisen monopolin testi*.
288 Ks. yksityiskohtaisesti Kuoppamäki 2003, s. 242–331.

3. Strateginen tarkastelu – yrityksen vaikutusvalta ja
kilpailijoiden haavoittuvuus;
4. Kauppakumppaneiden riippuvuus määräävässä asemassa
olevasta yrityksestä.

Asia voidaan esittää myös kuvan muodossa:

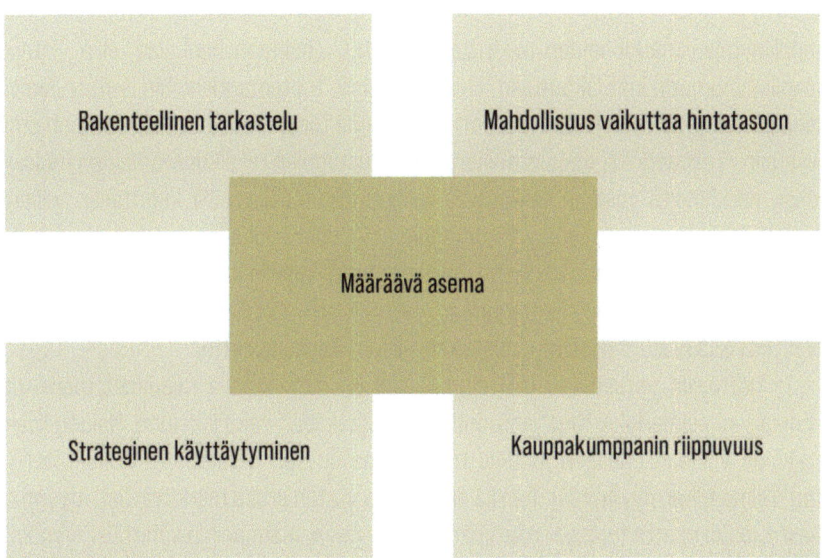

Kuvio 4: Määräävän markkina-aseman arviointi

Määräävän markkina-aseman olemassaoloa tarkastellaan siten neljän toisiaan täydentävän dimension kautta. Määräävää asemaa selvitetään monipuolisesti eri mittareilla. Tärkeimpänä selvityskeinona käytetään rakenteellista tarkastelua eli perinteistä relevanttien hyödyke- ja alueellisten markkinoiden määrittelyä. Luotettavampien johtopäätösten saavuttamiseksi voidaan käyttää apuna ekonometrisiä mittausvälineitä. Mitään taloustieteessä kehitettyä menetelmää ei sinänsä kannata sulkea pois. *Ydin on siinä, että kaikkia neljää mittaamistapaa hyödynnetään rinnakkain.* Lähdetään liikkeelle markkinarakenteesta. Tämän jälkeen tarkastellaan, onko yrityksellä hintavaltaa *(power over price)* ja onko näyttöä siitä, että se on sulkenut kilpailijoita markkinoiden ulkopuolelle. Lisäksi tarkastellaan asiakasnäkökulmasta riippuvuutta ja tasapainottavaa neuvotteluvoimaa. Näistä ensimmäinen tukee johtopäätöstä määräävästä asemasta, kun taas jälkimmäinen on indisio sitä vastaan.

7.3 Alkoholi ja relevantit markkinat

7.3.1 Markkinoiden rakenne ja jakeluketju

Alkoholijuomien markkinoiden määrittely on lähtökohdiltaan hankalaa, sillä ylätason alkoholijuomamarkkinat jakautuvat lukuisiin erillisiin tuotemarkkinoihin, kuten väkeviin alkoholijuomiin, viineihin ja panimotuotteisiin. Nämä tuotteet jakautuvat edelleen omiin alaryhmiinsä esimerkiksi makuprofiilien, valmistustapojen tai alkuperämaiden mukaan. Lisäksi markkinoita voidaan tarkastella hinnan perusteella, sillä kuluttajien valinnat riippuvat usein budjetista ja käyttötarkoituksesta. Esimerkiksi premium-luokan olut ei välttämättä kilpaile suoraan edullisen massatuotetun lagerin kanssa, vaikka molemmat kuuluvat samaan laajempaan kategoriaan. Vastaavasti eri tuoteryhmiin kuuluvat juomat voivat tietyissä olosuhteissa muodostaa toisilleen kilpailupainetta.

Tuotteisiin perustuvan jaottelun lisäksi on huomioitava rajaukset markkinan eri portaisiin, esimerkiksi maahantuontiin, valmistukseen sekä jakeluun. Näiden lisäksi markkinaa voidaan edelleen jaotella myyntikanaviin sen perusteella, kuka tuotteita ostaa. Esimerkiksi myynti ravintoloille anniskelua varten eroaa merkittävästi myyntikanavasta, jonka kautta tuotteet päätyvät päivittäistavarakauppoihin vähittäismyyntiin.

Tämä monitahoinen rakenne vaikeuttaa relevanttien markkinoiden rajaamista, sillä kilpailua voi ilmetä eri tavoin riippuen kuluttajien mieltymyksistä, tuotteen ominaisuuksista ja käyttötilanteista. Tämä tekee yksiselitteisen markkinamäärittelyn lähes mahdottomaksi. Lisäksi markkinan alimmalla portaalla toimiva Alkon vähittäismyyntimonopoli asettaa omat haasteensa arvioinnille sen piiriin kuuluvissa tuotteissa.

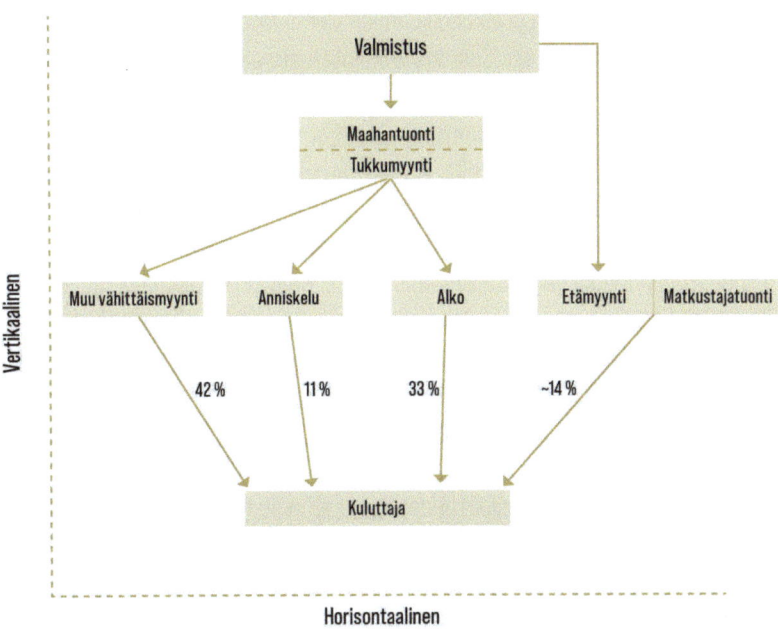

Kuvio 5: Alkoholijuomien jakeluketju Suomessa

Kuviossa 5 on esitetty yksinkertaistettu malli alkoholijuomien markkinoiden jakeluketjun eri portaista ja jakeluketjun toimijoiden välisistä suhteista. Lisäksi kaaviosta ilmenee loppukulutuksen prosentuaaliset osuudet 100-prosenttisena alkoholina jakelukanavittain vuonna 2023.[289] Alkoholijuoma saattaa päätyä kuluttajalle esimerkiksi seuraavaa reittiä: maahantuoja myy ulkomailla valmistetun juoman tukkuliikkeelle, tukkuliike myy juoman Alkolle ja kuluttaja ostaa juoman Alkosta. Käytännössä tukkuliikkeet toimivat monesti myös juoman maahantuojina. Esimerkiksi monet viinit päätyvät Alkon valikoimaan tällä tavalla.

Markkinoiden toimijoille on tyypillistä, että ne toimivat usealla jakeluketjun portaalla samanaikaisesti. Lisäksi markkinalla on kotimaisia sekä ulkomaisia toimijoita, joilla on toimintoja vain joissakin näistä kategorioista, esimerkiksi maahantuonnissa ja

---

289   *Lähde: Valviran valmistus- ja myyntitilastot 2023 ja THL:n alkoholin matkustajatuontia ja verkko-ostamista koskeva tilastoraportti 2023.*

jakelussa. Suurimmat toimijat jakelukanavissa ovat kuitenkin pääasiassa kansallisia toimijoita kuten tukkuliikkeitä ja alkoholijuomien valmistajia. On myös huomionarvoista, että pois lukien viinit, suurin osa Suomessa kulutetusta alkoholista valmistetaan koti-maassa.[290]

Vertikaalisesti eli pystysuunnassa toimijat sijoittuvat kaaviossa ylemmälle tai alemmalle tasolle sen perusteella, miten varhaisessa jakeluketjun vaiheessa ne toimivat. Nuolet toimijoiden välillä kuvaavat erilaisia jakelureittejä. Nuolien ilmaisemien jakelureittien lisäksi myynti voi todellisuudessa kanavoitua esimerkiksi suoraan valmistajalta anniskeluun taikka valmistajalta kuluttajalle. Kaavion kuvaamalla tavalla alkoholijuomien jakeluketju voidaan hahmottaa neliportaisena. Kuluttajat hankkivat juomansa pääsääntöisesti toiseksi alimman portaan toimijoilta. Markkinoiden kilpailullisuuden tarkastelun monimutkaisuutta lisää se, että myös vertikaalisesti eri tasojen toimijat kilpailevat keskenään samoista asiakkaista. Esimerkiksi tukkumyyjät ja valmistajat voivat kilpailla samoista asiakkaista.

Samalle jakeluportaalle sijoittuneet toimijat ovat horisontaalisessa suhteessa toisiinsa. Pääsääntöisesti horisontaalisesti samalla portaalla toimivat yritykset kilpailevat keskenään. Esimerkiksi tukkuliikkeet ja maahantuojat voivat kilpailla keskenään alkoholijuomien myynnissä. Toiseksi alimmalla portaalla Alkon vähittäismyyntimonopoli kuitenkin poistaa kilpailun sen piiriin kuuluvissa tuotekategorioissa. Lisäksi esimerkiksi anniskelun voidaan katsoa kilpailevan muun vähittäismyynnin ja Alkon kanssa jossakin määrin, mutta käytännössä anniskelu muodostaa näistä selvästi erillisen markkinan.

Jokaisessa jakeluportaan vaiheessa esiintyy kilpailua toimijoiden välillä, pois lukien Alkon vähittäismyyntimonopolin piirissä. Esimerkiksi suurimmat valmistajat Hartwall ja Sinebrychoff kilpailevat keskenään valmistuksessa ja tukkuliikkeet tukkumyynnissä. Suuret toimijat ovat kuitenkin vertikaalisesti integroituneita, jolloin sama toimija todellisuudessa kilpailee esimerkiksi valmistuksessa ja tukkumyynnissä samanaikaisesti.

7.3.2 Relevantit markkinat KKV:n ratkaisukäytännössä

Kilpailu- ja kuluttajavirasto (KKV) on päätöskäytännössään ottanut lähtökohdakseen sen, että alkoholijuomien valmistusta, maahantuontia ja jakelua voidaan tarkastella

---

290   *Valviran valmistus- ja myyntitilastot 2024.*

yhtenä kokonaisuutena.[291] Relevantteihin hyödykemarkkinoihin katsotaan kuuluvaksi kaikki sellaiset hyödykkeet, joita asiakkaat pitävät toisiaan korvaavina tai toistensa vaihtoehtoina. Arvioidessaan relevantteja hyödykemarkkinoita KKV ottaa huomioon tuotteiden ominaisuudet, niiden käyttötarkoituksen ja hinnan. Yhtäläiset ominaisuudet ja yhteinen käyttötarkoitus ei kuitenkaan itsessään ole ratkaisevaa, sillä esimerkiksi vahvat tuotemerkit voivat muodostaa erilliset markkinat suhteessa muutoin samankaltaisiin tuotteisiin. Vastaavasti yhtäläiset ominaisuudet ja yhteinen käyttötarkoitus ei ole edellytys erillisten tuotteiden lukemiseksi osaksi samaa hyödykemarkkinaa.[292]

Alkoholijuomien markkinoilla KKV on päätöskäytännössään jaotellut relevantit hyödykemarkkinat kolmeen eri markkinaan jakelukanavan perusteella: vähittäismyyntikanavaan, horeca-myyntikanavaan sekä verovapaan ja matkavähittäismyynnin DFTR-kanavaan. Horeca-myyntikanavan asiakkaisiin kuuluvat ravintolat, hotellit ja catering-alan yritykset, joilla on oikeus tarjoilla alkoholia. Jaottelua on perusteltu esimerkiksi sillä, että tietyn alkoholipitoisuuden ylittävien juomien vähittäismyynti on sallittua vain Alkon monopolin sekä anniskeluluvan saaneiden horeca-kanavan toimijoiden piirissä.[293] Myyntikanavat eroavat toisistaan selkeästi myös siinä, miten myyntiorganisaatiot on järjestetty ja millaisin sopimuksin juomia toimitetaan. Myös komission käytännössä on pääsääntöisesti sovellettu vastaavaa markkinamäärittelyä.[294]

Tilastotietoa vähittäismyyntikanavasta on saatavilla Alkon myyntitilastoista sekä Valviran alkoholinmyyntitilastoista. Horeca-myyntikanavasta julkista tilastotietoa on sen sijaan saatavilla vain Valviran tilastoista. DFTR-myyntikanavan malli eroaa muista kanavista, eikä sen toimintaan keskitytä tarkemmin tässä yhteydessä.

Vähittäismyyntikanavassa kulutukseen myyty alkoholi muodosti vuonna

---

291   *Ks. esim. KKV:n päätös Oy Hartwall Ab / Pernod Ricard Finland Oy, Dnro KKV/ 1152/ 14.00.10/ 2024, 20.12.2024; KKV:n päätös Altia Oyj / Arcus ASA, Dnro KKV/1328/14.00.10/2020, 19.4.2021; KKV:n päätös Royal Unibrew A/S / Solera Beverage Group Holding AS, Dnro KKV/911/14.00.10/2021, 10.9.2021.*

292   *KKV:n ohje "5. Yrityskauppojen arviointi", s. 10.*

293   *KKV:n päätös Oy Hartwall Ab / Pernod Ricard Finland Oy, Dnro KKV/ 1152/ 14.00.10/ 2024, 20.12.2024; KKV:n päätös Altia Oyj / Arcus ASA, Dnro KKV/1328/14.00.10/2020, 19.4.2021; KKV:n päätös Royal Unibrew A/S / Solera Beverage Group Holding AS, Dnro KKV/911/14.00.10/2021, 10.9.2021; Kilpailuviraston päätös Carlsberg AS / Orkla ASA:n panimoliiketoiminnat, Dnro 573/81/2000, 2.1.2001.*

294   *Ks. Komission päätös M.5114 Pernod Ricard / V&S, 17.7.2008, kohdat 15–16, jossa komissio mainitsee yhtenä perusteena valtion monopolit vahvojen alkoholijuomien markkinoilla pohjoismaissa. Ks. myös komission päätös M.10436 – Moët Hennessy / Campari / Class A Tannico Shareholders / Tannico, 20.12.2021, kohta 17.*

2023 87 prosenttia alkoholin tilastoidusta kulutuksesta ja 75 prosenttia alkoholin kokonaiskulutuksesta.[295] Valviran tilastojen mukaan vuonna 2024 noin 60 prosenttia vähittäismyyntikanavassa myydystä alkoholista sataprosenttiseksi alkoholiksi muunnettuna myytiin Alkon monopolin ulkopuolella. Litramääräisesti tarkasteltuna Alkon myynnin osuus vähittäismyyntikanavassa on laskenut jo alle 20 prosenttiin.[296]

Vähittäismyyntikanava on siten jakelukanavista merkittävin. Vähittäismyynnissä suurin osa myynnistä tapahtuu päivittäistavarakauppojen kautta. Alkon vähittäismyyntimonopoli koskee kaikkea käymisteitse valmistetun yli 8,0 tilavuusprosenttia etyylialkoholia sisältävän ja muulla tavoin valmistetun yli 5,5 prosenttia etyylialkoholia sisältävän alkoholijuoman vähittäismyyntiä. Tämä asema tekee Alkosta ainoan mahdollisen ostajan näillä hyödykemarkkinoilla. Muissa markkinan osissa Alko kilpailee suoraan päivittäistavarakauppojen sekä muiden alkoholia myyvien tahojen kanssa.

Horeca-myyntikanavan osuus kulutukseen myydystä alkoholista muodostaa noin kymmenen prosenttia alkoholin kokonaiskulutuksesta.[297] Horeca-myyntikanavalla toimii valmistajien lisäksi lukuisia erikois- ja yleistukkuja, jotka myyvät tuotteita eteenpäin sektorin asiakkaille kuten hotelleille ja ravintoloille. Alkoholituotteiden valmistajat ja maahantuojat myyvät tuotteitaan sekä suoraan loppuasiakkaille omien tukkuliikkeidensä välityksellä että muille yleis- ja erikoistukuille. Alkoholituotteita myyviin yleistukkuihin lukeutuvat esimerkiksi Kesko Oyj:n Kespro sekä S-ryhmän Meira Nova, kun taas erikoistukkuja ovat esimerkiksi PM-Juomatukku, Suomen Alkoholitukku ja Metro-tukku.

Horeca-myyntikanava on ostajapuolella huomattavasti pirstaloituneempi kuin vähittäismyyntikanava. KKV ei kuitenkaan ole käytännössään päätynyt erottelemaan horeca-myyntikanavan eri jakeluportaita toisistaan, vaan on tyytynyt tarkastelemaan valmistusta, maahantuontia sekä tukkumyyntiä yhtenä kokonaisuutena. Päätöksessään tapauksessa *Altia Oyj / Arcus ASA* KKV piti tarkoituksenmukaisena ilmoittajan esittämää myyntikanaviin perustuvaa jaottelua.[298] Myös komissio on esimerkiksi tapauksessa *Moët Hennessy / Campari / Class A Tannico Shareholders / Tannico* määritellyt valmistuksen ja tukkumyynnin osaksi samaa markkinaa.[299]

Jakelukanavien lisäksi relevanttien hyödykemarkkinoiden markkinamäärittelys-

---

295   THL:n tilastoraportti 39/2024 "Alkoholijuomien kulutus 2023"
296   Valviran Jakelutiet-tilasto 2024.
297   THL:n tilastoraportti 39/2024 "Alkoholijuomien kulutus 2023"
298   KKV:n päätös Altia Oyj / Arcus ASA, Dnro KKV/1328/14.00.10/2020, 19.4.2021, kohta 25.
299   Komission päätös M.10436 – Moët Hennessy / Campari / Class A Tannico Shareholders /
       Tannico, 20.12.2021, kohta 18.

sä toinen keskeinen kysymys liittyy juomien jaotteluun tuoteryhmittäin. Alkoholijuomien markkinoilla jaottelun lähtökohtana voidaan pitää tuotteiden ominaispiirteitä, käyttötarkoitusta ja hintaa. Ylimmällä tasolla jaottelu voidaan tehdä väkeviin alkoholijuomiin, viineihin ja alkoholillisiin panimotuotteisiin.

Viimeaikaisessa päätöskäytännössään KKV on soveltanut relevanttien hyödykemarkkinoiden määrittelyyn pääasiassa Alkon tuoteryhmäluokittelun kolmatta tasoa. Kolmannella tasolla esimerkiksi puna-, valko- ja roseeviinit, eri oluttyypit ja long drink -juomat muodostavat omat tuoteryhmänsä. Alkon mukaan kyseinen luokittelu kuvaa kuluttajien ostoskäyttäytymistä parhaiten, sillä tietyn tuotteen ensisijaiseksi vaihtoehdoksi lukeutuu tyypillisesti toinen samaan kolmannen tason tuoteryhmään kuuluva tuote. KKV on esimerkiksi päätöksessään asiassa *Oy Hartwall Ab / Pernod Ricard Finland Oy* hyväksynyt markkinamäärittelyn lähtökohdaksi jaottelun myyntikanaviin ja edelleen Alkon moniportaisen tuoteryhmäluokittelun mukaisiin tuoteryhmiin.[300] Myös komissio on päätöskäytännössään määritellyt alkoholijuomien hyödykemarkkinoita vastaavalla tarkkuudella.[301]

Relevantit maantieteelliset markkinat muodostuvat lähtökohtaisesti niistä maantieteellisistä alueista, joilta asiakkaiden on mahdollista hankkia hyödykettä. Arvioinnissa on otettava huomioon esimerkiksi kilpailuolosuhteiden yhteneväisyys sekä ostajien ja myyjien mahdollisuudet siirtyä uusille alueille. Lisäksi määrittelyssä voidaan ottaa huomioon lukuisia muita seikkoja, kuten kuluttajien mieltymykset, merkittävät hintaerot sekä eroavaisuudet tai esteet jakelukanaviin pääsyssä. Suomen alkoholijuomien markkinoille on ominaista, että suurin osa kulutetuista juomista on myös kotimaassa valmistettu.

Alkoholijuomien maantieteelliset markkinat on tavattu määritellä KKV:n päätöskäytännössä vähittäis- ja horeca-myyntikanavien osalta kansallisiksi.[302] Euroopan komissio on käsitellyt alkoholijuomien maantieteellisten markkinoiden määrittelyä esimerkiksi ratkaisussaan *Guinness / Grand Metropolitan.* Tapauksessa ilmoittajat esittivät viinien ja viinojen valmistuksen sekä tukkumyynnin markkinoiden olevan olennaisesti

---

300   *KKV:n päätös Oy Hartwall Ab / Pernod Ricard Finland Oy, Dnro KKV/ 1152/ 14.00.10/ 2024, 20.12.2024; Ks. myös esim. KKV:n päätös Royal Unibrew A/S / Solera Beverage Group Holding AS, Dnro KKV/911/14.00.10/2021, 10.9.2021.*

301   *Komission päätös M.10436 – Moët Hennessy / Campari / Class A Tannico Shareholders / Tannico, 20.12.2021, kohdat 15-16; Komission päätös M.5114 Pernod Ricard / V&S, 17.7.2008, kohdat 8-10.*

302   *Ks. esim. KKV:n päätös Altia Oyj / Arcus ASA, Dnro KKV/1328/14.00.10/2020, 19.4.2021, kohta 29.*

Euroopan laajuiset. Komissio kuitenkin hylkäsi määrittelyn ja totesi relevanttien maantieteellisten markkinoiden olevan kansalliset. Komissio perusteli määrittelyä esimerkiksi eroilla kulutustottumuksissa, jakeluverkostojen kansallisuudella, verotuksellisilla eroavaisuuksilla ja hintatason eroavaisuuksilla jäsenmaiden välillä. Samalla komissio huomautti, että DFTR-kanavan markkina on todennäköisesti vähintään ETA:n laajuinen, sillä asiakaskunta on kansainvälinen.[303] Myöhemmässä päätöksessään tapauksessa *Moët Hennessy / Campari / Class A Tannico Shareholders / Tannico* komissio ei kuitenkaan poissulje viinien ja viinojen valmistuksen ja tukkumyynnin maantieteellisten markkinoiden määrittelemiseksi ETA:n tasoisiksi, vaan jättää kysymyksen avoimeksi.[304]

7.4 Markkinaosuuksista ja markkinavoimasta Suomen alkoholimarkkinoilla

7.4.1 Markkinaosuudet ja valmistajien asema

Markkinaosuuksia alkoholijuomien markkinoiden eri segmenteissä on arvioitu 2020-luvulla kolmen yrityskaupan yhteydessä.[305] Lisäksi Valvira julkaisee kuukausittaisia alkoholijuomien myyntitietoja, joista selviää tuotesegmenteittäin ylimmällä tasolla jaoteltuna eri alkoholijuomien anniskelu- sekä vähittäismyynti. Vähittäismyynti on jaettu edelleen Alkon myyntiin ja muuhun vähittäismyyntiin. Tilastot sisältävät valmistajien sekä tukkumyyntiluvanhaltijoiden myynnit.

Alkoholijuomien valmistusluvan haltijoita oli vuonna 2023 Suomessa 229.[306] Viimeisimmän tilaston mukaan litramääräisesti eniten myydään olutta, joka muodostaa 67 % kaikesta alkoholijuomien myynnistä ja seuraavaksi eniten juomasekoituksia 14 %:n myynnillä. Miedot viinit muodostavat noin 11 % myynnistä. Väkevien alkoholijuomien osuus alkoholin litramääräisestä kokonaismyynnistä on hieman yli 4 % ja siiderien alle 4 %. Vuonna 2024 alkoholijuomia myytiin yhteensä 512 797 tuhatta litraa. Oluen markkina oli 433 707 tuhatta litraa ja juomasekoitusten 70 787 tuhatta litraa. Vuoteen 2023 verrattuna alkoholin kokonaismyynti laski noin yhdellä prosentilla. Alkoholijuomien

---

303   *Komission päätös – IV/M.938 Guinness / Grand Metropolitan, 15.10.1997, kohdat 24–29. Ks. myös Komission päätös – M.2268 Pernod Ricard / Diageo / Seagram Spirits, 8.5.2001.*

304   *Komission päätös M.10436 – Moët Hennessy / Campari / Class A Tannico Shareholders / Tannico, 20.12.2021, kohta 23.*

305   *Asiat Oy Hartwall Ab / Pernod Ricard Finland Oy, Dnro KKV/ 1152/ 14.00.10/ 2024, 20.12.2024, Royal Unibrew A/S / Solera Beverage Group Holding AS, Dnro KKV/911/14.00.10/2021, 10.9.2021 ja Altia Oyj / Arcus ASA, Dnro KKV/1328/14.00.10/2020, 19.4.2021.*

306   *Valviran uutinen "Alkoholin valmistus ja tilastoitu kulutus laskivat vuonna 2023".*

kokonaismyynnistä juomasekoitusten osuus kasvoi 2 % ja mietojen viinien osuus 0,7 %. Muiden alkoholijuomatyyppien osuus laski.[307] Suomen suurimmat panimoalan valmistajat ovat Oy Hartwall Ab, Olvi Oyj sekä Oy Sinebrychoff Ab. Näistä kaikki valmistavat oluita, siidereitä ja long drink -juomia. Hartwallin tunnetuimpia tuotemerkkejä ovat esimerkiksi Original Long Drink -lonkerot sekä Lapin Kulta ja Heineken -oluet. Sinebrychoffin tuotemerkkeihin kuuluvat esimerkiksi Karhu ja Koff -olutmerkit sekä Koff Long Drink -lonkerot. Olvin tunnettuja olutmerkkejä ovat A.Le Coq ja Sandels, joiden lisäksi Olvi valmistaa esimerkiksi Hard Seltzer -juomasekoituksia. Alkoholijuomien lisäksi panimot valmistavat alkoholittomia juomia. Tunnetuista tuotemerkeistä Suomessa Hartwall valmistaa Pepsi-virvoitusjuomaa ja Sinebrychoff Coca-Colaa. Väkevissä alkoholijuomissa ylivoimaisesti suurin toimija Suomessa on Anora Group Oyj.

Markkinoita tarkasteltaessa korostuu valmistajien ja tukkuliikkeiden korkeat markkinaosuudet. Vähittäismyynnissä esimerkiksi maustamattomissa vodkissa Anoralla arvioidaan olevan 60–70 %:n markkinaosuus. Kun lisätään tähän arvio Hartwallin 20–30 %:n markkinaosuudesta, kaksi suurinta toimijaa näyttävät hallitsevan lähes koko markkinaa. Myös maustetuissa viinoissa Anoran osuus on 70–80 % ja Hartwallin 10–20 %. Juomasekoituksissa Hartwallin osuus on arviolta 40–50 %, Sinebrychoffin 10–20 % ja Olvin 10–20 %. Panimoalan kolmen suurimman toimijan yhteenlaskettu markkinaosuus on siis 60–90 % ja todennäköisesti lähempänä vaihteluvälin yläpäätä. Markkinoiden keskittyminen lienee samassa suuruusluokassa myös esimerkiksi oluissa.

Horeca-kanavassa Hartwallin osuus juomasekoituksista on 60–70 % ja oluista 30–40 %. Vodkissa ja viinoissa Anoran markkinaosuus on noin 60–70 %. Horeca-kanavan markkinaosuuksista on saatavilla vain rajallisesti tietoa, mutta varsinkin juomasekoituksissa ja väkevissä alkoholijuomissa yksittäiset toimijat hallitsevat jopa valtaosaa koko markkinoista omissa tuoteryhmissään.

Panimot toimittavat horeca-kanavaan myös alkoholittomia tuotteita. Horeca-kanavassa virvoitusjuomissa Hartwallin markkinaosuus on noin 40–50 %. Koska Hartwall ja Sinebrychoff valmistavat myös tunnetuimpia virvoitusjuomamerkkejä kuten Pepsiä, Coca-Colaa ja Fantaa, niiden markkinavoima ulottuu myös laajemmille juomatuotteiden markkinoille. Vertailun vuoksi voidaan todeta, että Hartwallin markkinaosuus virvoitusjuomien vähittäismyynnistä on 30–40 %.

Suurimpien valmistajien markkinaosuudet ovat siis horeca-kanavan useimmissa

---

307   *Valviran Jakelutiet-tilasto tammi-joulukuu 2024.*

tuoteryhmissä selvästi korkeammat kuin vähittäismyynnissä. Toisaalta markkinavoima saattaa olla portfoliovaikutusten vuoksi jopa korkeampi kuin markkinaosuudet antaisivat olettaa. Portfoliovaikutuksia tarkastellaan lähemmin luvussa 7.5. Horeca-kanavan pienempikokoisilla asiakkailla on olennaisesti heikommat mahdollisuudet hyödyntää tasapainottavaa neuvotteluvoimaa suhteessa muihin myyntikanaviin. Markkinaosuudet kertovatkin markkinavoiman keskittymisestä entisestään horeca-kanavalla verrattuna vähittäismyyntikanavaan.

Markkinoiden keskittymisen aste herättää kysymyksiä suurien toimijoiden määräävästä markkina-asemasta taikka yhteisestä määräävästä markkina-asemasta. Kilpailuvirasto on 2000-luvun alkupuolella tapauksessa *Carlsberg AS / Orkla ASA:n panimoliiketoiminnat* todennut panimoalalla olleen runsaasti oligopolistiseen (tai yhteiseen) määräävään markkina-asemaan viittaavia piirteitä, jonka seurauksena Hartwallille ja Sinebrychoffille todettiin yhteinen määräävä markkina-asema. Kilpailuvirasto toteaa päätöksessään yhteisestä määräävästä markkina-asemasta ja siihen viittaavista tarjonta- ja kysyntätekijöistä:[308]

Oligopolistinen (tai jaettu) määräävä markkina-asema perustuu kyseisen aseman saavuttaneiden tuottajien kannusteisiin ja mahdollisuuksiin välttää keskinäistä kilpailua sekä muiden markkinaosapuolten heikkoihin mahdollisuuksiin korvata määräävän aseman yritysten keskinäisen kilpailupaineen puutetta. Tällöin määräävän aseman oligopolin jäsenet voivat käyttäytyä markkinoilla yhdenmukaisesti ja kilpailua välttäen sekä toimia muista kilpailijoista ja asiakkaista riippumattomalla tavalla. Yhteinen määräävä asema vastaa yksinomaisen määräävän aseman saavuttaneen yrityksen mahdollisuuksia tällaiseen toimintaan.

Olutmarkkinoilla oligopolistiseen määrävään markkina-asemaan viittaavat seuraavat tarjonta- ja kysyntätekijät. Oluen tarjontaa luonnehtii keskittynyt tuotanto, homogeeniset tuotteet, läpinäkyvät markkinat, tuottajien välinen yhteistyö muun muassa päällysten kierrätyksessä, kypsä tuotantoteknologia, alhainen innovaatioiden aste, tuottajien samankaltaiset kustannusrakenteet, korkeat markkinoille tulon esteet mukaan luettuna valmistukseen ja jakeluun liittyvät korkeat uponneet kustannukset ja vahvat tuotemerkit, eräitä asiak-

---

308   *Kilpailuviraston päätös Carlsberg AS / Orkla ASA:n panimoliiketoiminnat, Dnro 573/81/2000,*
       2.1.2001.

kaita sitovat eksklusiivisuutta sisältävät järjestelyt, järjestelyssä syntyvät taloudelliset siteet johtavien panimoiden välillä sekä se, että oligopolin jäsenet kohtaavat useilla eri markkinoilla.

Markkinarakenteen valossa monet esitetyt huolet ovat edelleen ajankohtaisia. Kilpailuvirasto toteaa mittakaavaetuihin ja laajoihin tuotevalikoimiin viitaten, että "[s] uurten tuottajien markkinavoima on todennäköisesti jopa suurempi kuin markkinaosuuksista voi päätellä". Myös useat yhteiseen määräävään markkina-asemaan viittaavat tarjonta- ja kysyntätekijät ovat edelleen ajankohtaisia. Markkinat ovat jakautuneet tuotesegmenteittäin suurimmille toimijoille, jotka hallinnoivat omilla keskeisillä markkinoillaan tärkeimpiä tuotemerkkejä. Samat toimijat hallitsevat myös useita alkoholittomien juomatuotteiden markkinoita sekä jakelevat ja valmistajat tunnetuimpia ulkomaisia tuotemerkkejä. Laajat tuoteportfoliot vahvistavat suurimpien toimijoiden markkinavoimaa entisestään, ja alalle tulon esteet ovat yleisesti hyvin korkeat.

Ongelmia markkinoiden keskittyminen aiheuttaa niin vähittäis- kuin horeca-myyntikanavassa, mutta erityisesti toimijoille horeca-kanavassa, jossa asiakkailla on vain vähäiset edellytykset tuottajien markkinavoimaa tasapainottavan neuvotteluvoiman käyttöön. Horeca-kanavalla onkin käytössä sopimusmalleja ja -ehtoja, joilla jakelija pyrkii saamaan asiakkaan kaikki tai suurimman osan juomatoimituksista itselleen tekemällä erilaisia kokonaistarjouksia kaikista tuotemerkeistä ja tarjoamalla volyymialennuksia. Volyymialennuksia, vahvoja tuotemerkkejä sekä näistä seuraavia portfoliovaikutuksia tarkastellaan lähemmin luvussa 7.5.

7.4.2 Keskusliikkeiden ja tukkujen asema

Tukkumarkkinat toimivat siltana alkoholituotteiden valmistajien, maahantuojien sekä lopullisten jakelukanavien kuten vähittäismyynnin ja horeca-kanavan välillä. Vuonna 2023 Alkoholin tukkumyyntiluvanhaltijoita oli 545.[309]

Päivittäistavarakauppatoiminta on Suomessa keskittynyttä, ja suuret ketjut ovat integroituneet tukkumarkkinoille. Toisaalta alkoholijuomat ovat keskusliikkeiden yleistukkujen kaikesta myynnistä vain pieni osa. Tukkuportaalla toimii lisäksi valmistajien omat juomatukut sekä joukko alkoholijuomiin erikoistuneita toimijoita, jotka eivät muista toimijoista poiketen ole vertikaalisesti integroituneita jakeluketjun ylemmässä

---

309   *Valviran uutinen "Alkoholin valmistus ja tilastoitu kulutus laskivat vuonna 2023".*

tai alemmassa portaassa. Erikoistukut ovat samalla markkinalla kilpailevista kotimaisista valmistajista osittain riippuvaisia, mutta voivat toisaalta ainakin teoreettisesti osittain korvata ostot kotimaisilta tuottajilta maahantuonnilla.

Tukkuliikkeet voivat jossain määrin tasapainottaa valmistajien markkinavoimaa niin vähittäiskaupassa kuin horeca-kanavassa. Päivittäistavarakauppojen tukuilla on lähtökohtaisesti hyvä neuvotteluasema suhteessa valmistajiin. Keskusliikkeiden suurien markkinaosuuksien vuoksi mietojen juomien valmistajien on saatava tuotteensa myyntiin molempiin johtaviin päivittäistavarakauppoihin. Vastaavasti päivittäistavarakaupat haluavat myytäväkseen mahdollisimman laajan valikoiman erilaisia kuluttajien suosimia alkoholijuomia.

Vaikuttaakin siltä, että markkinoiden keskittyminen valmistajien tasolla ja tästä seuraavat ongelmat horeca-kanavan toimijoille ilmenevät samanlaisina myös tukkumyyntiportaalla. Tukkumyyntiportaalla kilpailua on enemmän kuin valmistajaportaalla, mutta valmistajat ovat joka tapauksessa integroituneet tukkumyyntiportaalle ja voivat hyödyntää vahvaa markkina-asemaansa myös tukkumyynnissä. Kokonaisuudessaan myös tukkumyyntiporras on hyvin keskittynyt ja alalle tulon esteet korkeat. Käytännössä horeca-kanavan toimijat ovat riippuvaisia samoista valmistajatahoista, eikä teoreettinen mahdollisuus kanavoida ostot valmistajien sijaan tukkuportaalle juurikaan rajoita valmistajien markkinavoimaa.

Tukkuliikkeet jakelevat vähittäismyyntimonopolin piiriin kuuluvia tuotteita myös Alkolle. Alkon asema ainoana mahdollisena sopimuskumppanina rajoittaa kuitenkin tehokkaasti ylemmillä jakeluportailla toimivien tahojen mahdollisuuksia hyväksikäyttää määräävää markkina-asemaa. Alko on horeca-sektorin ulkopuolella monopolituotteiden piirissä ainoa mahdollinen sopimuskumppani, ja suurin osa tuotteiden myynnistä tapahtuu juuri Alkon kautta. Toisaalta kuten päivittäistavarakauppojen, myös Alkon on kuluttajien mieltymyksiin vastatakseen välttämätöntä saada suurimpien valmistajien suosituimmat tuotemerkit valikoimaansa.

7.4.3   Alkon toiminta ja vaikutus markkinan rakenteeseen

Monopolituotteissa, eli kaikissa muissa alkoholijuomissa kuin tietyt alkoholipitoisuusrajat alittavissa panimotuotteissa, juomasekoituksissa ja viineissä, Alko on vähittäismyynnissä monopoliasemassa. Tästä seuraa väistämättä kaikki monopolista seuraavat haittavaikutukset, kuten tuotteiden hinnoitteluvoima, kuluttajien mieltymysten heikompi välittyminen markkinoiden kehitykseen sekä laatuvaikutukset, kuten kilpailtua tilannetta vähäisempi tarve välittää esimerkiksi saatavuudesta ja valikoiman koosta. Ylätasolla jaoteltuna viinit muodostavat Alkon litramääräisesti myydyimmän tuoteryhmän. Viinit käsittävät yli 60 prosenttia Alkon kaikesta litramääräisestä myynnistä. Vastaavasti väkevien myynti on hieman yli neljänneksen. Panimotuotteet ja alkoholittomat juomat muodostavat noin kymmenen prosenttia litramääräisestä myynnistä. Viimeisen kymmenen vuoden aikana viinien osuus kokonaismyynnistä on noussut noin viisi prosenttia ja väkevien noin kaksi prosenttia. Vastaavasti panimotuotteiden osuus on laskenut noin seitsemän prosenttia.[310]

Sitä mukaan kuin alkoholin vähittäismyyntiä on vapautettu, Alko on menettänyt suurimman osan myynnistään vapautetuissa kategorioissa. Toisin sanoen Alko ei ole pärjännyt kilpailussa muiden vähittäismyyjien kuten päivittäistavarakauppojen kanssa. Alkolla onkin vain 370 myymälää ympäri Suomen verrattuna yli 4000 muuhun alkoholia vähittäismyyvään liikkeeseen.[311] Alkon liikkeistä vain 8 prosenttia sijaitsee muualla kuin päivittäistavarakaupan yhteydessä.[312]

Esimerkiksi vuoden 2018 alkoholilain kokonaisuudistuksessa, jossa 4,8–5,5 prosenttiset alkoholijuomat ja tislatusta alkoholista valmistetut juomasekoitukset vapautettiin myytäviksi myös Alkon monopolin ulkopuolella, heti uudistuksen jälkeen vuonna 2018 Alkon osuus näiden juomien vähittäismyynnistä laski alle kymmeneen prosenttiin aiemmasta tasosta. Alko siis menetti yli 90 % myynnistään näissä tuotekategorioissa välittömästi uudistuksen tultua voimaan. Vuonna 2024 Alkon osuus enimmillään 5,5 tilavuusprosenttia etyylialkoholia sisältävistä juomasekoituksista oli enää 2,4 prosenttia.[313] Vapautusten yhteydessä myös tuotteiden hinnat ovat laskeneet.[314] Alko ei pystykään kilpailemaan päivittäistavarakauppojen kanssa saatavuudella, tehokkuudella, valikoiman laajuudella taikka hinnalla.

Alkon rooli ei Suomen alkoholimarkkinoiden toimivuuden näkökulmasta rajoitu vain kuluttajiin, vaan sen lainsäädännöllinen monopoliasema vähittäismyynnissä vaikuttaa läpi alkoholimarkkinoiden. Alkoholin osalta monopoliasema vähittäismyynnissä tarkoittaa samalla sitä, että Alko on ainoa mahdollinen ostaja eli niin sanottu monopsoni

---

310 *Alkon vuosikertomukset 2013–2023.*

311 *Alkon verkkosivut, kohta Myymälöiden lukumäärä sekä KKV:n alkoholimarkkinaselvityksen toinen osa "Etukäteisarviointi viinien myynnin mahdollisesta vapauttamisesta" s. 84.*

312 *Alkon verkkosivut, kohta Myymälöiden lukumäärä.*

313 *Valviran valmistus- ja myyntitilastot 2024.*

314 *KKV:n alkoholimarkkinaselvityksen toinen osa "Etukäteisarviointi viinien myynnin mahdollisesta vapauttamisesta" s. 28–34.*

kyseisille yksinoikeustuotteille. Vähittäismyynnin osuus kaikesta viinien ja tisleiden myynnistä Suomessa on niin merkittävä, että käytännössä toimiakseen näiden tuotteiden valmistuksessa, maahantuonnissa tai tukkumyynnissä, on tuotteita kyettävä myymään Alkoon.

Vastapainoksi on todettava, että joiltain osin Alkon neuvotteluvoimaa suhteessa tukkutoimijoihin tai valmistajiin ja maahantuojiin rajoittaa se, että vahvat tuotemerkit esimerkiksi tietyissä tisleissä johtavat siihen, että Alkon on pakko ostaa näitä valikoimaansa. Pääsääntönä kuitenkin Alkon neuvotteluvoima viineissä ja tisleissä on erittäin korkea. Lisäksi Alkon toimintaa rajoittaa luonnollisesti sen toimintaa ja erityisesti syrjimättömyyttä koskeva sääntely.

Suomessa on viitteitä siitä, että Alko toimii tällä hetkellä asemansa vastaisesti ja vaikuttaa muutoinkin merkittävällä tavalla kilpailuun alkoholin valmistuksen, maahantuonnin ja tukkumyynnin markkinoilla. Esimerkiksi tyypillinen Alkon liike on viinien osalta rakennettu niin, että hyllyissä on saman tuottajan viinejä tyypillisesti useammassa rivissä vierekkäin. Näistä merkittävä osa on vain muutaman maahantuojan valikoimasta. Tyypillisen alkoholiliikkeen valikoima on siis lopulta yllättävän suppea. Sama toistuu tisleissä. Tietyt kirkkaan viinan tuotemerkit ovat erittäin vahvasti edustettuina. Tilannetta voidaan pitää ongelmallisena Alkon ostojen yhteydessä käsitellyn syrjimättömyysperiaatteen näkökulmasta. Toisaalta se herättää kysymyksen Alkon viinejä koskevan jakelujärjestelmän tehokkuudesta.

Kun alkoholituotteita on vapautettu myytäväksi päivittäistavarakaupoissa, päivittäistavarakauppojen valikoimien laajuus on nopeasti ylittänyt Alkon vastaavien tuotteiden valikoiman laajuuden.[315] Näin ollen myös suurempi joukko kilpailijoita on saanut tuotteitaan myyntiin. Samaan aikaan pääsy Alkon myymälävalikoimiin ei ole täysin läpinäkyvää. Alkon ostojen kohdistuessa suhteettoman suuressa määrin markkinoita hallitseviin tahoihin tilanne ei ole toivottava alkoholimarkkinoiden laajemman kilpailullisuuden kannalta.

Mikäli nykymuotoinen vähittäismyyntimonopoli halutaan säilyttää, alkoholimarkkinoiden kilpailullisuuden sekä valmistajien, maahantuojien ja tukkumyyjien kilpailun näkökulmasta nykymuotoisen Alkon ostokäytäntöjä tulisikin kehittää. Tyypilliseen alkoholiliikkeeseen vaikuttaisi mahtuvan moninkertaisesti nykyistä laajempi valikoima esimerkiksi viinejä eri tuottajilta ja myyjiltä. Alkon liikkeiden tyypilliset valikoimat viittaa-

---

315   *KKV:n alkoholimarkkinaselvityksen toinen osa "Etukäteisarviointi viinien myynnin*
       mahdollisesta vapauttamisesta", s. 36–38.

vat siihen, että ostokäytäntöjä olisi mahdollista kehittää merkittävästi.

Alkon asemaan tehtävien muutosten ohella erityistä huomiota on kiinnitettävä alkoholin suurimpien maahantuojien, johtavien panimoiden ja muiden keskeisten tukkutoimijoiden asemaan ja käyttäytymiseen markkinoilla. Alkoholimonopolin osalta tehdyillä muutoksilla ei välttämättä ole keskeistä tai ainakaan riittävää vaikutusta, ellei samalla kilpailuvalvontaa uloteta tukkutoimijoihin.

7.5   Portfolio- tai monialavaikutukset

Johtuen tavasta, jolla alkoholijuomien markkinat on Suomessa määritelty, käytännössä jokaisella alan toimijalla on liiketoimintaa näillä toisiinsa läheisesti liittyvillä ja toisiaan täydentävillä markkinoilla. Portfolio- tai monialavaikutuksilla viitataan sellaisiin kilpailuoikeudellisesti ongelmallisiin seurauksiin, joita toiminta useammalla lähekkäisellä markkinalla mahdollistaa. Tällaisia vaikutuksia voidaan kuvata ei-horisontaalisina, ja ne voivat olla joko vertikaalisia tai monialayrityksiin liittyviä. Vaikutukset voivat olla yhteensovittamattomia, jolla viitaan pääasiassa markkinoiden sulkeutumiseen, tai yhteensovitettuja, jolloin kyse on yritysten välisen yhteistyön todennäköisestä lisääntymisestä. Suurin monialayrityksiin liittyvä huolenaihe on markkinoiden sulkeminen.

Monialayritys voi pyrkiä hyödyntämään vahvaa markkina-asemaansa yhdellä markkinalla saadakseen edun myös toisilla markkinoilla, jossa sen markkina-asema on heikompi.[316] Euroopan komission mukaan kilpailunvastaiset vaikutukset ovat kuitenkin epätodennäköisiä, jos toimijan markkinaosuus on kullakin merkityksellisellä markkinalla alle 30 prosenttia.[317]

Yritys voi pyrkiä erityisesti sitomalla tai niputtamalla kasvattamaan markkina-asemaansa myös sellaisilla markkinoilla, joilla sen markkinaosuus on alhaisempi. Sitomisella tarkoitetaan toimintatapaa, jossa määräävässä markkina-asemassa oleva yritys asettaa jonkin tuotteen (sitova tuote) hankkimista koskevan sopimuksen solmimisen ehdoksi, että ostaja hankkii myyjältä myös muita tuotteita (sidottu tuote). SEUT 102 artiklassa ja kilpailulain 7 §:ssä todetaan, että sitomista on "sen asettaminen sopimuksen syntymisen edellytykseksi, että sopimuspuoli hyväksyy lisäsuoritukset, joilla niiden luonteen vuoksi tai kauppatavan mukaan ei ole yhteyttä sopimuksen koh-

---

316   *Ks. esim. Suuntaviivat ei-horisontaalisten sulautumien arvioinnista yrityskeskittymien valvonnasta annetun neuvoston asetuksen nojalla (2008/C 265/07), kohta 93.*

317   *Suuntaviivat ei-horisontaalisten sulautumien arvioinnista yrityskeskittymien valvonnasta annetun neuvoston asetuksen nojalla (2008/C 265/07), kohta 25.*

teeseen".

Niputtamisella puolestaan tarkoitetaan toimintatapaa, jossa useampaa erillistä tuotetta myydään joko vain yhtenä kokonaisuutena, tai vaihtoehtoisesti tuotteita myydään myös yksittäin mutta siten, että yksittäin myytävien tuotteiden yhteenlaskettu hinta on niputettuina myytyjen tuotteiden yhteishintaa korkeampi. Myös useampien erillisten tuotteiden ostamiseen liittyviä alennuksia voidaan tietyin edellytyksin pitää yhtenä niputtamisen muotona.[318]

KKV toteaa yrityskauppojen arviointiin liittyvissä ohjeissaan sitomisesta ja niputtamisesta seuraavasti:[319]

Kilpailunvastaisia vaikutuksia aiheuttava markkinoiden sulkeminen tuotteita sitomalla tai niputtamalla on yleensä todennäköisempää, kun keskittymän tuotteilla on laaja yhteinen asiakaskunta, josta merkittävämpi osa olisi valmis ostamaan tuotteita yhdessä kuin erikseen. Tällä saattaa olla huomattavaa merkitystä yksittäisten tuotteiden kysyntään erityisesti, kun kyseessä ovat toisiaan täydentävät tuotteet.

Kuvaus sopii alkoholijuomien horeca-myyntikanavan markkinoihin. Arvioitaessa niputtamisen tai sitomisen aiheuttamaa markkinoiden sulkeutumista, huomiota voidaan kiinnittää lisäksi esimerkiksi mittakaavaetuihin taikka alan kysyntärakenteeseen suhteessa tarjontaolosuhteisiin. Jotta markkinoiden sulkemista voidaan pitää kilpailunvastaisena, edellytetään myös merkittävää haitallista vaikutusta tehokkaaseen kilpailuun ja sitä kautta haittaa myös asiakkaille tarkasteltavilla markkinoilla.

Komissio on kiinnittänyt päätöksissään erityistä huomiota tuotemerkkien vahvuuteen tilanteissa, joissa jonkin tuotteen katsotaan olevan sellainen, jota on pakko pitää myytävänä esimerkiksi tuotemerkin tunnettuuden ja kuluttajien tottumusten vuoksi *(must stock brands)*. Tällaisten tuotemerkkien hallinta antaa yritykselle merkittävää markkinavoimaa. Tällaista tuotemerkkiä hallitsevalla yrityksellä on yleisesti ottaen parempi mahdollisuus vaikuttaa hintoihin, promootioihin sekä alennuksiin. Yritys voi esimerkiksi implisiittisesti tai eksplisiittisesti uhata toimituksista kieltäytymisellä, sitoa ja niputtaa tuotteita taikka asettaa volyymitavoitteisiin perustuvia alennuksia, joiden

---

318   *Suuntaviivat ei-horisontaalisten sulautumien arvioinnista yrityskeskittymien valvonnasta annetun neuvoston asetuksen nojalla (2008/C 265/07), kohta 96.*

319   *KKV:n ohje "5. Yrityskauppojen arviointi (2022)" s. 25.*

seurauksena kilpailijat voidaan marginalisoida tai sulkea ulos markkinoilta. Komissio on esimerkiksi tapauksessa *Guinness / Grand Metropolitan* todennut portfoliovaikutuksista seuraavasti:[320]

40. Johtavien viinatuotemerkkien haltija saattaa nauttia lukuisista eduista. Erityisesti, haltijan asema suhteessa asiakkaisiin on vahvempi, koska hän voi tarjota valikoiman tuotteita ja siten hallita suurempaa osaa asiakkaan liiketoiminnasta, koska haltijalla on parempi mahdollisuus määrittää hintoja, promootioita ja alennuksia, koska haltijalla on parempi mahdollisuus sitoa tuotteita ja koska haltijan on mahdollista saavuttaa mittakaavaetuja myynnissä ja markkinoinnissa. Viimeiseksi, myös implisiittinen tai eksplisiittinen uhka toimituksista kieltäytymiselle on voimakkaampi.

41. Näiden etujen voimakkuus ja niiden potentiaalinen vaikutus markkinoiden kilpailurakenteeseen riippuvat useasta tekijästä, mukaan lukien: onko portfolionhaltijalla yksi tai useampi johtava tuotemerkki tietyllä markkinalla; eri tuotemerkkien markkinaosuudet, erityisesti suhteessa kilpailijoiden markkinaosuuksiin; yksittäisten markkinoiden, joilla osapuolilla on merkittävät markkinaosuudet ja tuotemerkit, tärkeys suhteessa kaikkiin niihin markkinoihin, jota portfolio kattaa; ja/tai niiden markkinoiden lukumäärä, joilla portfolion haltijalla on johtava tuotemerkki [brand leader or leading brand].

Komissio on arvioinut portfoliovaikutuksia myös esimerkiksi päätöksessään *Pernod Ricard / Diageo / Seagram Spirits*, jossa se totesi laajan tuotevalikoiman yhdistettynä johtaviin tuotemerkkeihin mahdollistavan tuotteiden myynnin yhdessä tavalla, joka edistää myös toissijaisten tuotemerkkien myyntiä. Tämä puolestaan mahdollistaa toissijaisilla tuotemerkeillä kilpailemisen muiden toimijoiden päätuotemerkkejä vastaan esimerkiksi volyymialennuksia hyödyntäen. Komissio toteaa, että vaikka yrityskauppa ei muodosta määräävää markkina-asemaa millekään yksittäiselle markkinalle, portfoliovaikutukset aiheuttavat kilpailuoikeudellisia huolia.[321] Myös kilpailuvirasto on päätöksessään *Carlsberg AS / Orkla ASA:n panimoliiketoiminnat* todennut johtavien

---

320   Komission päätös – IV/M.938 Guinness / Grand Metropolitan, 15.10.1997, kohdat 40–41. Käännös kirjoittajan oma.
321   Komission päätös – M.2268 Pernod Ricard / Diageo / Seagram Spirits, 8.5.2001, kohdat 23–26.

tuotemerkkien hallitsemiseen liittyvät kilpailuvaikutukset:[322]

Johtavilla panimoilla on jakelussaan tuotemerkkejä (kuten "Coca-Cola" ja "Pepsi"), jotka ovat "must"-tuotteita kaupassa ja ravintoloissa. Johtavat panimot voivat näiden tuotemerkkien jakelun ja markkinoinnin yhteydessä helpommin myydä myös muita edustamiaan tuotteita. [...] Lisäksi olut on useimmille vähittäiskaupoille ja ravintoloille välttämätön tuote. Näin ollen panimot voivat käyttää mainittujen tuotteiden avulla hankkimaansa markkinavoimaa helpottaakseen muiden tuotteidensa pääsyä vähittäiskauppoihin ja ravintoloihin.

Tuotteiden sitominen ja niputtaminen sekä muut portfoliovaikutuksiin liittyvät toimintatavat ovat yleisiä, eikä niillä välttämättä ole kilpailunvastaisia vaikutuksia. Sitominen ja niputtaminen voivat mahdollistaa esimerkiksi parempien tuotteiden tai halvempien hintojen tarjoamisen kuluttajille. Keskeistä kilpailunvastaisia seurauksia arvioitaessa onkin selvittää, onko toimintatapa perusteltavissa esimerkiksi tehokkuuseduilla. Kuten 101 artiklankin osalta, myös 102 artiklan vastaista toimintaa arvioidessaan komissio arvioi toiminnan vaikutuksia: Onko määräävässä markkina-asemassa olevan yrityksen toiminta välttämätöntä tai saadaanko sillä aikaan tehokkuusetuja, joiden positiiviset vaikutukset ovat kilpailunvastaisia vaikutuksia suuremmat? Toiminnan välttämättömyyttä arvioidaan määräävässä markkina-asemassa olevan yrityksen ulkopuolisten tekijöiden perusteella. Tehokkuusetujen arvioinnissa ovat puolestaan komission mukaan keskeisiä seuraavat tekijät:

· Tehokkuusedut ovat toteutuneet tai todennäköisesti toteutuvat menettelytavan tuloksena,
· Menettelytavalle ei ole vähemmän kilpailunvastaista vaihtoehtoa,
· Tehokkuusedut ovat kielteisiä vaikutuksia suuremmat,
· Menettelytapa ei hävitä tehokasta kilpailua poistamalla kaikki olemassa olevat todellisen tai mahdollisen kilpailun lähteet tai suurimman osan niistä.

---

322   *Kilpailuviraston päätös Carlsberg AS / Orkla ASA:n panimoliiketoiminnat, Dnro 573/81/2000, 2.1.2001.*

Todistustaakka tehokkuuseduista tai kuluttajan kannalta myönteisistä vaikutuksista on määräävässä asemassa olevalla yrityksellä.[323]

Kilpailuoikeuden näkökulmasta ongelmia eivät aiheuta kustannusperusteiset kannustimet kuten alennusjärjestelyt, joissa hyödykkeiden hinnassa huomioidaan toimittajan sellaiset säästöt, jotka syntyvät esimerkiksi, kun voidaan toimittaa samaa hyödykettä suurempi määrä kerralla *(paljousalennukset, määräalennukset)*. Tällöin kuitenkin alennusjärjestelyjen on oltava läpinäkyviä eli kaikkien asiakkaiden tulee saada vastaavassa tilanteessa kyseinen alennus.

Ongelmalliseksi alennusjärjestelyt muuttuvat, mikäli niillä pyritään sitomaan asiakkaita samaan määräävässä markkina-asemassa olevaan toimittajaan pidemmäksi aikaa *(sitovat alennukset)* tai jos asiakasta kannustetaan ostamaan mahdollisimman suuri osuus esimerkiksi vuotuisista ostoista kyseiseltä toimittajalta *(uskollisuusalennukset)*. Sitovilla alennuksilla voidaan myös pyrkiä sitomaan tuotteita, joiden ostot asiakas muussa tapauksessa hajauttaisi useammalle toimittajalle. Tällaiset alennusjärjestelyt saattavat johtaa käytännössä 102 artiklassa kiellettyyn markkinoiden sulkemiseen.

Hoffman-La Roche -tapauksessa La Roche oli tehnyt useiden asiakkaidensa kanssa alennusjärjestelyitä, jotka olivat riippuvaisia siitä, ostiko asiakas kaikki tai lähes kaikki tuotteensa La Rochelta.[324] Tuomioistuin totesi tapauksessa, että määräävässä markkina-asemassa olevan yrityksen toiminta on 102 artiklan vastaista, jos yritys sitoo ostajia niin, että ne sitoutuvat hankkimaan tai lupaavat hankkia kyseiseltä yritykseltä kaikki tarvitsemansa tuotteet tai huomattavan osan niistä.

Tuomioistuimen mukaan tällaiset yksinomaista hankintaa koskevat sitoumukset vääristävät kilpailua yhteismarkkinoilla, koska sitoumukset eivät perustu mainitun haitan tai edun oikeuttavan taloudellisen vastasuorituksen saantiin, vaan niiden tarkoituksena on poistaa hankintalähteitä koskeva ostajan valinnanmahdollisuus tai rajoittaa sitä sekä estää toisten tuottajien markkinoille pääsy. Toisin kuin paljousalennusten, jotka liittyvät yksinomaan asianomaiselta tuottajalta suoritettujen ostojen määrään, uskollisuusalennusten tarkoituksena on taloudellisia etuja myöntämällä estää asiakkaiden kilpailijoilta tekemät hankinnat. Kuten tuomioistuin ratkaisussaan toteaa, myös paljousalennuksen muotoon kirjoitettu alennus voi todellisuudessa toimia uskollisuusalennuksen tavoin:[325]

---

323   *Komission tiedonanto — Ohjeita komission ensisijaisista täytäntöönpanotavoitteista sovellettaessa EY:n perustamissopimuksen 82 artiklaa yritysten määräävän aseman väärinkäyttöön perustuvaan markkinoiden sulkemiseen (2009/C 45/02), kohdat 29–31.*

324   *Asia C-85/76 Hoffmann-La Roche (1979) ECLI:EU:C:1979:36.*

325   *Asia C-85/76 Hoffmann-La Roche (1979) ECLI:EU:C:1979:36, kohdat 100-101.*

100. Tällainen alennuksen laskemistapa eroaa paljousalennusten myöntämisestä, jotka liittyvät yksinomaan asianomaiselta tuottajalta ostettuihin määriin, sillä riidanalaiset alennukset eivät riipu objektiivisesti määritetyistä määristä, eikä niitä sovelleta kaikkiin mahdollisiin ostajiin, vaan ne riippuvat arvioista, jotka määritetään kussakin tapauksessa kunkin asiakkaan oletetun hankkimiskyvyn mukaan, jolloin tavoitteena ei ole mahdollisimman suuren määrän ostaminen vaan se, että myyjä kattaa mahdollisimman suuren osan ostajan tarpeista.

101. Komissio on näin ollen perustellusti todennut, että mainittuihin sopimuksiin sisältyy uskollisuusalennuksia, jotka ovat määräävän aseman väärinkäyttöä.

Tapauksessa *Michelin* komissio oli katsonut, että Michelin oli käyttänyt määräävää markkina-asemaansa väärin muun muassa linja-autojen ja kuorma-autojen vaihtorenkaiden markkinoilla.[326] Syynä oli muun muassa se, että Michelin oli myöntänyt jakelijoilleen alennuksia riippuen siitä, kuinka paljon jakelija oli myynyt erilaisia Michelin-renkaita edellisen vuoden aikana. Jälleenmyyjä sai alennuksen ainoastaan, jos se ylitti Michelinin määrittelemän myyntitason. Lisäksi Michelinin alennusjärjestelmä oli läpinäkymätön. Tuomioistuin katsoi, että arvioitaessa sitä, onko Michelinin alennusjärjestelmä määräävän aseman väärinkäyttöä, on otettava huomioon "olosuhteet kokonaisuudessaan ja erityisesti alennuksen myöntämistä koskevat kriteerit ja yksityiskohdat". Lisäksi on tutkittava, "annetaanko alennuksella etuja, jotka eivät perustu mihinkään niihin oikeuttavaan taloudelliseen suoritukseen, ja pyritäänkö sillä näin poistamaan ostajalta vapaus hankintalähteiden valintaan tai rajoittamaan tätä vapautta, estämään kilpailijoiden pääsy markkinoille, soveltamaan kauppakumppaneihin erilaisia ehtoja samankaltaisten suoritusten osalta tai lujittamaan määräävää asemaa vääristyneellä kilpailulla".

Olennaiseksi arviointikysymykseksi tavallisesti tulee, onko kyseessä uskollisuusalennus vai hyväksyttävä ja läpinäkyvä paljousalennus. Tiedonannossa komissio toteaa uskollisuus- ja paljousalennusten rajankäynnistä seuraavasti:[327]

---

326 *Asia C-322/81 Michelin (1983) EU:C:1983:313, kohdat 70–74.*
327 *Komission tiedonanto — Ohjeita komission ensisijaisista täytäntöönpanotavoitteista sovellettaessa EY:n perustamissopimuksen 82 artiklaa yritysten määräävän aseman väärin käyttöön perustuvaan markkinoiden sulkemiseen (2009/C 45/02), kohta 45.*

Käyttäessään yksilöllisten alennusten myöntämisen ehtona rajaa – joka perustuu prosenttiosuuteen asiakkaan kokonaistarpeesta tai yksilölliseen volyymitavoitteeseen – määräävässä asemassa oleva toimittaja voi asettaa kyseisen rajan tasolle, joka vaikeuttaa toimittajan vaihtamista ja johtaa näin ollen mahdollisimman suureen asiakasuskollisuuteen. Sen sijaan vakioitu volyymiraja, jolloin alennuksen myöntämisen ehtona oleva raja on sama kaikille asiakkaille tai tietylle asiakasryhmälle, saattaa olla liian korkea eräiden pienempien asiakkaiden kannalta ja/tai liian alhainen suurempien asiakkaiden kannalta, jotta sillä olisi asiakasuskollisuutta vahvistava vaikutus.

Tehokkuusetujen osalta komissio toteaa tiedonannossa, että niiden näyttäminen uskollisuusalennuksissa on vaikeaa: liiketoimeen liittyvät kustannusedut saavutetaan usein pikemminkin vakioiduilla kuin yksilöidyillä volyymitavoitteilla.[328] Vuoden 2022 *Intel* -ratkaisussaan Euroopan unionin yleinen tuomioistuin on vahvistanut vaikutuksiin perustuvan lähestymistavan soveltamisen, joka edellyttää huolellista taloudellista analyysiä, jotta voidaan todeta uskollisuusalennuksien tai sitovien alennuksien olevan luonteeltaan väärinkäytöksiä.[329] Näin ollen pelkkä kiellettyjen alennusten hyödyntäminen sinänsä ei enää riitä väärinkäytöksen toteamiseksi, vaan lisäksi edellytetään todellisten kilpailuvaikutusten osoittamista.

Sitoviin alennuksiin liittyvästä suomalaisesta tapauskäytännöstä voidaan mainita tapaus *Valio III*.[330] Valio sovelsi alennustaulukkoa, jonka perusteella kauppias sai alennusta nestemäisten maitotuotteiden tukkuhinnoista. Alennus laskettiin kuitenkin kaikkien Valion toimittamien tuotteiden keskimääräisen arvon perusteella. Jotta jälleenmyyjä sai alennuksen, sen oli keskitettävä myös muiden kuin nestemäisten maitotuotteiden hankinta Valiolle. Näin alennuksella pyrittiin sitomaan asiakkaita Valioon ja toisaalta estämään pienempiä alalle tulijoita toimittamasta Valion asiakkaille. Koska tapauksessa oli kyse asiakkaiden sitomisen lisäksi tuotteiden sitomisesta, ei myöskään alennuksen kertymisajan pituus vaikuttanut asiassa ratkaisevasti. Kilpailuneuvosto sekä myöhemmin korkein hallinto-oikeus katsoivat Valion menettelyn määräävän markkina-aseman väärinkäytöksi ja langettivat Valiolle viiden miljoonan markan seuraamus-

---

328   *Komission tiedonanto – Ohjeita komission ensisijaisista täytäntöönpanotavoitteista sovellettaessa EY:n perustamissopimuksen 82 artiklaa yritysten määräävän aseman väärinkäyttöön perustuvaan markkinoiden sulkemiseen (2009/C 45/02), kohta 46.*

329   *Asia T-286/09 RENV Intel (2022) ECLI:EU:T:2022:19.*

330   *Kilpailuneuvoston päätös 24.10.1997, 6/359/96, Valio III.*

maksun kilpailunrajoituslain rikkomisesta.[331] Eri alkoholijuomia voidaan pitää toisiaan täydentävinä tuotteina. Horeca-kanavan toimijoiden sekä vähittäismyyjien on pidettävä tarjolla useita erilaisia alkoholijuomia, jotka ovat kuluttajien näkökulmasta toisiaan vähintäänkin heikosti korvaavia tai toisilleen vaihtoehtoisia. Kuten selostetusta komission käytännöstä ja KKV:n ohjeista ilmenee, alkoholijuomien markkinat ovat alttiita portfoliovaikutuksille. Vahvaa tuotemerkkiä hallitseva tai tietyssä tuotesegmentissä määräävässä markkina-asemassa oleva toimija voi kin hyödyntää toiminnassaan kilpailunvastaisia menettelytapoja kuten sitomista, niputtamista tai erilaisia kiellettyjä volyymialennuksia kasvattaakseen myyntiään myös täydentävien tuotteiden markkinoilla.

Portfoliovaikutusten esiintymistä vähittäismyyntikanavassa on Suomen alkoholijuomien markkinoilla kuitenkin pidetty epätodennäköisenä. Alkon monopoli yhdistettynä sen tiukasti kontrolloituihin hankinta- ja valikoimaanottoprosesseihin estävät tehokkaasti portfoliovaikutuksiin perustuvat kilpailunvastaiset vaikutukset Alkon monopolin kattamilla markkinoilla.[332] Kielteisiin portfoliovaikutuksiin liittyvien toimintatapojen esiintyminen myöskään muualla vähittäismyyntikanavassa on epätodennäköistä, kun huomioidaan lainsäädännön asettamat rajoitteet sekä suurten päivittäistavarakauppojen neuvotteluvoima.

Portfoliovaikutukset muodostavat ongelman erityisesti horeca-kanavassa, jossa asiakaskunta on pirstaloituneempi ja asiakkaat pienempiä. Myös horeca-kanavan toimijoille on tyypillistä hajauttaa hankintojaan esimerkiksi valmistajien ja tukkumyyjien välillä, joka toisaalta vähentää yhden toimijan mahdollisuuksia yksipuolisesti sulkea markkinat.[333] Horeca-kanavan pienemmillä toimijoilla ei kuitenkaan ole mainittavaa neuvotteluvoimaa alan suuria jakelijoita vastaan. Seurauksena jakelijoiden on mahdollista hyödyntää sopimussuhteissa kilpailua rajoittavia ehtoja.

Lisäksi tietyt kuluttajien suosimat alkoholijuomat ovat horeca-kanavan toimijoille erityisen tärkeitä. Johtavien tuotemerkkien hallinnasta seuraava huomattava markkinavoima muodostaa jakelijalle mahdollisuuden sekä kannustimen kilpailunvastaiseen toimintaan. Monille horeca-kanavan toimijoille esimerkiksi long drink -juomia tai tiettyjä viinoja voidaan pitää tuotteina, joita on pakko pitää myytävänä. Suurimpien toimijoiden markkinavoima voi kin olla huomattavasti korkeampi kuin markkinaosuuksista voidaan

---

331   *KHO pysytti kilpailuneuvoston ratkaisun. KHO:n tuomio 11.11.1998, KHO 1998:65.*
332   *KKV:n päätös Altia Oyj / Arcus ASA, Dnro KKV/1328/14.00.10/2020, 19.4.2021, alaviite 13.*
333   *KKV:n päätös Altia Oyj / Arcus ASA, Dnro KKV/1328/14.00.10/2020, 19.4.2021, alaviite 13.*

päätellä. Joka tapauksessa vähittäismyyntikanavaa korkeammat markkinaosuudet horeca-kanavassa viittaavat siihen, että kilpailu markkinoilla on rajoittunutta.

Komissio on esimerkiksi päätöksessään *Pernod Ricard / V&S* todennut, että Absolut vodkaa voidaan pitää sen tunnettuuden ja markkinaosuuden valossa tietyillä markkinoilla tuotemerkkinä, jota toimijoiden on pakko pitää myytävänä.[334] Suomessa esimerkiksi Koskenkorva-tuotemerkki sekä johtavat lonkerotuotemerkit ovat vastaavassa asemassa. Alkoholijuomien markkinoilla esiintyviä portfoliovaikutuksia arvioitaessa on tärkeää huomioida, että usein yksittäiselle toimijalle on helpointa hankkia kaikki taikka suuri osa juomista yhdeltä ja samalta toimittajalta. Kuitenkaan tätä ei voida pitää perusteluna toimintatavalle, jossa eksklusiivisuutta sisältäviä sopimusehtoja hyödyntäen pyritään tekemään valinta asiakkaan puolesta.

---

334   *Komission päätös M.5114 Pernod Ricard / V&S, 17.7.2008, kohta 114.*

8
KESKEISTEN VERROKKIMAIDEN
TILANTEEN TARKASTELU

8.1 Ruotsi

Yleistä. Ruotsin alkoholipolitiikka on yksi Euroopan tiukimmista ja muotoutunut pitkän historian saatossa. Alkoholipolitiikan keskeisenä osana toimii valtion omistama alkoholimonopoli, Systembolaget Aktiebolag (myöhempänä **"Systembolaget"**). Monopolijärjestelmä perustettiin vuonna 1955, kun aiempi viinakortti-järjestelmä (motbok) lakkautettiin, ja 41 paikallista alkoholimonopolia yhdistettiin yhdeksi kansalliseksi valtion omistamaksi yritykseksi.[335] Viinakortti-järjestelmässä alkoholijuomien myyntiä valvottiin yksilöllisesti kullekin ostoluvan saaneelle henkilölle myönnetyn lipukkeen avulla. Ostettavan alkoholin määrä perustui muun muassa sukupuoleen, tuloihin ja sosiaaliseen asemaan, minkä seurauksena naiset ja pienituloiset saivat vähemmän tai eivät ollenkaan alkoholia.[336] Uuden, vuodesta 1955 vuodesta voimassa olleen monopolijärjestelmän tavoitteena on ollut rajoittaa alkoholin saatavuutta ja sitä kautta vähentää alkoholin kokonaiskulutusta. Moraalisen ja yksilöllisen valvonnan sijaan on monopolijärjestelmä siirtynyt modernimpaan yhteiskunnallisempaan suuntaan.

Ruotsissa alkoholia ei nähdä pelkästään yksilön valintana, vaan laajemmin yhteiskunnallisena kysymyksenä, jolla on vaikutuksia perheisiin, työyhteisöihin ja kansakunnan hyvinvointiin.[337] Myös arvioidut taloudelliset kustannukset ovat yhteiskunnalle

---

335   *Systembolaget Historia -verkkosivut.*
336   *Systembolaget Historia -verkkosivut.*
337   *Folkhälsomyndigheten- ja Socialstyrelsen-verkkosivut sekä Centralförbundet för alcohol- och narkotikaupplysning:in raportti "Alkoholkonsumtionen i Sverige 2001–2021", s. 17–18,19 20 ja 43–44.*

suuret.[338] Tämä näkyy myös Systembolagetin visiossa, jonka mukaan tavoitteena on yhteiskunta, jossa alkoholijuomia voidaan nauttia ilman, että ihminen tai ympäristö kärsii vahinkoa.[339] Vaikka Ruotsin alkoholipolitiikka on ollut vuosikymmenien yksi Euroopan tiukimmista, ei kuitenkaan kokonaiskulutuksen osalta ole havaittavissa suuria eroja Suomen ja Ruotsin välillä.[340] Systembolagetin tuottamien kyselyjen perusteella ruotsalaiset ovat tyytyväisiä nykyiseen monopolijärjestelmään, ja kyselyjen perusteella kolme neljästä ruotsalaisesta kannattaa monopolia.[341]

Lainsäädäntö. Ruotsissa keskeinen alkoholia sääntelevä yleislaki on Alkohollagen (Alkoholilaki)[342]. Alkoholilain mukaan väkevien alkoholijuomien, viinin, väkevän oluen sekä muiden käymisteitse valmistettujen alkoholijuomien vähittäismyyntiä varten on perustettava osakeyhtiö (Systembolaget), joka on luotu nimenomaan tätä tarkoitusta varten. Valtio omistaa yhtiön kokonaan.[343] Vain Systembolagetila on oikeus yli 3,5 % sisältävien alkoholijuomien vähittäismyyntiin Ruotsissa.[344]

Tarkemmin Systembolagetin toiminnasta säännellään Systembolagetin ja Ruotsin valtion välisellä sopimuksella.[345] Sopimuksessa ei kuitenkaan säännellä yksityiskohtaisesti Systembolagetin myymälöiden aukioloajoista, vaan myymälöiden aukioloajat ovat Systembolagetin itse päätettävissä. Aukioloaikojen täytyy kuitenkin olla eduskunnan päättämien suuntaviivojen mukaisia.[346] Aukioloajat voivat siis vaihdella myymäläkohtaisesti. Yleisesti myymälät ovat auki arkisin kello 10.00–20.00 ja lauantaisin kello 10.00–16.00. Myymälät ovat kokonaan kiinni sunnuntaisin ja useimpina virallisina pyhäpäivinä. Aukioloajat ovat pitkälti samat Suomen Alkon kanssa.

Ikärajojen osalta Ruotsissa ollaan useita muita maita tiukempia. Alkoholilain mukaan alkoholijuomia, eli yli 3,5-prosenttisia alkoholijuomia ei saa myydä tai luovuttaa alle 20-vuotiaille. Mietojen, alle 3,5-prosenttisten "kansanoluiden" osalta ikäraja on 18 vuotta.[347] Toisaalta Ruotsissa on valittu Norjaa suvaitsevampi linja mainonnan osalta.

338   Rambollin teettämän tutkimuksen mukaan alkoholin kustanti 103 miljardia kruunua yhteiskunnalle vuonna 2017. Katso lisää Om Systembolaget -verkkosivuilta, kohta Alkoholens Kostnader.
339   Systembolagetin verkkosivut.
340   Ks. Esim. WHO:n verkkosivut, kohta Alcohol, recorded per capita (15+) consumption (in litres of pure alcohol), three-year average.
341   Systembolagetin sivut.
342   Alkohollagen 2010:1622.
343   Alkohollagen 2010:1622, 5 luku. 1 §.
344   Alkohollagen 2010:1622, 5 luku. 1 §.
345   Tillkännagivande (2019:552) av avtal mellan Systembolaget Aktiebolag och staten.
346   Tillkännagivande (2019:552) av avtal mellan Systembolaget Aktiebolag och staten, 11 §.
347   Alkohollagen 2010:1622, 3 luku, 7 §.

Mainonta on sallittua, mutta mainonnassa on noudatettava erityistä kohtuutta. Mainonta tai muu myynninedistämistoiminta ei saa olla tungettelevaa, houkuttelevaa tai alkoholin kulutukseen rohkaisevaa. Kaikki lapsiin tai alle 25-vuotiaisiin kohdistuva mainonta on kiellettyä. Erityisiä sääntöjä liittyy myös digitaaliseen mainontaan ja radiomainontaan.[348]

Hankintamenettelystä. Systembolagetin juomavalikoima sisältää yli 25 000 tuotetta. Myymälöitä on 452 kappaletta, joka on huomattavasti enemmän Suomen Alkoon (372) ja Norjan Vinmonopoletiin (348) verrattuna.[349] Systembolagetin tuotevalikoima koostuu pysyvästä valikoimasta ja useista erityyppisistä tilapäisistä erikoistuotevalikoimista[350]. Erikoistuotevalikoimat eroavat toisistaan esimerkiksi koon ja vaihtuvuuden perusteella.

Jokaiselle juomakategorialle tehdään vuosittaiset strategiat, jotka ohjaavat hankintoja ja valikoiman kehittämistä. Strategioiden avulla Systembolaget muodostaa lanseeraussuunnitelman, jossa määritellään, millaisia juomia halutaan lisätä pysyvään valikoimaan. Lanseeraussuunnitelman perusteella Systembolaget ilmoittaa juomatoimittajille tulevista juomatarpeista ja -toiveista, jotta toimittajat voivat arvioida kykynsä tarjota tuotteita. Juomatoimittajien jättämien tarjousten perusteella Systembolaget arvioi tarkemmat kriteerit halutuille juomille ja karsii tarjouksia näiden kriteerien perusteella. Kriteerit voivat liittyä esimerkiksi juoman alkuperään (maa tai viinialue), maku- ja aromiprofiiliin (esim. hedelmäisyys, makeus), ulkonäköön ja pakkaukseen (esim. pullon tai pakkauksen design) sekä alkoholipitoisuuteen.

Parhaimmista tarjouksista pyydetään tämän jälkeen näytteet, jotka etenevät aistinvaraisiin testeihin. Testien jälkeen ainoastaan laadukkaimmat tuotteet valitaan valikoimaan. Juoma ei siis suoraan päädy valikoimaan, vaikka se täyttäisikin lanseeraussuunnitelmassa asetetut kriteerit. Toisaalta suuren suosion saanut tuote tilausvalikoimasta voidaan lisätä perusvalikoimaan tarpeeksi suuren myynnin perusteella. Suosittuja erikoisvalikoimassa olevia tuotteita voidaan myös alkaa tarjoamaan ainoastaan Systembolagetin verkkosivuilla, jotta kaikilla olisi samat mahdollisuudet ostaa suosittuja tuotteita.[351] Kyseessä voisi olla esimerkiksi paikallisesti valmistetut pienpanimo- ja erikoisoluet.

---

348   *Alkohollagen 2010:1622, 7 luku, 1–4 §.*
349   *Systembolagetin tilinpäätös 2023, s. 3, Vinmonopoletin tilinpäätös 2023, s. 8 ja Alkon*
      vuosikertomus 2023, s. 3.
350   *Erikoisvalikoiman tuotteilla voi myös olla valikoiman sisäisiä vaatimuksia, kuten esimerkiksi*
      paikallisesti tuotettujen juomien enimmäisetäisyys myymälästä.
351   *Systembolagetin verkkosivut, kohta Ett stort sortiment från hela världen.*

Tärkeä vaihe uuden tuotteen lanseerauksessa on laadunvalvonta ennen lanseerausta ja lanseerauksen jälkeen. Tämän avulla Systembolaget voi olla varma, että valikoimaan päätyvä tuote vastaa aistinvaraisten testien läpäissyttä näytettä ja että kuluttajille tarjotaan tasalaatuisia tuotteita koko myyntikauden ajan.[352]

Systembolagetin ja Ruotsin valtion välinen sopimus asettaa tietyt vaatimukset Systembolagetin valikoimalle. Sopimuksen mukaan Systembolagetin tuotevalikoima on oltava sellainen, ettei kotimaisia tuotteita suosita. Valikoima voidaan muodostaa vain tuotteen laadun, tuotteen erityisten haittavaikutusriskien, asiakaskysynnän ja muiden liiketoiminnallisten syiden perusteella.[353] Kaikkia toimijoita on myös kohdeltava tasapuolisesti ja hankintojen on perustuttava objektiivisuuteen, avoimuuteen ja oikeudenmukaiseen kohteluun.[354] Jos hankintapäätökseen ei olla tyytyväisiä, voidaan Systembolagetin hankintapäätöksestä valittaa riippumattomalle Alkoholsirtimentsnämndenille (valtiovarainministeriön alainen virasto).[355]

8.2 Norja

Yleistä. Norjan nykyinen alkoholipolitiikka on varsin tiukka. Sen juuret ulottuvat 1800-luvulle, jolloin Norjassa esiintyi vakavia alkoholin väärinkäyttöön liittyviä ongelmia. Tämän seurauksena alkoholin myyntiä alettiin rajoittaa, ja vuonna 1921 kansanäänestyksessä päätettiin jopa kieltää alkoholin myynti kokonaan. Kieltoa kuitenkin lievennettiin jo seuraavana vuonna viinin ja väkevien alkoholijuomien osalta ja valtion monopoli, AS Vinmonopolet (myöhempänä **"Vinmonopolet"**), perustettiin.[356]

Norjan tiukan alkoholipolitiikan keskeisimpänä tarkoituksena on ehkäistä alkoholinkäytöstä aiheutuvia sosiaalisia ja yksilöllisiä haittoja. Tarkoituksena on myös rajoittaa alkoholijuomien kulutusta, mikä on ollut monopolijärjestelmän alusta asti sen ensisijainen tavoite.[357] Osana tätä politiikkaa sisältyy myös sääntelyä alkoholijuomien myynnin ikärajoista; alkoholijuomien ostamisen ja myymisen yleinen ikäraja on Norjassa 18 vuotta. Poikkeuksena ovat alkoholijuomat, jotka sisältävät 22–60 % alkoholia. Tällaisten juomien ostaminen ja myyminen edellyttää vähintään 20 vuoden ikää. Lisäksi

---

352   *Systembolagetin verkkosivut, kohta Ett stort sortiment från hela världen.*
353   *Tillkännagivande (2019:552) av avtal mellan Systembolaget Aktiebolag och staten, 4 §.*
354   *Tillkännagivande (2019:552) av avtal mellan Systembolaget Aktiebolag och staten, 7 § ja 15 §.*
355   *Systembolagetin verkkosivut, kohta Vår inköprsprocess*
356   *Lai ym. 2013, s. 1.*
357   *Lai ym. 2013, s. 1.*

alkoholijuomien mainonta on kokonaan kiellettyä.[358]

Norjan hallitus on todennut vuosien 2021–2025 alkoholistrategiassaan, että lupajärjestelmä, viinimonopoli, mainontakielto, alkoholiverotus sekä myynti-ikärajat ovat olleet tehokkaita keinoja kulutuksen vähentämisessä.[359] Maailman terveysjärjestön (myöhempänä "**WHO**") vuoden 2019 tilastojen mukaan norjalaiset käyttävätkin keskimäärin vähemmän alkoholia kuin muu Eurooppa: yli 15-vuotiaiden norjalaisten keskimääräinen kulutus oli 6,8 litraa puhdasta alkoholia vuodessa, kun Euroopan keskiarvo oli 9,2 litraa.[360]

Lainsäädäntö. Keskeiset säännökset alkoholin sääntelystä löytyvät alkoholilaista (Alkoholloven)[361] ja sitä täydentävästä alkoholimääräyksestä (Alkoholforskriften)[362]. Nykyinen vähittäismyyntijärjestelmä perustuu valtion monopolin ja lisenssien yhdistelmään. Norjan valtio omistaa Vinmonopoletin kokonaan sosiaali- ja terveysministeriön (Helse- og omsorgsdepartementet) kautta. Ministeriö voi päättää Vinmonopoletille myönnettävien myyntilupien enimmäismäärästä ja alueellisesta jakautumisesta.[363] Vain Vinmonopoletilla on oikeus yli 4,75 % sisältävien alkoholijuomien vähittäismyyntiin. Alle 4,75-prosenttisten alkoholijuomien myynti edellyttää kunnan myöntämää lupaa eli lisenssiä. Vinmonopolet myy myös alkoholitonta viiniä ja olutta. Sillä ei ole enää yksinoikeutta tekniseen käyttöön tarkoitetun alkoholin myyntiin.

Laki Vinmonopoletista (Vinmonopolloven)[364] määrittelee Vinmonopoletin toimialaksi alkoholijuomien ja alkoholittomien juhlajuomien myynnin sekä sisältää säännöksiä sen organisaatiosta. Varsinaiset monopolioikeudet määritellään kuitenkin alkoholilaissa. Alkoholilaki sääntelee myös Vinmonopoletin myymälöiden aukioloaikoja, jotka ovat samankaltaiset kuin Suomessa Alkolla. Norjassa myynti ennen sunnuntaita ja virallisia pyhäpäiviä on sallittu kello 10.00–16.00, joten aukioloajat ovat hieman Suomea rajoitetumpia. Mietojen, alle 4,75-prosenttisten, alkoholijuomien vähittäismyynti on Norjassa tiukemmin rajoitettua kuin Suomessa: niiden myyntiaika on arkisin kello 8.00–18.00, ja myynti on lopetettava kello 15.00 sunnuntaita ja pyhäpäiviä edeltävinä

---

358   *Forskrift om omsetning av alkoholholdig drikk mv. (1989-06-02-27), 14 luku, 1 § ja Lov om omsetning av alkoholholdig drikk m.v. (2005-06-08-538), 9 luku, 2 §.*

359   *Norjan hallituksen julkaisu "Nasjonal alkoholstrategi: En helsefremmende og solidarisk alkoholpolitikk 2021-2025".*

360   *WHO:n tilastot.*

361   *Lov om omsetning av alkoholholdig drikk m.v.*

362   *Forskrift om omsetning av alkoholig drikk mv.*

363   *Katso Alkoholloven, 3 luku, 3 §.*

364   *Lov om Aktieselskapet Vinmonopolet.*

päivinä.[365] Alkoholin vähittäismyynti on kokonaan kielletty sunnuntaisin. **Hankintamenettelystä.** Vinmonopoletilla oli vuoden 2021 lopussa yhteensä 348 myymälää, ja tuotevalikoimaan kuului yli 30 000 tuotetta. Laaja tuotevalikoima koostuu perusvalikoimasta, erävalikoimasta, lisävalikoimasta, testivalikoimasta ja tilausvalikoimasta. Juomahankinnat ovat juomavalikoimakohtaisia, mutta Vinmonopoletin koko hankintamenettely perustuu lanseeraussuunnitelmaan. Lanseeraussuunnitelma koostuu tuotteista, jotka Vinmonopolet aikoo lanseerata perus- ja erävalikoimissa 6–12 kuukauden kuluessa suunnitelman julkaisusta. Jokaisessa lanseerauksessa keskitytään tietyn maan, alueen tai tyylisuunnan tuotteisiin.[366] Vinmonopolet päättää, mitkä tuotteet lanseerataan perus- ja erikoiserävalikoimaan. Tukkukauppiaat puolestaan pystyvät vaikuttamaan, mitkä tuotteet lanseerataan tilaus-, lisä- ja testivalikoimiin. Kaikki Vinmonopoletin kautta myytävät tuotteet tulevat tukkukauppiailta, joilla on sopimus Vinmonopoletin kanssa.

Lanseeraussuunnitelman tuotteille asettamien kriteerien perusteella Vinmonopolet kilpailuttaa ja julkaisee avoimet tarjouspyynnöt tukkukauppiaille. Tukkukauppiaiden jättämien tarjouksien ja Vinmonopoletin lanseeraussuunnitelman asettamien kriteerien perusteella tietyistä tukkukauppiaiden tarjouksista pyydetään näytteitä, jotka etenevät aistinvaraisiin testeihin. Testien perusteella arviointiryhmä tekee objektiivisen ja riippumattoman arvion siitä, kuinka hyvin kukin näyte vastaa sille asetettuja vaatimuksia. Tietyn juoman hankintapäätös tehdään, kun tarjouksia on saatu riittävästi todellisen kilpailun varmistamiseksi. Päätöksessä otetaan huomioon kokonaisuus, johon sisältyvät hinta, aistinvarainen laatu ja toimituskyky. Samalla tulee huomioida myös sääntely Vinmonopoletin hankintatoiminnasta.[367] Vinmonopolet voi päättää olla ottamatta tuotetta valikoimaansa tai olla ostamatta tuotetta, jos vakavat alkoholipoliittiset syyt sitä vaativat.[368] Norjan työ- ja sosiaaliministeriön mukaan tällaiset tuotteet voisivat olla esimerkiksi sellaiset tuotteet, jotka on erityisesti suunnattu lapsille tai edistävät päihtymystä.[369]

Vinmonopolet voi tehdä hankintapäätöksen myös ilman kilpailutettuja tarjouk-

---

365   *Alkoholloven, 3 luku. Anniskelun osalta Norjassa on myös ravintoloissa Suomea tiukemmat säännöt.*

366   *Vinmonopoletin verkkosivut, kohta Innkjøpsprosess for basis- og partiutvalgene.*

367   *Forskrift om AS Vinmonopolets innkjøpsvirksomhet mv. Vuoden 1967 hallintolain 2 luvun puolueettomuussäännöksiä sovelletaan myös hankinta-asioissa.*

368   *Forskrift om AS Vinmonopolets innkjøpsvirksomhet mv., 10 luku, 2 §.*

369   *Forslag om endringer i innkjøpsforskriften mv. (forskrift 30. november 1995 nr. 938 om A/S Vinmonopolets innkjøpsvirksomhet m.v.), s. 21.*

sia, jos tuote esimerkiksi täyttää perusvalikoimaan kuulumisen ehdot testivalikoiman tai tilausvalikoiman myynnin perusteella, tuote on saatavilla vain yhdeltä tukkukauppiaalta tai jos ennakoimattomat olosuhteet estävät hankinnan viivästämisen. Jos hankintapäätökseen ei olla tyytyväisiä, Vinmonopoletin hankintapäätös voidaan saattaa riippumattoman terveys- ja hoitopalveluministeriön (Helse- og omsorgsdepartementet) nimeämän lautakunnan käsittelyyn.

8.3 Tanska

Yleistä. Tanskalla on pitkä ja monimuotoinen historia alkoholin kulutuksessa ja valmistuksessa. Jo vuosisatojen ajan tanskalaiset ovat valmistaneet, myyneet ja nauttineet erilaisia alkoholijuomia, kuten olutta ja akvaviittia. Esimerkiksi Aalborg-akvaviittia myytiin ensimmäisen kerran vuonna 1846, kun taas Carlsberg aloitti toimintansa jo vuonna 1847.[370] Historia ja perinteet ovat näkyneet alkoholinkulutuksessa ja kulutus on ollut suurta ennen vuoden 1917 korotettuja alkoholiveroja. Verojen myötä väkevien alkoholijuomien hinta nousi 11-kertaiseksi, joka teki väkevien alkoholijuomien hankkimisesta ja nauttimisesta vaikeaa. Alkoholin kulutus pysyikin matalana useamman vuosikymmenen ja merkittävä kasvu tapahtuikin vasta 1973, kun Tanska liittyi mukaan Euroopan yhteisöön. Tämä johti valmisteverojen yhdenmukaistamiseen ja esti alkoholiverojen mukauttamisen hinnanmuutosten mukaisesti, mikä vähitellen vähensi verojen alkoholinkulutusta rajoittavaa vaikutusta. Lisäksi EY:n jäsenyys alensi viinin hintaa ja siitä tuli koko kansan tuote.[371]

Tämä liberaali linja on käytännössä jatkunut nykypäivään asti ja Tanskassa alkoholijuomien vähittäismyynti on täysin vapautettua. Maassa ei ole koskaan ollut varsinaista valtion omistamaa alkoholimonopolia, kuten Suomessa, Ruotsissa tai Norjassa.[372] Tämä ei ole kuitenkaan näkynyt merkittävänä kasvuna kulutuksessa. Kulutus on ollut huomattavasti alhaisempaa verrattaessa muihin Euroopan maihin, joissa alkoholin vähittäismyynti on vapautettu.

WHO:n vuoden 2019 tilastojen mukaan Tanskan kulutus oli lähellä Suomen tasoa. Tanskassa kulutettiin vuonna 2019 keskimäärin 9,4 litraa puhdasta alkoholia henkilöä

---

370   Carlsberg Groupin verkkosivut, kohta A history of Brewing ja Aalborg Akvavitin verkkosivut,
        kohta Historien.
371   Denmarks Nationalleksikon -verkkosivut, kohta Alkoholforbruget i Denmark.
372   Hankintamenettelyt ovat siksi myös myyjäkohtaiset.

kohden, eli ainoastaan 0,2 litraa enemmän kuin Suomessa.[373] Viime aikoina Tanska on kuitenkin kiristänyt alkoholipolitiikkaansa erityisesti nuorten osalta. Marraskuussa 2023 Tanskan terveysministeriö ilmoitti uusista rajoituksista, joiden mukaan yli 6-prosenttisten alkoholijuomien ostamisen alaikäraja nostettiin 16 vuodesta 18 vuoteen. Tämä päätös tehtiin hallituksen toimesta osana pyrkimyksiä vähentää nuorten alkoholinkulutusta.

Lainsäädäntö. Tanskassa keskeisimmät säännöt koskien alkoholin myyntiä liittyvät ikärajoihin ja mainontaan. Ikärajoista säännellään laissa tupakan ja alkoholin myynnin kieltämisestä alle 18-vuotiaille (Lov om forbud mot salg af tobak og alkohol til personer under 18 år)[374]. Lain mukaan yli 1,2-prosenttisia alkoholijuomia ei saa myydä alle 16-vuotialle. Alle 18-vuotiaille ei saa myydä alkoholijuomia, jotka sisältävät vähintään 16,5 prosenttia alkoholia. Laki asettaa myös vaatimuksia vähittäismyyjille asiakkaan iän varmentamiseksi; lain mukaan fyysisissä myyntipisteissä vaaditaan voimassa oleva kuvallinen henkilöllisyystodistus, jos myyjä on epävarma siitä, onko asiakas tarpeeksi vanha ostamaan alkoholia laillisesti. Liikkeissä, joissa myydään alkoholijuomia, on myös oltava selvästi näkyvillä Tanskan terveysviranomaisen kyltti, jossa on tiedot alkoholijuomien myynnin ikärajavaatimuksista. Tanskan turvatekniikan viranomainen (sisä- ja terveysministeriön alainen virasto) valvoo, että alkoholin myynti-ikärajoja noudatetaan.[375]

Ravintoloihin liittyy osaltaan tiukempia sääntöjä. Ravintolat tarvitsevat alkoholiluvan tarjotessaan yli 2,8-prosenttisia alkoholijuomia nautittavaksi myyntipaikalla tai sen läheisyydessä.[376] Lupahakemukset on lähetettävä poliisille, joka valmistelee asian. Alkoholijuomaluvan myöntää lupaviranomainen, joka voi olla kunta tai kunnan asettama lupalautakunta.[377] Alkoholin mainontaan liittyy myös säännöksiä. Markkinointilain (Lov om markedsføring)[378] mukaan alkoholijuomien mainonta on sallittua, mutta alle 18-vuotiaille lapsille ja nuorille suunnattu mainonta ei saa mainita, kuvata tai viitata päihteisiin. Alcohol & Society -järjestön aiemmin tekemästä tutkimuksesta "En gratis omgang" saattaa kuitenkin saada vaikutelman, että alan toimijat ovat kaukana sääntöjen noudattamisesta.[379]

---

373 *WHO:n verkkosivut, kohta Alcohol, total per capita (15+) consumption (in litres of pure alcohol) (SDG Indicator 3.5.2).*

374 *Bekendtgørelse af lov om forbud mod salg af tobak og alkohol til personer under 18 år, LBK nr 1088 af 10/10/2024.*

375 *Sikkerhedsstyrelsen-verkkosivut, kohta Alderskontrol med salg av alcohol.*

376 *Bekendtgørelse af lov om restaurationsvirksomhed og alkoholbevilling m.v. 1 luku, 1 §.*

377 *Erhervsstyrelsen-verkkosivut, kohta Restaurationslovens.*

378 *Lov om markedsføring, LOV nr 426 af 03/05/2017.*

379 *Alkohol & Samfund -verkkosivut, kohta Rapport: En gratis omgang*

8.4 Alankomaat

Yleistä. Alankomaiden alkoholijärjestelmä perustuu sekajärjestelmään, jossa valtion sääntely ja yksityinen sektori toimivat rinnakkain. Alkoholin valmistusta, maahantuontia, tukkumyyntiä ja vähittäismyyntiä säädellään monilla eri tasoilla varmistaen kansanterveydelliset ja taloudelliset tavoitteet. Alankomaiden alkoholijärjestelmää säätelee Alcoholwet, joka asettaa selkeät rajoitteet alkoholin valmistukselle, maahantuonnille, tukkumyynnille ja vähittäismyynnille. Lainsäädännön tavoitteena on suojella kansanterveyttä, ehkäistä väärinkäyttöä ja varmistaa, että alkoholia myydään ja jaellaan vastuullisesti. Alankomaissa alkoholin kauppa on pääosin yksityisten toimijoiden käsissä.

Valmistus. Alkoholin valmistus on Alankomaissa pitkälle kehittynyt teollisuudenala, joka kattaa niin suurpanimot kuin pienpanimot, tislaamot ja viinitilatkin. Alkoholilaki edellyttää, että kaikki alkoholinvalmistajat rekisteröityvät ja hankkivat tarvittavat luvat ennen toiminnan aloittamista. Alkoholituotantoa valvoo Kansallinen elintarvike- ja kuluttajaturvallisuusvirasto (NVWA), joka varmistaa tuotannon turvallisuuden ja laatuvaatimukset.

Maahantuonti. Maahantuonti on olennainen osa Alankomaiden alkoholimarkkinoita. Euroopan unionin jäsenenä Alankomaat hyötyy vapaakaupasta. Alkoholia voidaan tuoda maahan ilman tullimaksuja muista EU-maista. Maahantuonnista vastaavat rekisteröidyt maahantuojat, jotka ovat velvoitettuja noudattamaan tiukkoja vero- ja merkintävaatimuksia. Alkoholin maahantuonnista peritään valmisteveroa, joka riippuu tuotteen alkoholipitoisuudesta. Lisäksi kaikkien tuotteiden on täytettävä EU:n ja kansalliset elintarviketurvallisuusvaatimukset ennen markkinoille pääsyä.

Tukkumyynti. Tukkumyynti toimii Alankomaissa vapailla markkinoilla, mutta se on tarkasti säännelty toimiala. Tukkujakelijat voivat hankkia alkoholituotteita suoraan kotimaisilta valmistajilta tai maahantuojilta ja myydä niitä eteenpäin vähittäismyyjille, ravintoloille ja baareille. Tukkumyyjillä on velvollisuus rekisteröityä veroviranomaisille ja noudattaa alkoholin jakeluun liittyviä säädöksiä, jotka koskevat esimerkiksi tuotteiden alkuperää, varastointia ja myyntiehtoja. Tukkukauppa jakautuu kahteen pääluokkaan. Oluen ja viinien tukkumyynti on kevyemmin säänneltyä, kun taas väkevien alkoholijuomien tukkumyynti vaatii erityisiä lupia ja valvontaa. Tukkumyyjät toimivat joko itsenäisesti tai osana suurempia jakeluverkostoja. Monet panimot ja viinintuottajat harjoittavat myös omaa tukkumyyntiään.

Vähittäismyynti ja anniskelu. Vähittäismyynti on Alankomaissa hyvin kehittynyt ja kuluttajille suunnattu alkoholimyynti tapahtuu useiden eri kanavien kautta. Alkoholin vähittäismyynti on jaettu kahteen osaan: mietojen alkoholijuomien (alle 15 % alkoholipitoisuus) ja vahvojen alkoholijuomien (yli 15 % alkoholipitoisuus) myyntiin.[380] Suuret supermarketit myyvät laajan valikoiman mietoja alkoholijuomia, kuten olutta ja viiniä. Väkevien alkoholijuomien myynti on kuitenkin rajoitettu erikoistuneisiin viinakauppoihin *(slijtersbedrijven)*. Ravintolat, baarit ja kahvilat, jotka haluavat myydä alkoholia, tarvitsevat erillisen luvan, jonka myöntää paikallinen kunta. Tämä lupa edellyttää, että yritys täyttää hygienia- ja turvallisuusvaatimukset, ja että henkilökunta tuntee sosiaaliset vastuunsa alkoholin tarjoilussa. Anniskelupaikkojen henkilökunnan on läpäistävä sosiaalisen hygienian koulutus, ja heidän tulee varmistaa, että alkoholia ei myydä alaikäisille tai humalassa oleville asiakkaille. Horeca-sektorilla on myös erityissääntöjä koskien aukioloaikoja, ja kunnilla on oikeus asettaa rajoituksia alueellisesti esimerkiksi yökerhojen aukioloaikoihin tai alkoholin tarjoiluun tietyissä tapahtumissa.

8.5 Yhdysvallat

Yleistä. Alkoholilainsäädäntö Yhdysvalloissa määräytyy laajalti osavaltiotasolla. Osavaltioiden alkoholin myyntijärjestelmät jakautuvat pelkistetysti kahteen ryhmään: kontrollijärjestelmään *(control system* tai *control state)* ja lisenssijärjestelmään *(license system* tai *open state)*. Kontrollijärjestelmässä hallitus, osavaltio tai muu hallintoelin joko omistaa monopolin tai hallitsee alkoholijuomien myyntiä ja jakelua. Vaikka kontrollialueiden erityissäädökset voivat vaihdella, ne yleensä määrittelevät alueella myytävien alkoholijuomien hinnat ja hallitsevat vähintään yhden alkoholijuomatyypin tukkumyyntiä ja/tai vähittäismyyntiä. Erityisesti väkevien alkoholijuomien kohdalla valtion monopoli on yleistä. Lisenssijärjestelmässä tai avoimissa osavaltioissa kaikkien alkoholijuomatyyppien myynnistä vastaavat yksityiset, itsenäisesti toimivat yritykset sekä tukku- että vähittäismyynnissä. Yksityiset tahot hankkivat osavaltiolta lisenssin alkoholin myyntiin.

Tukkumyyntitasolla osavaltiot jakautuvat hyvin systemaattisesti edellä esiteltyyn kaavaan. 17 osavaltiota käyttävät tukkumyyntitasolla kontrollijärjestelmää, jossa joko osa tai kaikki alkoholituotteista kulkevat osavaltion omistamien tukkukauppojen kautta. Lisäksi osa neljän osavaltion (Alaska, Maryland, Minnesota ja South Dakota)

---

380   *Alcoholwet 12 §.*

kunnista on implementoinut kontrollijärjestelmän.[381]

Vähittäismyyntitasolla kontrollijärjestelmä voidaan jakaa neljään eri alakohtaan: valtion hallinnoima *(government run)*, edustusjärjestelmä *(agency)*, yksityinen järjestelmä *(private)* ja hybridijärjestelmä *(hybrid)*. Valtion hallinnoimissa järjestelmissä kaikki tai osa alkoholijuomista myydään ainoastaan valtion hallinnoimissa vähittäismyymälöissä, joissa hallitus kontrolloi tuotevalikoimaa, hinnoittelua, varastoa ja markkinointia. Edustusjärjestelmässä kaikki tai osa alkoholijuomista myydään itsenäisissä, yksityisesti omistetuissa kaupoissa, jotka toimivat osavaltion valtuuttamina edustajina. Näissä osavaltioissa hallitus säilyttää suoran valvonnan tuotteen valinnasta, hinnoittelusta, varastotasosta ja kampanjoista, mutta ei välttämättä omista tuotteita myymälässä myyntihetkellä.

Yksityisessä järjestelmässä kaikki tai osa alkoholijuomista myydään itsenäisissä, yksityisesti omistetuissa vähittäismyymälöissä ilman osavaltion suoraa hallintaa. Vähittäismyynti yksityisessä järjestelmässä vastaa todellisuudessa hyvin laajalti lisenssijärjestelmää. Yhdysvaltojen kansallinen alkoholijuomien valvontajärjestö (National Alcohol Beverage Control Association, NABCA) kuitenkin tekee tämän erittelyn niille osavaltioille, joilla on kontrollijärjestelmä tukkumyyntitasolla ja jotka näin kuuluvat kontrollijärjestelmää noudattavien osavaltioiden ryhmään. Viimeisenä on hybridijärjestelmä, jossa alkoholijuomia myydään sekä valtion hallinnoimissa että yksityisesti omistetuissa myymälöissä. Yksityinen myynti tapahtuu joko edustus- ja/tai yksityisjärjestelmän mallin mukaan ja yhdistää näin molempien mallien elementtejä.

Kolmiportainen järjestelmä. Yhdysvalloissa toimii laajalti kolmiportainen järjestelmä. Valmistajat toimittavat alkoholituotteita tukkumyyjille, jotka jakelevat tuotteet vähittäismyyjille. Vähittäismyyjät puolestaan myyvät tuotteet kuluttajille. Useimpien osavaltioiden mallien mukaan mikään yksittäinen toimija ei voi olla mukana useammassa kuin yhdessä portaassa. Jokainen porras on myös erikseen säännelty ja lisensoitu.[382] Tämä poikkeaa Suomen lainsäädännöstä, jossa esimerkiksi valmistusluvan myöntäneellä on automaattinen oikeus tukkumyynnin ilman erillistä lupaa.[383]

Valmistajat, tukkumyyjät ja vähittäismyyjät on eroteltu toisistaan. Valmistajat saavat myydä tuotteitaan vain lisensoiduille tukkukauppiaille – eivät suoraan vähittäismyyjille tai kuluttajille. Tukkukauppiaat ostavat alkoholia valmistajilta ja jakelevat sen vä-

381   Nabcan julkaisu "Control Jurisdictions: A Worldview and a Community's Choice"
382   NABCA:n verkkosivut, kohta The Three-tier System: A Modern View.
383   Alkoholilaki 16.2 §

hittäismyyjille. Vähittäismyyjät myyvät alkoholia kuluttajille. Järjestelmässä on kuitenkin myös poikkeuksia. Joissain osavaltioissa suoria myyntikanavia on syntynyt kuluttajien ja pienpanimojen tai viinitilojen välillä. Maahantuonti voidaan sijoittaa kolmiportaisessa järjestelmässä valmistajan tai tukkumyynnin portaalle. Kuten jälkeenpäin todetaan, kolmiportaisessa järjestelmässä jakelu ja tukkumyynti yhdistyy toiselle portaalle. **Lainsäädäntö.** Vaikka suurin osa alkoholisääntelystä tapahtuu osavaltiotasolla, on tässä kohtaa hyvä käsitellä muutamaa keskeistä liittovaltion lakia, jotka toimivat tukirankana osavaltiotasoiselle lainsäädännölle. Ensiksi voidaan mainita Yhdysvaltojen perustuslain 21. lisäys, jolla kumottiin perustuslain 18. lisäys. Kumottu lisäys, jota kutsutaan myös kieltolaiksi, kielsi alkoholin valmistuksen, myynnin sekä kuljetuksen. Toinen merkittävä lakisäädös on kansallinen alkoholin vähimmäisikärajan määrittelevä laki[384] vuodelta 1984, jolla asetettiin alkoholin ostamisen ja julkisen kulutuksen ikärajaksi 21 vuotta. Merkittävä huomio on, että säädös ei velvoita osavaltioita noudattamaan ikärajaa. Kuitenkin ne osavaltiot, jotka eivät seuraa lakia, voivat menettää liittovaltiolta saatavia liikennetukia. Tämän seurauksena kaikki 50 osavaltiota noudattavat 21 vuoden ikärajaa.

Yhdysvaltojen Alkoholi- ja tupakkavero- ja kauppavirasto [Alcohol and Tobacco Tax and Trade Bureau, jäljempänä "**TTB**"] kerää veroja alkoholista, tupakasta, ampuma-aseista ja ammuksista. Se suojelee kuluttajia varmistamalla alkoholituotteiden luotettavuuden, varmistaa, että vain vaatimukset täyttävät yritykset voivat toimia alkoholi- ja tupakkateollisuudessa, sekä estää epäreilua ja laitonta markkinatoimintaa alkoholi- ja tupakkatuotteiden osalta.[385] TTB vastaa alkoholilupien myöntämisestä alkoholin valmistajille, maahantuojille sekä tukkumyyjille. Yleisesti osavaltiot vaativat TTB:n myöntämän perusluvan lisäksi myös osavaltiokohtaisen luvan. Alkoholituotannon luvat vaihtelevat riippuen alkoholin käyttötarkoituksesta. Panimon, viinitilan ja tislaamon toimintaan tarvitaan jokaiseen erilliset luvat. Maahantuontiin vaaditaan maahantuojan peruslupa [Federal Basic Importer's Permit][386] ja tukkumyyntiin erillinen peruslupa [Wholesaler's Basic Permit].

Yhdysvaltain liittovaltion kauppakomissio [Federal Trade Commission, jäljempänä "**FTC**"] käsittelee alkoholimarkkinoinnin vaikutuksista nuoriin. FTC suorittaa lainvalvontatutkimuksia, edistää tehokasta alan itsesääntelyä ja selkeitä etikettimerkintöjä, kou-

---

384   *National Minimum Drinking Age Act.*
385   *TTB:n verkkosivut, kohta About TTB.*
386   *TTB:n verkkosivut, kohta importing Bottled Alcohol Beverages Into the United States.*

luttaa kuluttajia nuorten alkoholin käytöstä sekä tekee yhteistyötä muiden liittovaltion virastojen kanssa. FTC julkaisee raportteja, joissa arvioidaan alkoholiteollisuuden sitoutumista omiin itsesääntelystandardeihinsa.[387] Lisäksi alkoholituotteita valvoo Yhdysvaltain elintarvike- ja lääkevirasto (Food and Drug Administration, jäljempänä "FDA"), joka varmistaa tuotteiden laadun.[388] Viimeinen virasto, joka tulee mainita, on Yhdysvaltain tulli- ja rajavartiolaitos (Customs and Border Protection, jäljempänä "CBP"). CBP valvoo alkoholin maahantuontia ja -vientiä. Sen vaikutusala alkoholin sääntelyssä on rajallinen.

8.5.1 New York

Yleistä. New Yorkissa käytetään lisenssijärjestelmää. Alkoholin myynti on siis laajalti yksityistettyä. New Yorkin osavaltion alkoholijuomien valvontalaki (New York State Alcholic Beverage Law, ABC Law) on osavaltion keskeinen alkoholia koskeva säädös. New Yorkin alkoholilainsäädäntö rakentuu alkoholin karkeaan jaotteluun lajeittain: olueen, siideriin, viiniin ja väkeviin alkoholijuomiin.

New Yorkin alkoholilainsäädäntö määrittelee sanan "liquor"[389] seuraavasti:

tislatut tai puhdistetut väkevät alkoholijuomat, brandy, viski, rommi, gini, liköörit tai vastaavat tislatut alkoholijuomat, mukaan lukien kaikki edellä mainittujen yksittäiset laimennukset ja sekoitukset.

Kun tässä luvussa mainitaan väkevät alkoholijuomat, viitataan sanan "liquor"-määritelmään, joka kattaa myös juomasekoitukset, kuten long drinkit. Alkoholin myyntiä säätelee New Yorkin osavaltion alkoholiviranomainen (New York State Liquor Authority, jäljempänä "NYSLA"). New Yorkissa on käytössä kolmiportainen järjestelmä. Poikkeuksia järjestelmään löytyy kuitenkin esimerkiksi viinitilojen suhteen, jotka voivat myydä alkoholia suoraan kuluttajalle.

Valmistuslisenssit New Yorkissa jakautuvat neljään ryhmään: panimot, viinitilat, tislaamot ja siiderin valmistajat. On myös erillisiä lupia esimerkiksi maatiloille, jotka haluavat harjoittaa alkoholijuomien valmistusta. Vaatimuksena erilaisille *farm*-luville on, että käytetyt maataloustuotteet (esim. rypäleet) ovat newyorkilaisia. New Yorkissa on

---

387   *NABCA:n verkkosivut, kohta Strutcture of U.S. Alcohol Regulation.*
388   *NABCA:n verkkosivut, kohta Strutcture of U.S. Alcohol Regulation.*
389   *Consolidated Laws of New York, Chapter 3-B Article 1.*

tarjolla erillisiä pienpanimo tai -tislaamolupia, joilla on helpotettuja ehtoja ja alennettuja maksuja mutta rajoitettu vuotuinen valmistusmäärä. Kaupallinen maahantuonti on New Yorkissa yksityistettyä. Yritykset tarvitsevat kuitenkin NYSLA:n myöntämän lisenssin tuodakseen alkoholia osavaltion ulkopuolelta. Tuontilupa (Importer's License) antaa oikeuden alkoholin maahantuontiin, mutta ei sen myyntiin suoraan kuluttajille. Maahantuojat toimivat jakeluportaina suurille valmistajille ja tukkuyrityksille.

Oluen, siiderin, viinin ja väkevien alkoholijuomien tukkumyynti on jaettu eri lisensseihin. Lainsäädäntö ei kuitenkaan estä monen erilaisen tukkumyyntiluvan omistamista samanaikaisesti. Toimiminen eri alkoholimarkkinoilla on siis mahdollista horisontaalisesti, mutta ei vertikaalisesti.

NYSLA:n lisenssit jakautuvat samankaltaisesti kuin Suomessa alkoholin anniskelulupiin *(on-premises)*, ja alkoholin vähittäismyyntilupiin *(off-premises)*. New Yorkin lisenssien määrä on kuitenkin merkittävästi suurempi. Vähittäismyynnin ja anniskelun myyntiajoille on asetettu rajoituksia. Vähittäismyynti on mahdollista maanantaista lauantaihin klo 8.00–24.00. Sunnuntaisin useimmilla alueilla myynti saa alkaa aikaisintaan klo 12.00. Nämä ovat kuitenkin vain kehyksiä ja myyntiajat vaihtelevat piirikunnittain. Anniskelu on sallittua lähtökohtaisesti klo 8.00–4.00, mutta tämäkin voi vaihdella piirikunnittain.

Anniskeluluvat jakautuvat sen mukaan, minkälaisesta yrityksestä on kyse. Esimerkiksi ravintoloiden ja hotellien anniskeluluvat on eroteltu toisistaan. Merkittävä jaottelu on tehty myös väkevien juomien anniskelun kannalta, sillä siihen tarvitaan erillinen lisenssi. Vähittäismyynti on jaettu kahteen osaan. Oluen ja viinin vähittäismyyntiin sekä joko viinin tai väkevien alkoholijuomien vähittäismyyntiin tarvitaan omat lisenssinsä. Näistä jälkimmäinen ryhmä on huomattavasti tarkemmin säänneltyä ja valvottua.

"Tied house" -laki kieltää ketään, jolla on suora tai epäsuora intressi missään valmistus- tai tukkuliiketoiminnassa (olipa kyseessä New Yorkin osavaltio, toinen osavaltio tai ulkomaat), pitämästä viini- tai viinakauppalupaa New Yorkin osavaltiossa. Lisäksi lisenssinhaltija voi omistaa vain yhden viini- tai viinakauppaluvan.

8.5.2 Virginia

Yleistä. Virginian alkoholia valvova viranomainen (Virginia Alcoholic Bevereage Control Authority, jäljempänä **"Virginia ABC"**) vastaa alkoholilupien myöntämisestä ja valvonnasta kaikilla osavaltion tasoilla. Keskeinen alkoholilainsäädäntö löytyy Virginian lakikokoelman 4.1 luvun alakohdasta I.[390] Virginiassa noudatetaan kontrollijärjestelmää. Alkoholin myynti on tiukasti valvottua. Väkevien alkoholijuomien vähittäismyynti on valtion omistamien kauppojen (ABC-liikkeiden) hallinnoimaa. Tässä luvussa väkevillä alkoholijuomilla viitataan Virginian lakikokoelmassa määriteltyyn "spirits"-termiin, joka tarkoittaa mitä tahansa juomaa, joka sisältää tislaamalla valmistettua alkoholia sekoitettuna juomaveteen ja muihin aineisiin.[391] Virginiassa on käytössä kolmiportainen järjestelmä.[392]

Alkoholin valmistuksen säännökset jakautuvat oluen, viinin ja muiden alkoholijuomien valmistukseen. Muiden alkoholijuomien kuin oluen tai viinin valmistajat voivat myydä tuotteitaan vain Virginia ABC:n hallitukselle tai osavaltion ulkopuolista jälleenmyyntiä varten.[393] Näiden alkoholijuomien myynti yksityisille yrityksille, jotka sijaitsevat Virginiassa, on kiellettyä. Viinin ja oluen osalta valmistajat voivat myydä sekä toimittaa tai lähettää valmistetut tuotteet ABC:n hallituksen määräysten mukaisesti suljetuissa pakkauksissa henkilöille, joilla on lisenssi myydä olutta tukkukaupassa sekä henkilöille osavaltion ulkopuolelle jälleenmyyntitarkoitukseen.[394]

Maahantuontia varten tarvitaan TTB:n myöntämän perusluvan lisäksi Virginia ABC:n myöntämä lupa. Toisin kuin New Yorkissa, Virginiassa ei ole erillistä, vakituista maahantuontilisenssiä. Maahantuonti on hyvin tiiviisti kietoutunut tukkumyynnin ympärille. Virginiassa on kuitenkin kaksi maahantuontilisenssiä viinin ja oluen maahantuontiin (Wine importer's license ja Beer importer's license). Lisensseillä oikeutetaan myymään viiniä tai olutta toiselle henkilölle, jolla on tarvittavat luvat myydä kyseistä alkoholijuomaa tukkukaupassa jälleenmyyntiä varten, sekä osavaltion ulkopuolella oleville henkilöille alkoholijuomien jälleenmyyntiin osavaltion rajojen ulkopuolella.[395]

Kuten edellä on todettu, Virginiassa on käytössä kontrollijärjestelmä, jossa yksityiset yritykset eivät voi myydä tukkukaupassa väkeviä alkoholijuomia. Väkevien alkoholijuomien tukku- ja vähittäismyynti on täysin Virginia ABC:n kontrolloimaa. Tästä syystä myös tukkumyynnin erilaisten lisenssien määrä on rajallinen suhteessa alkoholin valmistuslisensseihin. Virginiassa on kaksi keskeistä alkoholin tukkumyyntilisenssiä oluen ja viinin myyntiin (Wholesale beer license ja Wholesale wine license).

---

390   Code of Virginia, title 4.1 section I.
391   Code of Virginia § 4.1-100.
392   Code of Virginia § 4.1-215.
393   Code of Virginia § 4.1-206.1, kohta 1.
394   Code of Virginia § 4.1-206.1, kohdat 3 ja 5.
395   Code of Virginia § 4.1-206.1, kohdat 7–8.

Riippuen luvasta toimija voi hankkia ja vastaanottaa joko oluen tai viinin toimituksia ja lähetyksiä. Luvanhaltija voi myös toimittaa tai lähettää olutta tai viiniä suljetuissa lisensoiduille tahoille joko edelleenmyyntiin tukku- tai vähittäismyyntiin tai osavaltion ulkopuolista jälleenmyyntiä varten.[396]

Erillisten vähittäismyynti- ja anniskelulupien lisäksi yhdistetyt luvat *(on-and-off-premises)* ovat mahdollisia. Vähittäismyynnin ja anniskelun myyntiajoille on asetettu rajoituksia. Vähittäismyynnissä viiniä ja olutta voidaan myydä kello 6.00–24.00. Anniskelu on sallittua klo 6.00–02.00. Alkoholin myyntiajat vaihtelevat piirikunnittain ja ovat useassa piirikunnassa tiukempia.

Anniskeluluvat on Virginiassa eroteltu New Yorkin tapaan yritysten käyttötarkoitusten mukaan. Alkoholin anniskeluluvat oikeuttavat joko kaikkien alkoholijuomien *(mixed beverage)* anniskeluun tai esimerkiksi pelkän viinin ja oluen anniskeluun. Luville on asetettu erilaisia rajoituksia riippuen myyntipaikan tyypistä, kuten ravintolasta vai golfkentästä.

Virginiassa väkevien alkoholijuomien myynti tapahtuu osavaltion hallinnoimien myymälöiden kautta.[397] Oluet ja viinit taas kulkevat yksityisten tukkumyyjien kautta yksityisille vähittäismyyjille, jotka myyvät ne edelleen kuluttajille. Ruokakauppojen ja erikoiskauppojen lisäksi alkoholia voidaan myydä myös verkkokaupan kautta toimitettavaksi suoraan kuluttajalle.

8.5.3 Oregon

Yleistä. Alkoholijuomien myyntiä säädellään Oregonin osavaltion virallisen kodifikaation (Oregon Revised Statute, jäljempänä "**ORS**") luvussa 471[398]. ORS määrittelee väkevien alkoholien *(Distilled liquor)* tarkoittavan muita alkoholijuomia kuin viiniä, siideriä tai panimotuotteita. Oregonin alkoholin valvontaviranomainen on Oregonin alkoholi- ja kannabiskomissio (Oregon Liquor and Cannabis Commission, jäljempänä "**OLCC**"). Oregonissa on käytössä kontrollijärjestelmä. Tukkumyyntitasolla osavaltiossa on perinteinen kontrollijärjestelmä, jossa väkevien alkoholijuomien myynti on rajattu osavaltiolle. Vähittäismyyntitasolla taas yksityiset kaupat toimivat edustusjärjestelmän mukaisesti valtion edustajina. Oregonissa kaikkien alkoholijuomien tarjoilijoiden on käytävä alkoho-

---

396   *Code of Virginia § 4.1–206.2, kohdat 1 ja 3.*
397   *NABCA:n julkaisu, kohta Control state directory and Info "Virginia".*
398   *Luvun otsikko on "Alcoholic liquors Generally"*

linmyyntikoulutus.

Valmistusluvat jakautuvat oluen, viinin ja väkevien alkoholijuomien valmistukseen. Valmistajilla, jopa tislaamoilla, on muutamia erilaisia mahdollisuuksia myydä alkoholia suoraan kuluttajalle. Valmistajat

Oregonissa on väkevien alkoholijuomien osalta kontrollijärjestelmä, eli OLCC vastaa väkevien juomien maahantuonnista ja jakelusta. Olutta ja viiniä maahantuovia toimijoita koskevat yleensä erilaiset hyväksynnät ja todistukset (Certificate of Approval) sekä mahdolliset suoran lähettäjän *(direct shipper)* luvat. Varsinaista maahantuontilisenssiä (Import license) ei ORS 471 -luvussa ole valmistus- tai vähittäismyyntilisenssien tapaan eritelty. Tukkumyyntilisensseihin kuuluva *Warehouse License* oikeuttaa lisenssin saaneen muiden lupien lisäksi viinin, oluen ja siiderin maahantuontiin. Ulkopuolinen valmistaja tai jakelija tarvitsee yleensä vähintäänkin OLCC:n hyväksynnän (Certificate of Approval), jos esimerkiksi panimo tai viinitila sijaitsee Oregonin ulkopuolella ja tuotteita myydään Oregonissa. Lisäksi voidaan edellyttää suoralähetyslupaa[399], jos toimija haluaa lähettää tuotteita suoraan Oregonin kuluttajille postitse tai rahdilla. Käytännössä nämä ovat erillisiä lupia tai hyväksyntöjä, joita OLCC edellyttää. Väkevien alkoholijuomien maahantuonti kulkee pitkälti OLCC:n oman järjestelmän kautta.

Tukkumyyntilisensseistä ensimmäinen *Wholesaler License (malt beverage & wine)* oikeuttaa oluen, siiderin sekä viinin tukkumyyntiin jälleenmyyjille.[400] *Warehouse License*, kuten edellä on mainittu, taas oikeuttaa viinin, oluen ja siiderin maahantuontiin, varastointiin, pullottamiseen, tuottamiseen, sekoittamiseen, kuljettamiseen sekä osavaltiosta pois vientiin.[401] Se ei kuitenkaan oikeuta myymään tuotteita vähittäismyyjille, ravintoloille tai baareille eikä suoraan kuluttajille. Tuotteiden myynti osavaltion sisällä on tarkasti rajoitettua. Väkevien alkoholijuomien tukkumyynnissä OLCC on pääsääntöisesti monopoliasemassa.

Väkeviä alkoholijuomia myydään OLCC:n valtuuttamissa vähittäismyyntiliikkeissä *(liquor stores)*. Näitä ylläpitävät ja hallinnoivat valtion nimittämät alkoholijuomien edustajat, jotka toimivat itsenäisinä sopimusyrityksinä. Oregonissa tislaamot voivat myydä väkeviä alkoholijuomiaan lisensoiduissa toimipaikoissaan. OLCC toimittaa tuotteet sopimusvähittäismyymälöihinsä tai myymälät voivat halutessaan noutaa tuotteet. Komissio omistaa alkoholituotteet siihen asti, kunnes tuote myydään kuluttajalle.

---

399   *Direct Shipper Permit, ks. esim. ORS 471.274 ja seuraavat*
400   *ORS 471.235*
401   *ORS 471.242*

Baarit ja ravintolat ostavat ensisijaisesti väkevät alkoholijuomat OLCC:n valtuuttamista vähittäismyymälöistä, ei siis tukkumyyjiltä. Olut ja viini sen sijaan voivat kulkea yksityisten jakelijoiden kautta, jotka yleensä toimittavat tuotteet jälleenmyyjille. Muiden kuin OLCC:n valtuuttamien vähittäismyyjien väliset myynnit tai vähittäismyyjien myynnit baareille eivät ole sallittuja, sillä myyjä toimisi tällöin tukkumyyjänä, mihin heillä ei ole toimilupaa.[402] Yksi alkoholimyymälä *(liquor store)* on sallittu jokaista 15 000 asukasta kohden. Oregonissa on 286 yksityistä väkeviä alkoholijuomia myyvää liikettä ja 4 950 olutta ja viiniä myyvää liikettä.[403]

8.5.4 Washington D.C.

Yleistä. Washington D.C.:n alkoholilainsäädäntöä on Columbian piirikunnan virallisen lakikokoelman luvussa 25[404] sekä piirikunnan kunnallissäädösten luvussa 23[405]. Alkoholin myyntiä ja jakelua valvoo Alkoholijuomien ja kannabiksen hallintoviranomainen (Alcoholic Beverage Cannabis Administration, jäljempänä "**ABCA**").[406] ABCA toimii yhteistyössä Alkoholijuomien valvontalautakunnan (Alcoholic Beverage Control Board) kanssa. D.C.:n alkoholipolitiikka noudattaa lisenssijärjestelmää. Washington D.C.:ssä on käytössä kolmiportainen järjestelmä.[407] Valmistajilla ja tukkumyyjillä on kuitenkin laajemmat oikeudet myydä alkoholia suoraan kuluttajalle kuin aiemmin käsitellyissä osavaltioissa.

Valmistuksen päälisenssit jakautuvat luokkiin A ja B. A-luokan lisenssi oikeuttaa luvanhaltijaa käyttämään tislaamoa alkoholin tai väkevien alkoholijuomien valmistukseen tislaamalla tai uudelleentislaamalla; käyttämään viinitilaa viinin valmistukseen; tai muiden alkoholijuomien – oluen, viinin tai väkevien alkoholijuomien – väkevöittämiseen. B-luokan lisenssi on tarkoitettu panimotoimintaan, eli oluen valmistukseen luvassa määritellyssä paikassa. Yksikään valmistusluvanhaltija ei saa pitää hallussaan muun tyyppistä lupaa kuten tukkumyynti- tai vähittäismyyntilupaa. Kahden erillisen valmistusluvan omistaminen on kuitenkin mahdollista.

---

402   *NABCA:n julkaisu, kohta Control state directory and Info "Oregon"*
403   *NABCA:n julkaisu, kohta Control state directory and Info "Oregon".*
404   *District of Columbia Official Code Title 25*
405   *District of Columbia Municipal Regulations Title 23*
406   *Kyseinen hallintoviranomainen on aiemmin tunnettu nimellä "Alcoholic Beverage Regulation Administration". Lainsäädännössä käytetään edelleen vanhaa nimeä. Viittauksissa käytetään molempia nimiä lähteiden löytämisen helpottamiseksi.*
407   *District of Columbia Official Code Title 25-303.*

Maahantuontilisenssi (importation permit) oikeuttaa alkoholijuomien maahantuonnin tietyissä olosuhteissa. Tämä lupa voidaan myöntää vähittäismyyntilisenssin haltijoille (A, B, C tai D) sekä muille toimijoille, mikäli tuonti täyttää lailliset vaatimukset.[408] Lisenssi sallii alkoholijuomien maahantuonnin vain, jos kyseistä merkkiä tai kauppanimeä ei ole saatavilla paikallisilta lisensoiduilta valmistajilta tai tukkukauppiailta riittävissä määrissä.[409] Lisenssi on voimassa vain 30 päivää lisenssin myöntämispäivästä.[410]

Alkoholin tukkumyyntilisenssit ovat melko yksinkertaiset. Tukkumyyjän lisenssi (Wholesaler's license) oikeuttaa alkoholijuomien myynnin toiselle luvanhaltijalle jälleenmyyntitarkoitukseen tai oluen ja viinin myynnin suoraan kuluttajalle. Lisenssit jakautuvat A- ja B-luokkiin. A-luokan lisenssillä voi myydä olutta, viiniä ja väkeviä alkoholijuomia. B-luokan lisenssillä saa myydä vain olutta ja viiniä. Tukkumyyjät eivät saa ostaa tai myydä alkoholijuomia, joita ei ole hankittu virallisilta amerikkalaisilta ja ensisijaisilta tuotemerkin toimittajilta (Primary American Source of Supply).[411] Säännöllä halutaan varmistaa alkoholituotteiden laatu.

Vähittäismyyntiin ja anniskeluun on omat lisenssinsä *(on-* ja *off-premises)*. Anniskelu on sallittua arkisin klo 6.00–2.00 ja viikonloppuisin 6.00–3.00. Alkoholinmyynti on sallittua poikkeuksellisesti klo 4.00 asti tlettyinä juhlapyhinä. Vähittäismyynti on sallittua kaikkina päivinä klo 7.00–24.00. Lisenssit jaetaan neljään luokkaan: A, B, C, ja D. Vähittäismyyntilisenssejä ovat A ja B ja anniskelulisenssejä C ja D.

A-luokan vähittäismyyntilisenssillä saa myydä olutta, viiniä sekä väkeviä alkoholijuomia. B-luokan lisenssi oikeuttaa ainoastaan oluen ja viinin myyntiin. A-luokan lisenssillä toimivat alkoholimyymälät saavat olla auki päivittäin klo 7.00–24.00. B-luokan lisenssi on tarkoitettu ruokakaupoille. Lisenssien myöntämisessä on sijaintiin liittyviä rajoituksia. A-luokan lisenssillä toimivia myymälöitä ei saa olla useampaa lähekkäin. Kumpaakaan lisenssiä ei myöskään myönnetä koulujen lähistöillä toimiville kaupoille. Lisäksi on olemassa alkoholin verkkokauppaan tarkoitetut lisenssit AI ja BI, jotka mahdollistavat alkoholin myynnin verkkokaupan kautta ilman fyysistä myymälää.

C-luokan anniskelulisenssillä saa myydä olutta, viiniä sekä väkeviä alkoholijuomia. D-luokan lisenssi oikeuttaa ainoastaan oluen ja viinin myyntiin. Anniskelulisenssit jakautuvat vielä edelleen viiteen erilaiseen lisenssiin riippuen toimipaikan tyypistä. Esimerkiksi ravintoloille, hotelleille sekä yökerhoille on kaikille oma lisenssinsä. Eri lisenssit

408   District of Columbia Official Code Title 25-119.
409   D.C. Municipal Regulations Title 23 Chapter 13, Section 1301.1.
410   D.C. Municipal Regulations Title 23 Chapter 13, Section 1301.2.
411   D.C. Municipal Regulations Title 23 Chapter 9, Section 900.

saattavat esimerkiksi asettaa ruoanmyyntivaatimuksen tai määritellä toimipaikan anniskeluaikoja.[412]

8.6 Kanada

Yleistä. Kanadan alkoholilainsäädäntö on monimutkainen ja monitasoinen järjestelmä. Kanadassa sekä liittovaltion että provinssien ja territorioiden hallitukset säätelevät alkoholin tuotantoa, jakelua, myyntiä ja kulutusta. Alkoholisääntely Kanadassa on peräisin 1800-luvulta ja siihen on vaikuttanut erityisesti kieltolain aikakausi 1900-luvun alussa. Nykyään sääntely keskittyy verotukseen, kansanterveyteen ja kuluttajansuojeluun.

Kanadassa provinssit ja territoriot hallitsevat alkoholin myyntiä, jakelua ja kulutusta omilla alueillaan. Jokaisen provinssin omat sääntelyviranomaiset hallinnoivat alkoholin myyntipisteitä, lisenssejä ja saatavuutta. Kanadassa alkoholijuomiin kohdistuu useita veroja. Liittovaltion tasolla sovelletaan valmisteveroa *(excise tax)*. Provinssit ja kunnat voivat asettaa lisäksi omia lisä- ja myyntiverojaan.

Myynti ja jakelu. Alkoholin myynti Kanadassa jakautuu kolmeen päämalliin:

1. Valtion monopolit: Monissa provinsseissa valtion hallinnoimat myymälät hoitavat alkoholin myynnin.
2. Yksityiset myyntipisteet: Joissakin provinsseissa, kuten Albertassa, alkoholia saa myydä yksityisistä myymälöistä.
3. Hybridijärjestelmät: Esimerkiksi Brittiläisessä Kolumbiassa toimii sekamalli, jossa yhdistyvät valtion ja yksityiset myymälät.

Kaikki alkoholin myyntiin ja jakeluun osallistuvat toimijat tarvitsevat lisenssin. Lisenssityyppejä ovat esimerkiksi valmistuslisenssit (panimot, tislaamot ja viinitilat), tukkumyyntilisenssit (jakelijat ja varastot), vähittäismyyntilisenssit (kaupat ja ravintolat) sekä tapahtumaluvat (festivaalit ja tilapäiset tapahtumat).

Alkoholin mainontaa säädellään tiukasti Kanadassa. Kanadan radio-, tv- ja televiestintäkommissio (Canadian Radio-television and Telecommunications Commission, CRTC) sekä alkoholi- ja pelikomissio (Alcohol and Gaming Commissions) valvovat mainonnan lainmukaisuutta. Rajoitukset koskevat muun muassa alaikäisiin kohdistuvaa markkinointia, harhaanjohtavia terveysväitteitä ja alkoholin yhdistämistä urheiluun tai

---

412   *District of Columbia Official Code Title 25 § 25-114*

suorituskykyyn.

Kanadassa alkoholilainsäädännön ikäraja vaihtelee provinssittain. Kolmessa provinssissa, Albertassa, Manitobassa, Quebecissa, ikäraja on 18 vuotta. Muualla ikäraja on 19 vuotta. Alkoholin käyttäminen julkisesti on lähtökohtaisesti kielletty, ellei kyseessä ole sallittu alue tai erityistapahtuma. **Lainsäädäntö.** Kanadan hallitus valvoo alkoholituotteiden vientiä ja tuontia sekä niiden tuotantostandardeja. Tämä tapahtuu ensisijaisesti seuraavien sääntelyorganisaatioiden kautta: Canada Revenue Agency (CRA) valvoo alkoholiin liittyviä veroja ja lisenssejä. Terveysviranomainen (Health Canada) säätelee alkoholin mainontaa, pakkausmerkintöjä ja terveysvaroituksia. Canadian Food Inspection Agency (CFIA) valvoo elintarvikkeisiin liittyviä sääntelyjä, kuten alkoholijuomien ainesosaluetteloita ja ravintosisältöä. Valmisteverolaki[413] määrittää liittovaltion verotuksen sekä säännöt alkoholijuomien tuotannolle ja jakelulle.

8.6.1 Ontario

Yleistä. Ontario on yksi Kanadan suurimmista provinsseista sekä asukasluvultaan että taloudelliselta merkitykseltään. Sen alkoholijärjestelmä on yksi maan tiukimmin säädellyistä. Ontarion alkoholilainsäädäntöä hallinnoi Ontarion alkoholiviranomainen (Liquor Control Board of Ontario, jäljempänä **"LCBO"**), joka säätelee sekä alkoholin myyntiä että jakelua. Vaikka LCBO on edelleen keskeinen toimija, viime vuosina provinssi on tehnyt muutoksia kohti yksityistämistä.

Ontariossa on vahva ja monipuolinen alkoholiteollisuus, johon kuuluu panimoita, viinitiloja ja tislaamoita. Ontariossa on yli 300 panimoa. Pienpanimot ovat nousseet suosioon, ja provinssi tukee niiden toimintaa kevyemmällä sääntelyllä. Ontario tunnetaan erityisesti jääviineistään, joiden tuottajat saavat tukea hallitukselta vientiin ja markkinointiin. Myös Ontarion tislausala on kasvussa ja tuottaa muun muassa giniä, vodkaa ja viskiä. Valmistajat voivat myydä tuotteitaan suoraan kuluttajille omissa tiloissaan. Suurin osa myynnistä tapahtuu kuitenkin LCBO:n kautta tai erityislisensseillä varustettujen myymälöiden välityksellä.

Alkoholin maahantuonti Ontariossa on tarkoin säädeltyä. Kaikki ulkomailta tuotavat alkoholituotteet kulkevat LCBO:n valvonnan kautta. Maahantuontijärjestelmän tavoitteena on taata laatu, verotulojen valvonta sekä vastuullinen myynti. Yritykset ja

---

413   *Excise Act, 2001*

yksityishenkilöt voivat tuoda alkoholia vain LCBO:n hyväksynnällä. Kuluttajat voivat tilata erikoistuotteita, joita ei normaalisti myydä LCBO-myymälöissä. Toimitukset kuitenkin kulkevat LCBO:n kautta. Lisensoidut anniskelupaikat voivat tuoda tiettyjä tuotteita suoraan, mutta niiden on rekisteröidyttävä LCBO:n järjestelmään. Maahantuontijärjestelmän tavoitteena on rajoittaa harmaata taloutta ja varmistaa, että kaikki tuontialkoholit täyttävät provinssin säädökset ja laatuvaatimukset.

Ontariossa alkoholin tukkumyynti tapahtuu pääosin LCBO:n tai oluisiin keskittyneen myyntiketjun (The Beer Store) kautta. LCBO toimii tukkumyyjänä ravintoloille ja baareille, ja se vastaa laajasta valikoimasta alkoholituotteita. Oluiden jakelua hoitava ketju on panimoiden omistama. Se toimii tukkujakelijana ja vähittäismyyjänä. Joillekin tuotteille on sallittu yksityinen jakelu tietyillä ehdoilla. LCBO rooli on kuitenkin keskeinen suurimpana tukkumyyntitoimijana.

Ontariossa vähittäismyynti on pääosin valtion hallinnoimaa. Viime vuosina provinssi on sallinut kuitenkin myös yksityisten myymälöiden kasvun. Ontariossa on yli 600 LCBO-myymälää, jotka tarjoavat laajan valikoiman alkoholijuomia. Valtio omistaa LCBO:n myymälät ja ne tuottavat merkittävän osan provinssin verotuloista. Yllä mainittu panimoiden omistama olutketju saa harjoittaa oluen vähittäismyyntiä. Vuodesta 2015 lähtien myös osasta ruokakaupoista on voinut ostaa olutta ja viiniä, mutta niiden saatavuus on tarkkaan säännelty.

8.6.2 Alberta

Yleistä. Alberta on ainoa Kanadan provinssi, joka on yksityistänyt alkoholin myynnin kokonaan. Viranomainen (Alberta Gaming, Liquor and Cannabis, jäljempänä "**AGLC**") valvoo ja säätelee koko alkoholitoimialaa sekä myöntää tarvittavat alkoholilisenssit. Alkoholin myynti ja jakelu ovat kuitenkin yksityisten toimijoiden hallussa. Järjestelmä luotiin vuonna 1993, jolloin provinssin hallitus päätti siirtyä pois valtiollisesta alkoholimonopolista ja antaa markkinoiden määrittää myynnin ja jakelun.

Alkoholin valmistus Albertassa vaatii E-luokan lisenssin. Tämä lisenssi kattaa tislaamot, viinitilat ja panimot, jotka toimivat pysyvässä asumattomassa tilassa, kuten autotallissa tai kellarissa. Lisäksi valmistajien on varmistettava, että toimipaikka on kunnan kaavoitussuunnitelmassa hyväksytty alkoholin valmistukseen. Valmistajat voivat tarvita myös muita lisenssejä, kuten A-luokan lisenssin, jos he tarjoilevat tuotteitaan tiloissaan, tai D-luokan lisenssin, jos tuotteita myydään kulutettavaksi muualla.

AGLC on laillinen tuojataho kaikille alkoholituotteille, jotka tuodaan Albertan provinssiin. Kaupallinen maahantuonti on tehtävä AGLC:n kautta. Tuotteet varastoidaan keskusvarastoon tai valtuutettuihin varastoihin. Varastot lähettävät tilauksia lisensoiduille jälleenmyyjille. Yksityishenkilöt voivat tuoda alkoholia omiin tarpeisiinsa, mutta yksityistä tuontia koskien on erillistä sääntelyä. Esimerkiksi yksityishenkilö voi tuoda pienen määrän alkoholia tullivapaasti, jos on ollut poissa Kanadasta vähintään 48 tuntia. Kaupallinen tuonti ei kuitenkaan yksityisille yrityksille tai henkilöille ole sallittua.

Myös tukkumyyntiä hallinnoi Albertan alkoholiviranomainen, joka toimii laillisena tuojana ja jakelijana. Tukkumyyntihinta muodostuu provinssin lisämaksusta, konttien talletuksesta, kierrätysmaksuista sekä kaikki liittovaltion tulleista ja veroista. Kaikki lisensoidut toimijat, kuten alkoholimyymälät ja ravintolat, maksavat saman tukkumyyntihinnan tietylle alkoholituotteelle. Valmistajat voivat myös myydä tuotteita suoraan tiloistaan jälleenmyyjille tai muille lisensoiduille toimijoille. Itsejakelun on noudatettava AGLC:n sääntöjä. Lisäksi yksityiset edustajat voivat toimia tukkumyyjinä AGLC:n konsignaatioperusteella. Tämä tarkoittaa, että yksityiset edustajat edustavat alkoholitoimittajia ja tuovat ja markkinoivat tuotteita AGLC:n valvonnassa.

Albertassa alkoholin vähittäismyynti on yksityistetty. Yli 2 300 yksityistä jälleenmyyjää tarjoaa yli 28 000 alkoholituotetta myyntiin Albertan, Kanadan ja maailman kuluttajille. Jälleenmyyjien on hankittava lisenssi. Yleisin vähittäismyynnin lisenssi on D-luokan lisenssi, joka kattaa esimerkiksi liköörikaupat ja kaupalliset catering-yritykset. Jälleenmyyjät ostavat alkoholia AGLC:ltä tukkumyyntihintaan ja asettavat oman vähittäishintansa, joka sisältää vähittäismyyntimarginaalin. Jälleenmyyjien on noudatettava viranomaisen määräyksiä, kuten klo 10.00–02.00 päivittäistä vähittäismyyntiaikaa sekä vastuullisen myynnin ohjeita. Hakemusprosessi sisältää mm. rikostaustatarkastukset ja muiden asiakirjojen toimittamisen. Hakemus listataan viranomaisen verkkosivulle seitsemäksi päiväksi, ja yleisöllä on mahdollisuus esittää vastalauseita kirjallisesti.

Anniskelupaikat, kuten baarit, ravintolat ja yökerhot, tarvitsevat A-luokan lisenssin. Lisenssi on jaettu alaluokkiin esimerkiksi sen mukaan, onko toimipaikka sallittu alaikäisille. Henkilökunnan, joka tarjoilee alkoholia, on suoritettava vastuullisen alkoholin tarjoilun ja myynnin koulutusohjelma. Koulutus kestää yleensä 4–6 tuntia ja siinä käsitellään esimerkiksi alaikäisille tai päihtyneille tarjoilemisen kieltoa. Koulutuksesta saatava sertifikaatti on pakollinen kaikille, jotka työskentelevät lisensoiduissa tiloissa, kuten baareissa ja ravintoloissa. Anniskelupaikkojen on noudatettava viranomaisen määräyksiä esimerkiksi myyntiaikojen, melutasosääntöjen ja vastuullisen palvelun osalta.

8.6.3 Brittiläinen Kolumbia

Yleistä. Brittiläisen Kolumbian alkoholimarkkinoita hallinnoivat alkoholin ja kannabiksen valvontaviranomainen (Liquor and Cannabis Regulation Branch, jäljempänä myös "**LCRB**") sekä alkoholin jakeluviranomainen (Liquor Distribution Branch, jäljempänä myös "**LDB**"), jotka toimivat alkoholin valvontaa ja jakelua sääntelevien lakien[414] puitteissa. Provinssissa jakeluviranomainen hallitsee tukkumyyntiä ja maahantuontia. Valvontaviranomainen taas vastaa lupajärjestelmästä ja valvonnasta. Vuonna 2022 LCRB valvoi yli 10 300 lisensoitua toimipaikkaa ja yli 28 000 lisensoitua tapahtumaa vuodessa. LDB operoi 198 vähittäismyymälää.

Alkoholin valmistukseen Brittiläisessä Kolumbiassa tarvitaan valmistajalisenssi. Lisenssi kattaa viinin, oluen, siiderin ja väkevien alkoholijuomien tuotannon. Valmistajien on myös solmittava myyntisopimus jakeluviranomaisen kanssa, jotta tuotteita voidaan myydä provinssissa.

Jakeluviranomaisella on yksinoikeus kaupalliseen alkoholin maahantuontiin Brittiläiseen Kolumbiaan. Lainsäädännön mukaan kaikki myyntiin tarkoitettu alkoholi on siis ostettava ja jaettava LDB:n kautta. Jakeluviranomainen vastaa myös kaikkien alkoholituotteiden rekisteröinnistä ja jakelusta provinssissa, ja tuotteet varastoidaan sen keskusvarastoissa ennen jakelua. Yksityishenkilöt voivat tuoda alkoholia muista provinsseista henkilökohtaiseen käyttöön tietyin ehdoin.

LDB on ainoa tukkumyyjä Brittiläisessä Kolumbiassa. Kaikki alkoholi, oli se sitten tuotua tai paikallisesti tuotettua, jaetaan LDB:n kautta jälleenmyyjille. Alkoholin jakelua määrittävä laki antaa jakeluviranomaiselle yksinoikeuden ostaa alkoholijuomia sekä provinssin sisällä että ulkopuolelta. Paikallisten valmistajien on solmittava myyntisopimus viranomaisen kanssa, jotta tuotteita voidaan jakaa provinssissa. Myyntisopimuksen solmimiseen vaaditaan valmistajalisenssi. Valmistajat voivat myös myydä tuotteitaan suoraan kuluttajille tuotantotiloissaan. Paikan päällä myymiseen tarvitaan kuitenkin erityinen hyväksyntä lisenssiin (*on-site store* -hyväksyntä). Laajempi jakelu, kuten myynti jälleenmyyjille, tapahtuu ainoastaan jakeluviranomaisen kautta.

Alkoholin vähittäismyynti Brittiläisessä Kolumbiassa tapahtuu sekä valtion että yksityisten myymälöiden kautta. Jakeluviranomainen operoi 198 myymälää. Yksityiset myymälät tarvitsevat vähittäismyyntilisenssin. Kaikki vähittäismyymälät, olivatpa ne

---

414   *Liquor Control and Licensing Act, Liquor Distribution Act ja Importation of Intoxicating Liquors Act.*

sitten valtion myymälöitä tai yksityisiä, ostavat alkoholinsa LDB:ltä tukkumyyntihintaan ja asettavat oman vähittäishintansa, joka sisältää marginaalin. Vähittäismyynti on tarkoitettu kulutukseen paikan ulkopuolella.

Alkoholiin keskittyville myyntipaikoille, kuten baareille ja yökerhoille, on oma lisenssinsä. Alaikäisten pääsyä anniskeluun keskittyviin toimipaikkoihin voidaan rajoittaa. Ravintoloille, kahviloille ja muille pääasiallisesti ruoan myyntiin keskittyville toimipaikoille on eri lisenssi, joka sallii anniskelun ruoan myynnin yhteydessä. Ruokapaikat ovat alaikäisille sallittuja.

8.6.4 Quebec

Yleistä. Quebecin alkoholijärjestelmä yhdistää valtion tiukan sääntelyn ja yksityisen sektorin toimintamahdollisuudet. Alkoholin jakelu ja myynti ovat pitkälti provinssin hallituksen valvonnassa. Provinssin alkoholimarkkinoita hallinnoi valtion omistama yhtiö (Societé des alcools du Québec, jäljempänä "**SAQ**"), joka vastaa laajalti alkoholin maahantuonnista, jakelusta ja myynnistä. Osa alkoholituotteista, kuten oluet ja viinit, on kuitenkin saatavilla myös yksityisten toimijoiden kautta.

Alkoholin valmistus Quebecissä edellyttää valvontaviraston (Regie des alcools, des courses et des jeux) myöntämiä lupia. Tuotanto jaetaan pienimuotoiseen ja teolliseen toimintaan viinille, oluelle ja väkeville alkoholijuomille. Vain oluen myynti on mahdollista muulle tukkumyyjälle kuin SAQ:lle. Sekä viinin että väkevien alkoholijuomien valmistajat ovat oikeutettuja myymään alkoholia ainoastaan SAQ:lle Quebecin sisällä.[415] Teollisia viinituottajia, jotka toimivat suuremmassa mittakaavassa, on 14. Olutsektorilla on 174 teollista panimoa ja 68 pienimuotoista panimoa. Väkevien alkoholijuomien sektorilla on lähes 80 yritystä, joilla on tislaajan lupa tai likööriin ja väkevien alkoholijuomien pienimuotoisen tuotannon lupa.

Alkoholin kaupallinen tuonti Quebeciin on yksinomaan SAQ:n vastuulla. Tämä koskee sekä ulkomailta että muista provinsseista tapahtuvaa tuontia kaupallisiin tarkoituksiin.[416] Yksityishenkilöt voivat tuoda alkoholia henkilökohtaiseen käyttöön. Järjestelmä varmistaa, että kaikki tuonti kulkee valtionyhtiön kautta, mikä mahdollistaa tiukan sääntelyn ja verotuksen.

SAQ:lla on yksinoikeus useimpien alkoholijuomien pääjakeluun Quebecissä. Se

---

415   *Act Respecting the Societe des Alcools du Quebec, section 26 and 27.*
416   *SAQ:n verkkosivut, kohta Importing alcoholic beverages.*

siis toimii pääasiallisena tukkumyyjänä. Poikkeuksia ovat kevyt siideri, Quebecissä pullotettu olut ja tuotu olut, jota jakeluluvanhaltijat voivat jakaa. Jakeluluvanhaltijat, erityisesti oluenjakelijat, voivat myydä ja toimittaa olutta sekä tiettyjä alkoholijuomia, jotka jakeluluvanhaltija tai jakeluluvanhaltijaan liittyvä oikeushenkilö ovat itse tuottaneet tai ostaneet SAQ:lta. Näitä juomia voidaan myydä vähittäismyyjille, julkisiin liikennevälineisiin tai SAQ:lle tiettyjä käyttötarkoituksia varten.[417]

Quebecin vähittäismyyntijärjestelmä poikkeaa monista muista Kanadan provinsseista, sillä siinä yhdistyvät valtion omistamat myymälät ja yksityiset kaupat. Valtionyhtiön myymälöissä tarjolla on laaja valikoima alkoholituotteita, mukaan lukien viinit, väkevät alkoholijuomat ja erikoistuotteet. Yksityisiä myyntipaikkoja ovat esimerkiksi supermarkettien ja elintarvikekauppojen yhteydessä sijaitsevat myyntipisteet. Ne voivat myydä vain tiettyjä tuotteita, kuten olutta ja joitakin viinejä. Yksityiset myyntipaikat eivät saa myydä väkeviä alkoholijuomia.

Ravintoloilla ja baareilla on mahdollisuus hankkia alkoholituotteita suoraan SAQ:lta tai yksityisiltä jakelijoilta. Quebecissä tietyt tuottajat saavat myydä tuotteitaan suoraan kuluttajille ilman SAQ:n väliintuloa, mikä tukee paikallisten valmistajien kasvua ja suosiota. Vähittäismyynti ja anniskelu edellyttävät valvontaviraston myöntämiä lupia. Erilaisia lupia on saatavilla erityyppisille yrityksille, kuten baareille, ravintoloille, ruokakaupoille ja viini-/olutkeskuksille. Vuonna 2018 vähittäismyyntiluvan oli saanut yhteensä 7384 ruokakauppaa ja pienmyymälää. SAQ:lla oli 409 myymälää.

---

417   *Act respecting the Société des Alcools du Quebec, section 25.1.*

9
JOHTOPÄÄTÖKSET: ALKOHOLIPOLITIIKKA 3.0

9.1 Uudistuksen lähtökohdista

Suomalaisessa alkoholipolitiikassa on vuosikymmenten ajan toisteltu yksinkertaistettuja iskulauseita, joista tunnetuin lienee jo 1990-luvulta tuttu "viinit maitokauppaan". Tämä tuttu hokema on muovannut keskustelua tavalla, joka peittää näkyvistä sen tosiasian, että maailma on täynnä toinen toistaan erilaisia, mutta samalla myös vastuullisia ja monimuotoisempia ratkaisuja alkoholin vähittäismyynnille. Tämän kirjan sivuilla olemme pyrkineet näyttämään, että viinien vähittäismyynnin vapauttamiseen ei ole olemassa vain yhtä tietä. On monopoleja, kuten Suomessa, Ruotsissa ja Norjassa. On tukkutasomonopoleja kuten Kanadassa. On hajautettuja malleja, joissa jokainen osavaltio tai alue rakentaa oman tiensä, kuten Yhdysvalloissa. Lisäksi on ns. lähes täysin vapaita malleja, erityisesti maissa, joissa viini on ollut ollut päivittäistä ruokavaliota jo satoja, ellei tuhansia vuosia.

Mielestämme on selvää, että uudistuksen lähtökohtana ei pidä olla vuosikymmeniä vanha iskulause, vaan nykyhetken Suomen olosuhteet, suomalaisen yhteiskunnan erityispiirteet ja ennen kaikkea tasapaino kuluttajan ja yhteiskunnan edun välillä. Yhteiskunnan etu on kansalaisten terveys ja toisaalta alkoholista kerättävät verotulot.

Yksi suomalaisen järjestelmän keskeinen erityispiirre on kaupan rakenteellinen keskittyneisyys. Tämän kirjan selvitys on paljastanut, että myös tukkukauppa on erittäin keskittynyt ja sillä on erittäin suuri rooli myös Alkon valikoimassa. Tämä ei ole mikään marginaalinen huomio, vaan koko keskustelun ytimessä oleva kysymys. Monella alalla on havaittu niin kutsuttu välittäjäongelma (middleman), jossa hyödykkeen hinta nousee hyvin merkittävästi välittäjien marginaalista johtuen.[418] Välittäjän käyttäminen voi tuoda hyötyjä, mutta se voi aiheuttaa toisaalta korkeita vältettävissä olevia kustannuksia, jolloin järjestelmä muodostuu ongelmaksi. Piirteitä tällaisesta ongelmasta on havaittavissa Suomen alkoholijuomien markkinoilla.

Ei ole epäilystäkään siitä, etteivätkö tässä kirjassa kuvatut tavoitteet vastaisi myös suomalaisten viiniharrastajien ja kuluttajien toiveita. Yhä useampi haluaa tietää, mistä viini on tullut, kuka sen on valmistanut ja millaisista olosuhteista viinin maku kertoo. Viini on parhaimmillaan kertomus maaperästä, ilmastosta ja ihmisten työstä. Kuluttajalle on yhä tärkeämpää, että viini on tuotettu luonnonmukaisesti, että sen taustalla ei ole teollista koneistoa vaan käsityötä, aitoutta ja kestäviä valintoja. Kuluttajien halu suosia pientuottajia kertoo tästä arvomaailmasta – halusta tehdä tietoisia, vastuullisia valintoja.

Tätä kehitystä tukee myös viinien jakelurakenteen monipuolistaminen. Mikäli haluamme edistää eettistä tuotantoa ja pienimuotoista maahantuontia, täytyy meidän tarkastella rakenteita, jotka tällä hetkellä estävät uusien pientoimijoiden tuloa markkinoille. Uudistus, joka madaltaa alalle tulon esteitä ja mahdollistaa pienempien tuottajien ja maahantuojien pääsyn jakeluketjuihin, ei ainoastaan lisää kilpailua – se myös edistää vastuullisuutta ja monimuotoisuutta. Alko on vienyt omaa toimintaansa tähän suuntaan määrätietoisesti, mutta myös esittämämme malli mahdollistaa saman – ja jopa laajemmin. Kyse ei ole valinnasta vastuullisuuden ja vapauden välillä, vaan mallista, jossa ne voivat vahvistaa toisiaan.

On siis mahdollista toteuttaa uudistus, joka ei rajoita elinkeinovapautta eikä horjuta julkisen terveyden suojelun tavoitteita, mutta joka kuitenkin avaa ovia terveelle kilpailulle ja uusille toimijoille. Kuten olemme osoittaneet, alkoholin tukkukauppa on Suomessa yhtä lailla keskittynyt – ja tämän monopolimaisen rakenteen ylläpitäminen ei palvele kuluttajaa, ei tuottajaa eikä ravintola-alaa. Ravintolat ja pienkaupat voivat olla se uuden ajan myyntikanava, jossa viinikulttuuri, asiantuntemus ja kilpailu kohtaavat.

On myös annettava tunnustus sinne, minne se kuuluu. Suomessa Alkoista saa erinomaista palvelua. Henkilökunta on ystävällistä, asiantuntevaa ja vilpittömästi sitoutunutta auttamaan kuluttajaa löytämään juuri sen oikean viinin – oli sitten kyseessä Bordeaux'n tumma samettisuus tai uuden maailman raikas hedelmäisyys. Alkon myyjä ei myy vain pulloa – hän kertoo tarinan, maanosan, ja usein myös hetken, johon viini sopii. Tässä Alko on vahva, ja tämä osaaminen tuo sille kilpailuetua myös jatkossa.

---

418   Ks. esim. Investopedia-verkkosivun määritelmä käsitteelle middleman.

Mutta kuten kilpailupolitiikkaa ja EU-oikeutta käsittelevissä luvuissa olemme tarkastelleet, Alkon valikoimapolitiikka ei perustu aidosti syrjimättömään tai avoimeen järjestelmään. Vaikka julkilausumat hankintajärjestelmästä korostavat tasapuolisuutta, todellisuus kertoo toista. Keskitetty päätöksenteko ja suurten tilausten logiikka ovat johtaneet siihen, että valtaosa Alkon valikoimasta näyttää koostuvan pienen piirin tuotteista. Hyllytila ei ole neutraali paikallisen henkilökunnan (esimerkiksi Alkon tilaus-valikoimasta kokoama) näyttämö, vaan keskitetysti valikoitu näyttely, jossa pienillä viinintuottajilla on harvoin pääsy edes aulaan.

Seuraavat kuvat kertovat enemmän kuin tuhat sanaa:

Kuvat eivät vaadi selityksiä. Alkon hyllyssä on tavallista, että yksi ja sama viini täyttää kaksi, kolme – joskus jopa viisi tai kuusi paikkaa rinnakkain. Tämä ei ole tehokasta tilankäyttöä ja kuluttajan palvelemista. Kuvat purkavat myös myytin Alkon hyvästä viinivalikoimasta. Kun astuu viinikauppaan Calgaryssä, New Yorkissa, Pariisissa, tai Barcelonassa, siellä sama hyllymetri kertoo moninkertaisen määrän tarinoita. Tällainen valikoiman runsaus on Suomessa vielä saavuttamatta – mutta ei saavuttamaton, edes monipolissa. Katsommekin, että Alkon on kilpailulainsäädännön perusteella nopeasti uudistettava hankintajärjestelmänsä sekä sitä, miten eri Alkojen hyllytilat täytetään. Päätösvalta on siirrettävä yksittäisille kaupoille ja toisaalta sopimusjärjestelyt on avattava entistä läpinäkyvämmin kilpailulainsäädännön rajoissa. Arviomme mukaan yksittäisen Alkon valikoima voisikin ilman suuria logistisia kustannuksia olla kaksin- tai jopa kolminkertainen. Oleellista olisi siirtyä malliin, jossa paikallinen myymäläpäällikkö – yhdessä asiantuntevan henkilökunnan kanssa – saisi valita tuotteita oman asiakaskuntansa tarpeisiin. Tällöin Alkon vahvuus, sen osaava ja palvelualtis henkilökunta, nousisi monopoliyhtiön todelliseksi voimavaraksi. Nykyisellä keskitettyyn valikoimaan ja logistiikkaan perustuvalla mallilla Alko ei kestäisi myöskään avointa kilpailua. Jos taas se saa uudistua ja valjastaa henkilöstönsä täyteen potentiaaliin, sillä on kaikki mahdollisuudet pärjätä.

Lopuksi on tärkeää muistuttaa, että emme vähättele myöskään yksityisten viinikauppiaiden osaamista. New Yorkilainen viinikauppias tuntee jokaisen hyllyssään olevan pullon – koska hän on itse sen sinne valinnut. Hän vastaa valikoimastaan samalla tavalla kuin sommelier vastaa viinilistaataan. Uskomme, että vastaava asiantuntemus olisi saavutettavissa myös Suomessa – kunhan järjestelmä antaa siihen mahdollisuuden. Paikallisen ruokakaupan hyllyssä tilanne olisi eri. Mutta myös kaupan alan pitäisi voida perustaa erikoismyymälöitä.

Uudistuksessa ei ole kysymys vain viinistä, monopolista tai sääntelystä. Kyse on siitä, minkälaista yhteiskuntaa me haluamme rakentaa. Haluammeko vaalia valtion kontrollia, jossa luottamus ja valinnanvapaus on korvattu rajoituksilla? Vai haluammeko uskoa siihen, että suomalainen kuluttaja osaa valita, että yrittäjä osaa tarjota, ja että viinikin voi olla osa sivistystä, ei sen uhka?

Alkoholilainsäädännön uudistamisen tarve on selviö. Kuten tässä kirjassa on esitetty, nykyjärjestelmä ei enää vastaa sen alkuperäisiä perusteluita, ja samalla se aiheuttaa monin tavoin markkinahäiriöitä, epäoikeudenmukaista kilpailua sekä alueellista epätasa-arvoa. Kokonaiskulutuksen lasku, alkoholikulttuurin muutos ja kansainvälinen vertailu osoittavat, ettei nykyinen vähittäismyyntimonopoli ole enää kansanterveyden näkökulmasta välttämätön. Samalla se rajoittaa kilpailua ja estää uusien toimijoiden pääsyn markkinoille. Näitä rajoituksia on arvotettava suhteessa järjestelmällä saavutettaviin kansanterveydellisiin ja muihin hyötyihin. Toisaalta uudistusta ei pidä tehdä niin, että se tukee entisestään jo valmiiksi keskittyneitä vähittäismarkkinoita.

Uudistus, jota tässä kirjassa olemme hahmotelleet, ei pyri purkamaan kaikkea olemassa olevaa. Päinvastoin – se haluaa säilyttää sen, mikä toimii: hyvän palvelun, asiantuntemuksen ja vastuullisuuden. Tämä kirja tarjoaa joitakin alustavia vastauksia, mutta myös kysymyksiä. Seuraavat uudistuksen käytännön esitykset on tarkoitettu keskustelunavaukseksi.

Mielestämme uudistuksen tulisia perustua seuraaviin periaatteisiin:

1. **Monopolista hallittuun vapautukseen:** De facto Alkon monopoli on rapautunut, koska noin 70 % alkoholista ostetaan tämän väylän ulkopuolella. Monopoli ei ole sopusoinnussa enää 2030-luvun yhteiskunnallisen todellisuuden ja perustuslainkin hengen korostaman yksilönvapauden kanssa. Viinien kuluttajamyynti tulee vapauttaa erityisluvilla toimiville erikoisliikkeille sekä ravintoloille, joille annetaan ulosmyyntioikeus. Malli mahdollistaa valikoiman kasvun, alueellisen tasa-arvon, ravintoloiden elinvoimaisuuden sekä hallitun saatavuuden.

2. **Kansanterveys näkökulmana sääntelyssä:** Alkoholijuomien verotus säilyy keskeisessä roolissa haittojen hallinnassa. Uusien myyntikanavien rajoitettu aukioloaika ja vastuullinen toiminta tukevat tätä tavoitetta. Jakelutavan muutos ei oikein toteutettuna vaikuta tähän terveyspoliittiseen tavoitteeseen.

3. **Määritellään lainsäädännössä mietojen ja väkevien alkoholijuomien lisäksi viinit:** Viinien enimmäisalkoholiraja on 18 %. Viineillä tarkoitetaan nimenomaisesti rypälepohjaisia tuotteita. Erikseen määritellään marja- ja hedelmäviinit.

4. **Alkon roolin uudelleenarviointi:** Alkon monopoliin jäävät yli 18 %:n vahvuiset alkoholijuomat. Alko voi jatkaa toimintaansa viinien ja muiden juomien myynnissä markkinaehtoisesti. Valikoimaanottosääntelyä tulee täsmentää siten, että se koskee vain yksinoikeuden piiriin jääviä tuotteita. Alko voi toimia viinien tukkumyyjänä. Tukkumyynti on erotettava vähittäistoiminnoista. Alko voi ulkoistaa toimintojaan paikallisille yrittäjille.

5. **Ravintoloille mahdollistetaan viinien ulosmyynti.** Lähtökohtina ulosmyynnille sääntelyn tulisi:

> · Sallia viinien, marjaviinien ja hedelmäviinien ulosmyynti klo 21 saakka, ja ruokailun yhteydessä avatun pullon myynti klo 24 saakka.
> · Antaa ravintoloille oikeus tuoda viinejä maahan omaan sekä muiden ravintoloiden käyttöön. Tällä mahdollistetaan ravintoloiden asema pieninä tukkutoimijoina. Verotuksen näkökulmasta niillä tulisi olla ns. verollinen varasto.

6. **Ruokakaupoissa ei voisi jatkossakaan myydä yli 8 %:sta alkoholia.**

7. **Määritellään lainsäädännössä uudenlainen erikoisviinikauppa ja luodaan niitä koskeva lupajärjestelmä.** Erikoisviinikauppoihin perustuvan mallin ensisijaisena tavoitteena on mahdollistaa viinien vähittäismyynnin hallittu vapauttaminen. Määritelmän on otettava kantaa siihen, mitä tuotteita erikoisviinikaupoissa voidaan myydä. Erikoisviinikauppojen pääasiallisen tuotevalikoiman on muodostuttava viineistä, marjaviineistä ja hedelmäviineistä.

8. **Erikoisviinikauppojen sääntelyssä niiden liikekokoa rajoitetaan.** Saman tulee koskea siirtymäajan jälkeen myös Alkon myymälöitä. Erikoisviinikaupalle voidaan antaa oikeus myydä pienimuotoisesti elintarvikkeita, joissa korostuu tuoretuotteet (esim. juusto-, liha-, ja vihannestiskit).

9. **Kilpailun edistäminen tukkumarkkinoilla ja markkinarakenteen tasapainottaminen:** Uudistuksella tulee purkaa esteitä uusien toimijoiden pääsylle markkinoille ja tasapainottaa suurten ja pienten toimijoiden neuvotteluvoimaa. Ravintoloiden maahantuonnin helpottaminen parantaa keskittyneen tukkukaupan rakennetta. Kilpailu- ja kuluttajaviraston (KKV) tulee laatia erillinen tiedonanto tai suuntaviivat alkoholin tukkukauppaa koskien. Tukkujen tulee osoittaa, ettei niiden toiminta sulje markkinaa tai rajoita kilpailua. Nykyiset sopimuskäytännöt, kuten suuria tavoiteostoja edellyttävät sopimukset, on kiellettävä, jos niillä on markkinoita sulkeva vaikutus.

10. **Varmistetaan etämyynnin sallittavuus EU-lainsäädännön (Artikla 34) vaatimalla tavalla.** Huolehditaan, että verotukselliset käytänteet ovat yksinkertaisia ja lainsäädännön toteutus symmetristä kansallisten vaatimusten kanssa. Niin Suomesta kuin toisesta EU-maasta ostettu viini tai viskipullo on yhtä terveellistä tai vahingollista.

11. **Valvonta ja siirtymäsäännökset:** Uudistus tulee toteuttaa kahden vuoden siirtymäajalla.

12. **Koko maan kattava saavutettavuus ja kaupunkikeskustojen elinvoima:** Uudistuksen tulee mahdollistaa se, että viinejä on jatkossa saatavilla myös alueilla, joita Alkon myymäläverkko ei kata. Ravintoloiden roolin vahvistaminen tukee erityisesti kaupunkikeskustojen elämää ja monipuolistaa palveluita.

9.2 Perusteluita esityksille

Esimerkiksi Kanadassa ja Yhdysvalloissa monissa osavaltioissa on käytössä lisenssijärjestelmiä, joissa pienet erikoisliikkeet saavat myydä viinejä tiukan sääntelyn alaisina. Malli mahdollistaa kilpailun lisääntymisen, laajemmat valikoimat ja asiantuntevan palvelun kuluttajille samalla, kun alkoholin saatavuutta voidaan yhä kontrolloida tehokkaasti. Ravintoloiden ulosmyyntioikeus, joka on varsin yleinen käytäntö eri puolilla Eurooppaa, puolestaan tukee ravintola-alaa ja keskustojen elinvoimaisuutta, lisää kuluttajien valinnanvaraa ja edistää kilpailua markkinoilla lisäämättä merkittävästi alkoholin kulutuksesta aiheutuvia haittoja.

Esimerkiksi erikoisliikkeiden lisenssijärjestelmä voisi keskittyä pieniin, asiantuntemukseen nojaaviin erikoisviinikauppoihin, jotka tarjoavat myös erikoisempia viinejä. Uudistuksella voitaisiin parantaa kuluttajakokemusta, tukea pienten yrittäjien toimintaa ja parantaa markkinoiden kilpailullisuutta sekä elinkeinorakennetta Suomessa. Kuluttajille suuntautuvan hyödyn lisäksi erikoisviinikaupat toimisivat ravintoloille vaihtoehtoisena kanavana viinien hankintaan. Näin myös alkoholijuomien tukkumyyntimarkkinoiden kilpailullisuus lisääntyisi.

Viinien tuominen päivittäistavarakauppoihin merkitsisi kärjistäen siirtymää monopolista duopoliin. Tässä kirjassa esitetty uudistus toisaalta mahdollistaa päivittäistavarakauppaketjuille palvelua täydentävien erikoisviinikauppojen perustamisen.

Nykyisen järjestelmän uudistamisen tekee välttämättömäksi useampi tekijä. Alkon nykyisenlaajuinen monopoli perustuu kansanterveydelliselle tavoitteelle, jonka oikeutusta olennaisesti heikentää kulutustottumusten muutos ja myynnin asteittainen siirtyminen Alkon monopolin ulkopuolelle. Viime vuosina alkoholilainsäädäntöä on vapautettu ja yhä suurempi osuus alkoholijuomista myydään Alkon monopolin ulkopuolella. Alkoholilainsäädännön muutokset eivät kuitenkaan ole lisänneet alkoholin kokonaiskulutusta. Päinvastoin kehitys on ollut laskusuuntaista. Monopoli ei enää rajoitakaan alkoholin saatavuutta tehokkaasti, eikä parantunut saatavuus ole uhkakuvista huolimatta pysäyttänyt alkoholin kokonaiskulutuksen laskevaa trendiä. Eri skenaarioiden haittojen arviointi ei voi perustua "uskomustieteisiin".

Alkoholilainsäädännön ohella myös alkoholikulttuuri ja suhtautuminen alkoholiin vaikuttavat kulutukseen. Kansainvälinen vertailu osoittaa, että kulutuksen suunta ei ole suoraan riippuvainen vähittäismyynnin monopolista taikka alkoholin saatavuudesta.

Valtaosassa Eurooppaa viinien myynti onkin vapaata, mutta kulutus tästä huolimatta laskee. Kulutuksen laskun ohella myös Suomessa on havaittavissa pitkäkestoisempi trendi alkoholikulttuurissa kohti vastuullisempaa alkoholinkäyttöä. Monopolilla on EU:n sisämarkkinaoikeuden valossa oltava yleisen edun mukainen tavoite. Lisäksi vähittäismyyntimonopolin tulee suhteellisuusperiaatteen nojalla olla oikeasuhtainen sekä välttämätön sillä tavoiteltavaan päämäärään nähden. Kun Alkon nykyisenlaajuisen monopolin tavoite on kansanterveyden suojeleminen, tulee sen toimintaa tarkastella suhteessa tavoitteen toteutumiseen sekä toisaalta vaihtoehtoisiin sääntelykeinoihin. Alkon monopoliaseman kansanterveydellinen oikeutus on kyseenalaistettavissa, eikä Alkon toiminta ole tyydyttävää myöskään syrjimättömyysvaatimuksen kannalta. Alkon myynnin osuus kaikesta alkoholin kulutuksesta on ollut laskusuunnassa jo pitkään. Viimeisimmissä tilastoissa osuus on laskenut noin 40 prosenttiin vähittäismyynnistä ja noin kolmannekseen kaikesta kulutuksesta. Kansanterveydellisten haittojen ehkäisyyn on olemassa myös muita, vähemmän rajoittavia keinoja.

EU:n sisämarkkinaoikeus edellyttää valtiollisilta monopoleilta syrjimättömyyttä, ja samaan pyritään myös Alkon toimintaa ohjaavalla sääntelyllä. Lukuisat tekijät viittaavat kuitenkin siihen, ettei vähittäismyyntimonopoli tästä huolimatta nykyisellään täytä syrjimättömyyden edellytystä. Tyypillisessä Alkon myymälän valikoimassa tietyt yksittäiset viinit vievät suhteettoman paljon hyllytilaa, vaikka monopolin tulisi tavoitella mahdollisimman laajaa valikoimaa. Valikoiman rakenne heijasteleekin alkoholijuomien valmistuksen, tukkumyynnin ja maahantuonnin oligopolistista markkinarakennetta. Alkon valikoimaanotto pyrkii syrjimättömyyteen ja avoimuuteen, mutta todellisuudessa järjestelmä suosii markkinoiden suurimpia toimijoita.

Alkon monopoliasema vaikuttaa markkinarakenteeseen kaikilla tuotanto- ja jakeluketjun portailla valmistuksesta vähittäismyyntiin. Markkinat ovat erittäin keskittyneet kaikilla portailla eikä kilpailumekanismi toimi toivottavalla tavalla. Esimerkiksi neuvotteluvoimassa suurten tukkumyyjien ja valmistajien sekä horeca-kanavan toimijoiden välillä on merkittävä epäsuhta. Epäsuhta markkinavoimassa mahdollistaa määräävässä markkina-asemassa oleville yrityksille kilpailua rajoittaviin keinoihin tukeutumisen. Alalla esiintyykin viitteitä kilpailua rajoittavien sopimusehtojen hyödyntämisestä, joilla ravintolat pyritään sitomaan yhden toimittajan tuoteportfolioon.

Alkon suuria toimijoita suosiva valikoimaanotto vahvistaa näiden toimijoiden markkinaosuutta ja -voimaa entisestään. Tarkasteltaessa markkinaosuuksia vähittäismyynti- ja horeca-kanavissa huomataan, että suurimpien toimijoiden osuudet ovat jälkimmäisessä tyypillisesti korkeammat. Havaintoa voidaan selittää eroilla neuvotteluvoimassa: vähittäismyyntikanavassa myös ostajapuoli on erittäin keskittynyt, kun taas horeca-kanavassa ostajapuoli on pirstaloitunut. Toimijoiden on välttämätöntä saada tietyt tuotemerkit myyntiin, ja valmistajat ja tukkumyyjät voivat hyödyntää asetelmaa. Mikäli viinien myynti sallittaisiin päivittäistavarakaupoissa, johtaisi se todennäköisesti siihen, että koko markkina keskittyisi suurille päivittäistavarakauppaketjuille. Päivittäistavarakaupan neuvotteluvoima kasvaisi entisestään eikä tilanne eroaisi merkittävästi verrattuna nykytilaan. Viinien myynnin vapauttamisella päivittäistavarakauppoihin ei välttämättä saavutettaisikaan kilpailullisesti, kansanterveydellisesti taikka kuluttajien hyvinvoinnin kannalta parasta mahdollista lopputulosta.

Vaikka saatavuuden vapauttaminen ei suoraan lisää kulutusta, viinin myyntipaikkojen lisääntymisen alle 400 Alkon myymälästä yli 4000 vähittäismyyntipaikkaan olisi äkillinen muutos, joka voisi kääntää kokonaiskulutuksen kasvuun.[380] Voidaan valita myös maltillisempi askel. Kokonaiskulutuksen kasvu lisää myös alkoholista aiheutuvia terveyshaittoja. Viinin myynnin järjestäminen esimerkiksi erityisten viinikauppojen kautta olisikin järkevämpi ratkaisu niin kilpailullisesta kuin kansanterveydellisestäkin näkökulmasta. Näin markkinoille voisi tulla päivittäistavarakauppaketjujen sijaan laajempi joukko erilaisia toimijoita.

9.3 Alkon asema uudistuksen jälkeen

Uudistuksessa tulee huomioida paitsi sen vaikutukset markkinoihin yleensä, myös Alkon toimintaedellytykset uudistuksen jälkeen. Esittämässämme mallissa viinien myyntiä vapautetaan erikoisviinikauppoihin ja ravintoloille annetaan ulosmyyntioikeus. Viinit muodostavat suuren osan Alkon kokonaismyynnistä, ja aiempien uudistusten yhteydessä saatujen kokemusten perusteella on odotettavissa, että Alkon markkinaosuus laskisi vapautetuissa tuoteryhmissä merkittävästi. Samalla Alkon edellytykset jatkaa toimintaansa kannattavasti nykymuodossaan vaarantuisivat, ja Alkon olisikin todennäköisesti sopeutettava toimintaansa. Käytännössä tämä voisi tarkoittaa esimerkiksi myymäläverkoston rajua karsintaa. Mutta silti: kyllä Alkon pitäisi pärjätä markkinoilla, jos sillä olisi edelleen monopoli yli 18-prosenttisten alkoholijuomien myynnissä.

Uudessa tilanteessa olisikin ratkaistava myös väkevien juomien jakelun tulevaisuus. Jos väkevien alkoholijuomien vähittäismyynti säilytetään uudistuksessa entisellään, tarkoittaisi tämä samalla todennäköistä saatavuuden heikkenemistä. Osaltaan väkevien alkoholijuomien saatavuuden heikkeneminen voisi jopa tasapainottaa uudistuksesta seuraavan alkoholinkulutuksen odotettua kasvua.

On odotettavissa, että uudistuksen vaikutuksissa olisi suuria alueellisia eroavaisuuksia. Alkon liikkeistä jo nykyisellään yli 90 prosenttia sijaitsee päivittäistavarakaupan yhteydessä. Etenkin pienemmillä paikkakunnilla ja kaupunkikeskustojen ulkopuolella Alko saisi uudistuksen alkuvaiheessa kilpailuetua myymälöiden sijainnista. Toisaalta on odotettavissa, että entistä useamman sellaisen päivittäistavarakaupan yhteyteen, jonka yhteydessä ei nykyisellään toimi Alkoa, perustettaisiin myös uudenlainen viinimyymälä. Onkin lähes varmaa, että viiniä myyvien liikkeiden määrä kasvaisi moninkertaisesti verrattuna siihen määrään liikkeitä, jotka Alko mahdollisesti joutuisi sulkemaan.

Viinien myynnin vapauttamisen yhteydessä Alkolle voitaisiin antaa rooli viinien tukkumyynnissä. Alko voisi uudistuksen jälkeen hyödyntää osaamistaan viineissä ja tuoda tukkumyyntimarkkinoille lisää kilpailullisuutta.

LÄHDELUETTELO

Kansallinen lainsäädäntö

Alkoholilaki (1102/2017)
Alkoholilaki (459/1968)
Järjestyslaki (2003/612)
Laki väkijuomista (45/1932)
Keskiolutlaki (462/1968)
Rikoslaki (39/1889)
Valtioneuvoston asetus alkoholilain täytäntöönpanosta (151/2018)

Hallituksen esitykset

HE 88/2010 Hallituksen esitys Eduskunnalle kilpailulaiksi
HE 132/2016 Hallituksen esitys eduskunnalle laeiksi arpajaislain ja eräiden siihen liittyvien lakien muuttamisesta
HE 100/2017 Hallituksen esitys Eduskunnalle alkoholilaiksi ja eräiksi siihen liittyviksi laeiksi
HE 7/2024 Hallituksen esitys eduskunnalle laiksi alkoholilain 17 ja 26 §:n muuttamisesta
HE 13/2015 Hallituksen esitys eduskunnalle valtion aluehallintouudistusta koskevaksi lainsäädännöksi

Oikeuskäytäntö

Euroopan unionin tuomioistuin

Asia C-6/64, Flaminio Costa v. E.N.E.L., [1964] ECR I-0585, ECLI:EU:C:1964:66

Asia C-13/70, Francesco Cinzano & Cia GmbH v Hauptzollamt Saarbrücken, [1970] ECLI:EU:C:1970:110

Asia C-155/73, Sacchi, [1974] ECR I-0409, ECLI:EU:C:1974:40

Asia C-8/74, Dassonville, [1974] ECR I-0837, ECLI:EU:C:1974:82

Asia C-59/75, Pubblico Ministero v. Manghera ja muut, [1976] ECR I-0091, ECLI:EU:C:1976:14

Asia C-91/75, Wolfgang Miritz GmbH & Co, [1976] ECR I-0217, ECLI:EU:C:1976:23

Asia C-27/76, United Brands, [1978] ECR -0207, ECLI:EU:C:1978:22

Asia C-85/76, Hoffman-La Roche, [1979] ECR I-0461, ECLI:EU:C:1979:36

Asia C-86/78, Peureux I, [1979] ECR I-0897, ECLI:EU:C:1979:64

Asia C-91/78, Hansen GmbH & Co. v. Hauptzollamt Flensburg, [1979] ECR I-0935, ECLI:EU:C:1979:65

Asia C-119/78, Peureux II, [1979] ECR I-0975, ECLI:EU:C:1979:66

Asia C-120/78, Cassis de Dijon, [1979] ECR I-0649, ECLI:EU:C:1979:42

Asia C-271/81, Amélioration de l'élevage, [1983] ECR I-2057, ECLI:EU:C:1983:175

Asia C-313/81, Michelin, [1983] ECR I-3461, ECLI:EU:C:1983:313

Asia C-178/84, Euroopan yhteisöjen komissio v. Saksan liittotasavalta, [1987] ECR -1227, ECLI:EU:C:1987:126

Asia C-347/88, Greek Oil Supplies I, [1990] ECR I-4747, ECLI:EU:C:1990:470

Asia C-76/91, Caves Neto Costa SA v. Ministro do Comércio, [1993] ECR-0117, ECLI:EU:C:1993:14

Yhdistetyt asiat C-267/91 ja C-268/91, rikosoikeudenkäynti Bernard Keckiä ja Daniel Mithouardia vastaan, [1993] ECR I-6097, ECLI:EU:C:1993:905

Asia C-17/94, Gervais ja muut, [1995] ECR I-4353, ECLI:EU:C:1995:422

Asia C-157/94, komissio v. Alankomaat, [1997] ECR I-5699, ECLI:EU:C:1997:499

Asia C-158/94 komissio v. Italia, [1997] ECR I-5789, ECLI:EU:C:1997:500

Asia C-159/94, komissio v. Ranska, [1997] ECR I-5815, ECLI:EU:C:1997:501

Asia C-189/95, rikosoikeudenkäynti Franzénia vastaan, [1997] ECR I-5909, ECLI:EU:C:1997:504

Asia C-124/97, Läärä ja muut v. kihlakunnansyyttäjä (Jyväskylä) ja Suomen valtio, [1999]

ECR I-6067, ECLI:EU:C:1999:435

Yhdistetyt asiat C-395/96 ja C-396/96, Compagnie Maritime Belge, [2000] ECR I-1365, ECLI: EU:C:2000:132

Asia C-6/01, Anomar ja muut, [2003] ECR I-8621, ECLI:EU:C:2003:446

Asia C-438/02, rikosoikeudenkäynti Krister Hanneria vastaan, [2005] ECR I-4551, ECLI:EU:C:2005:332

Asia C-320/03, komissio v. Itävalta, [2005] ECR I-9871, ECLI:EU:C:2005:684

Asia C-434/04, rikosoikeudenkäynti Jan-Erik Anders Ahokaista ja Mati Leppikiä vastaan, [2006] ECR I-9171, ECLI:EU:C:2006:609

Asia C-170/04, Rosengren ja muut v. Riksåklagaren, [2007] ECR I-4071, ECLI:EU:C:2007:313

Asia C-186/05, komissio v. Ruotsi, [2007] ECR I-0129, ECLI:EU:C:2007:571

Yhdistetyt asiat C-338/04, C-359/04 ja C-360/04, rikosoikeudenkäynti Placanicaa ja muita vastaan, [2007] ECR I-1891, ECLI:EU:C:2007:133

Asia C-42/07, Liga Portuguesa, [2009] ECR I-7633, ECLI:EU:C:2009:519

Asia C-258/08, Ladbrokes, [2010] ECR I-4757, ECLI:EU:C:2010:308

Yhdistetyt asiat C-316/07, C-358/07, C-359/07, C-360/07, C-409/07 ja C-410/07, Stoss ja muut, [2010] ECR I-8069, ECLI:EU:C:2010:504

Asia C-456/10, ANETT, [2012] ECLI:EU:C:2012:241

Asia C-156/13, Digibet ja muut, [2014] ECLI:EU:C:2014:1756

Asia C-463/13, Stanley International Betting ja muut, [2015] ECLI:EU:C:2015:25.

Asia C-198/14, Valev Visnapuu v. kihlakunnansyyttäjä (Helsinki) ja Suomen valtio – Tullihallitus, [2015] ECLI:EU:C:2015:751

Asia C-333/14, Scotch Whisky Association ja muut, [2015] ECLI:EU:C:2015:845

Asia T-286/09 RENV, Intel v. komissio, [2022] ECLI:EU:T:2022:19

Kotimaiset tuomioistuimet

KHO 1998:65, Dnro 3482/1/97
KKO 2018:49, Dnro R2017/507
Helsingin HO 7.2.2023, R 20/1078
Helsingin HAO 26.09.2023, 5328/2023

Muut virallislähteet

Alkohollagen 2010:1622.

Alkon puolivuosikatsaus 1.1–30.6.2024.

Alkon valikoimaanotto-ohje 24.9.2024.

Alkon valikoimaanotto-ohje 30.12.2024.

Alkon vuosikertomukset 2021, 2022 ja 2023.

Bekendtgørelse af lov om restaurationsvirksomhed og alkoholbevilling m.v. LBK nr 692 af 05/07/2019.

Bekendtgørelse af lov om forbud mod salg af tobak og alkohol til personer under 18 år, LBK nr 1088 af 10/10/2024.

Centralförbundet *för alcohol-* och narkotikaupplysning (2021): Alkoholkonsumtionen i Sverige 2001-2021. Raportti.

EU Pilot (2021)9837, Tietopyyntö Suomen viranomaisille.

Euroopan parlamentin ja neuvoston asetus (EY) N:o 178/2002, annettu 28.1.2002, elintarvikelainsäädäntöä koskevista yleisistä periaatteista ja vaatimuksista, Euroopan elintarviketurvallisuusviranomaisen perustamisesta sekä elintarvikkeiden turvallisuuteen liittyvistä menettelyistä.

Euroopan parlamentin ja neuvoston asetus (EY) N:o 852/2004, annettu 29.4.2004, elintarvikehygieniasta.

Euroopan parlamentin ja neuvoston asetus (EY) N:o 853/2004, annettu 29.4.2004, eläinperäisiä elintarvikkeita koskevista erityisistä hygieniasäännöistä.

Euroopan parlamentin ja neuvoston asetus (EU) N:o 1169/2011, annettu 25.10.2011, elintarviketietojen antamisesta kuluttajille.

Euroopan parlamentin ja neuvoston asetus (EU) N:o 1308/2013, annettu 17.12.2013, maataloustuotteiden yhteisestä markkinajärjestelystä ja neuvoston asetusten (ETY) N:o 992/72, (ETY) N:o 234/79, (EY) N:o 1037/2001 ja (EY) N:o 1234/2007 kumoamisesta.

Euroopan parlamentin ja neuvoston asetus (EU) N:o 2017/625, annettu 15.3.2017, virallisesta valvonnasta ja muista virallisista toimista, jotka suoritetaan elintarvike- ja rehulainsäädännön ja eläinten terveyttä ja hyvinvointia, kasvien terveyttä ja kasvinsuojeluaineita koskevien sääntöjen soveltamisen varmistamiseksi.

Forskirt om AS Vinmonopolets innkjøpsvirksomhet mv. FOR-1995-11-30-938.

Forskrift om omsetning av alkoholholdig drikk mv. (alkoholforskriften) FOR-2005-06-

08-538.

Forslag om endringer i innkjøpsforskriften mv. (forskrift 30. november 1995 nr. 938 om A/S Vinmonopolets innkjøpsvirksomhet m.v.) 04.11.2005.

Högsta domstolens dom 7.7.2023, mål nr T 4709-22. Ruotsin korkeimman oikeuden tuomio.

Julkisasiamies Warner, ratkaisuehdotus 13.1.1976 asiassa 59/75, Manghera ja muut.

Julkisasiamies Rozès, ratkaisuehdotus 26.4.1983 asiassa C-78/82, komissio v. Italia.

Julkisasiamies Cosmas, ratkaisuehdotus 26.11.1996 yhdistetyissä asioissa C-157/94, C-158/94, C-159/94 ja C-160/94, Euroopan komissio v. Alankomaiden kuningaskunta ym.

Julkisasiamies Elmer, ratkaisuehdotus 4.3.1997 asiassa C-189/95, Franzén.

Julkisasiamies Léger, ratkaisuehdotus 25.5.2004 asiassa C-438/02, rikosoikeudenkäynti Hanneria vastaan.

Julkisasiamies Tizzano, ratkaisuehdotus 30.3.2006 asiassa C-170/04, Rosengren ja muut.

Julkisasiamies Maduro, ratkaisuehdotus 13.7.2006 asiassa C-434/04, Ahokainen ja Leppik.

Julkisasiamies Y. Bot, ratkaisuehdotus 9.7.2015 asiassa C-198/14, Visnapuu.

Kilpailuneuvoston päätös 24.10.1997 asiassa Valio III, Dnro 6/359/96.

Kilpailuviraston päätös 2.1.2001 asiassa Carlsberg AS / Orkla ASA:n panimoliiketoiminnat, Dnro 573/81/2000.

Kilpailu- ja kuluttajaviraston (2022): 5. Yrityskauppojen arviointi. KKV:n ohje.

Kilpailu- ja kuluttajaviraston päätös 19.4.2021 asiassa Altia Oyj / Arcus ASA, Dnro KKV/1328/14.00.10/2020.

Kilpailu- ja kuluttajaviraston päätös 10.9.2021 asiassa Royal Unibrew A/S / Solera Beverage Group Holding AS, Dnro KKV/911/14.00.10/2021.

Kilpailu- ja kuluttajaviraston päätös 20.12.2024 asiassa Oy Hartwall Ab / Pernod Ricard Finland Oy, Dnro KKV/1152/14.00.10/ 2024.

Kilpailu- ja kuluttajaviraston 18.3.2025 julkaistu alkoholimarkkinaselvityksen toinen osa "Etukäteisarviointi viinien myynnin mahdollisesta vapauttamisesta". Esittelydiat.

KKO VL:2023-62, Dnro R2023/285. Valituslupa.

Komission lausunto Suomen jäsenyyshakemuksesta, SEC(92) 2048 final, 4.11.1992.

Komission päätös 15.10.1997 asiassa IV/M.938 – Guinness / Grand Metropolitan.

Komission päätös 8.5.2001 asiassa M.2268 – Pernod Ricard / Diageo / Seagram Spirits.

Komission päätös 24.6.2005 asiassa M.3779 – Pernod Ricard /Allied Domecq.

Komission päätös 17.7.2008 asiassa M.5114 – Pernod Ricard / V&S.

Komission päätös 20.12.2021 asiassa M.10436 – Moët Hennessy / Campari / Class A Tannico Shareholders / Tannico.

Komission suuntaviivat 101(3) artiklan soveltamisesta (EUVL C 101, 27.4.2004).

Komission suuntaviivat ei-horisontaalisten sulautumien arvioinnista yrityskeskittymien valvonnasta annetun neuvoston asetuksen nojalla (2008/C 265/07).

Komission tiedonanto – Ohjeita komission ensisijaisista täytäntöönpanotavoitteista sovellettaessa EY:n perustamissopimuksen 82 artiklaa yritysten määräävän aseman väärinkäyttöön perustuvaan markkinoiden sulkemiseen (2009/C 45/02).

Liikenneturva (2024): Henkilövahingot rattijuopumustapauksissa 2023. Liikenneturvan tutkimus.

Lov om Aktieselskapet Vinmonopolet [vinmonopolloven] LOV-1931-06-19-18.

Lov om behandlingsmåten i forvaltningssaker (forvaltningsloven) LOV-1967-02-10.

Lov om markdsføring, LOV nr 426 af 03/05/2017.

Lov om omsetning av alkoholholdig drikk m.v. (alkoholloven) LOV-1989-06-02-27.

National Alcohol Beverage Control Association (2023): Control state directory and Info, Oregon. Tiedote.

National Alcohol Beverage Control Association (2023): Control state directory and Info, Virginia. Tiedote.

National Alcohol Beverage Control Association: Control Jurisdictions. A Worldview and a Community's Choice. Tiedote.

Neuvoston direktiivi (EU) 2020/262, annettu 19.12.2019, valmisteveroja koskevasta yleisestä järjestelmästä.

Norjan hallitus (2021): Nasjonal alkoholstrategi – En helsefremmende og solidarisk alkoholpolitikk 2021–2025.

Terveyden ja hyvinvoinnin laitos (2024): Alkoholin matkustajatuonti ja verkko-ostaminen 2023: Alkoholin matkustajatuonti lisääntyi, mutta verkko-ostot vähenivät vuonna 2023. Tilastoraportti 10/2024.

Tillkännagivande (2019:552) av avtal mellan Systembolaget Aktiebolag och staten.

Sosiaali- ja terveysalan lupa- ja terveysvirasto (2015): Ohje alkoholijuomien ja tilaamisesta ja maahantuonnista.

Sosiaali- ja terveysalan lupa- ja terveysvirasto (2023): Alkoholitilastot, Alkoholimyyntitilasto tammi-joulukuu 2023.

Sosiaali- ja terveysalan lupa- ja terveysvirasto (2024): Alkoholitilastot, Alkoholimyyntitilasto tammi-joulukuu 2024.

Sosiaali- ja terveysalan lupa- ja terveysvirasto (2024): Alkoholitilastot, Jakelutiet-tilasto tammi-joulukuu 2024.

Sosiaali- ja terveysalan lupa- ja terveysvirasto (2024): Ohje alkoholijuomien vähittäismyynnistä. Dnro V/36023/2024.

Sosiaali- ja terveysalan lupa- ja terveysvirasto (2024): Ohje alkoholin markkinoinnista. Dnro V/32196/2024.

Sosiaali- ja terveysalan lupa- ja terveysvirasto (2025): Alkoholijuomien valmistustilasto 2017–2024.

Sosiaali- ja terveysministeriö (2021): Euroopan komissio pyytää Suomelta lisätietoja enintään 5,5 tilavuusprosenttia sisältävien alkoholijuomien vähittäismyyntilupaa koskevasta järjestelmästä. Sosiaali- ja terveysministeriön 12.2.2021 julkaistu tiedote.

Systembolaget (2024): Bokslutskommuniké 2023. Systembolagetin tilinpäätös vuodelta 2023.

Terveyden ja hyvinvoinnin laitos (2024): Alkoholijuomien kulutus 2023. Tilastoraportti 39/2024.

Valtion ravitsemusneuvottelulautakunta ja Terveyden ja hyvinvoinnin laitos (2024): Kestävää terveyttä ruoasta – kansalliset ravitsemussuositukset 2024. Ohjaus 10/2024.

Verohallinto (2021): Verohallinto ja Tulli tehostavat ulkomaisista verkkokaupoista ostetun alkoholin valvontaa – verot Suomeen. Verohallinnon 12.10.2022 julkaistu tiedote.

Vinmonopolet (2024): Års- og bærekraftsrapport 2023. Vinmonopoletin vuosikertomus vuodelta 2023.

World Health Organization (2019): Alcohol, health and policy response in the European Union. Maailman terveysjärjestön raportti.

World Health Organization (2022): European framework for action on alcohol, 2022–2025. Maailman terveysjärjestön tiedote.

World Health Organization (2025): European health report 2024. Maailman terveysjärjestön raportti.

World Health Organization: Alcohol, total per capita (15+) consumption (in litres of pure alcohol). Maailman terveysjärjestön tilastoja.

Kirjallisuus

Anttinen, M. – Buri, R. – Heinonen, M. – Karjalainen, J. – Nyholm, S. – Sieppi, A. (2024): Vuoden 2018 alkoholiuudistuksen jälkiarviointi. Kilpailu- ja kuluttajavirasto. Tutkimusraportti 4/2024.

Barnard, C. (2019): The Substantive Law of the EU: The Four Freedoms. Oxford University Press.

Butler, G. (2021): State Monopolies and the Free Movement of Goods in EU law: Getting Beyond Obscure Clarity. Legal Issues of Economic Integration, 48(3).

Costa, M. – Peers, S. (2020): Steiner & Woods EU law. Oxford University Press.

Di Cicco, L. (2016): The Visnapuu Case: The Narrow Interpretation of Article 37 TFEU and the Consequent Failure in the Application of the 'Certain Selling Arrangements' Doctrine". Legal Issues of Economic Integration, 43(3).

Ernst & Young (2020): Suomen panimo- ja virvoitusjuomateollisuuden toimialakatsaus – Työllistävä vaikutus, verokertymä ja arvonmuodostus.

Gerber, D. (2020): Competition law and antitrust: A global guide. Oxford Academic.

Gurney, J. – Rivira, F. – Mueller, B. – Newell, D. – Copass, M. – Jurkovich, G. (1992): The effects of alcohol intoxication on the initial treatment and hospital course of patients with acute brain injury. National Library of Medicine.

Holmila, M. – Raitasalo, K. – Tigerstedt, C. (toim.) (2016): Sukupolvien sillat ja kasvamisen karikot – vanhemmat, lapset ja alkoholi. Terveyden ja hyvinvoinnin laitos (THL).

Holt, M. (toim.) (2006): Alcohol: A Social and Cultural History. Berg.

Häikiö, M. (2007): Alkon historia – Valtion alkoholiliike kieltolain kumoamisesta Euroopan unionin kilpailupolitiikkaan 1932-2006. Otava.

Härkönen, J. – Savonen, J. – Virtala, E. – Mäkelä, P. (2017): Suomalaisten alkoholinkäyttötavat 1968–2018: Juomatapatutkimuksen tuloksia. Terveyden ja hyvinvoinnin laitos (THL). Raportti 3/2017.

Jalles, M. (1980): State Monopolies of a Commercial Character (Article 37 of the EEC Treaty) and Their Importance in Connection with Portugal's Accession to the European Communities.

Kaarne, T. – Aalto, M. (2009): Alkoholi ja työelämä. Lääketieteellinen Aikakauskirja Duodecim 2009;125(8):905–911.

Kaartinen, A. (2012): Kieltolaki ei kuivattanut Suomea. Lääketieteellinen aikakauskirja Duodecim 2012;127(23):2445-52.

Koponen, M. – Nissinen, N. – Gissler, M. – Sarkola, T. – Autti-Ramo, I. – Kahila, H. (2019): Cohort profile: ADEF Helsinki – a longitudinal register-based study on exposure to alcohol and drugs during foetal life. SAGE Publications.

Koskinen, H. – Virtanen, S. (2023): Päihdetilastollinen vuosikirja 2024: Alkoholi ja huumeet. Terveyden ja hyvinvoinnin laitos (THL).

Kuoppamäki, P. (2003): Markkinavoiman sääntely EY:n ja Suomen kilpailuoikeudessa. Suomalainen lakimiesyhdistys.

Kuoppamäki, P. (2018): Uusi kilpailuoikeus. Alma Insights.

Lai, M.B. – Cavicchi, A. – Rickertsen, K. – Corsi, A.M. – Casini, L. (2013): Monopoly and wine: the Norwegian case. British Food Journal, Vol. 115 No. 2.

Lehtinen, E. – Ekblad, M. (2023): Alkoholin käyttö raskauden ensiviikkoina on edelleen yleistä. Lääkärilehti.

Mäkelä, P. – Härkönen, J. – Lintonen, T. – Tigerstedt, C. – Warpenius, K. (2018): Näin Suomi juo – Suomalaisten muuttuvat alkoholinkäyttötavat. Terveyden ja hyvinvoinnin laitos (THL).

Mäkelä, P. – Warpenius, K. (toim.) (2024): Suomalaisten alkoholinkäyttö, juomatavat ja alkoholihaitat. Juomatapatutkimuksen tuloksia. Terveyden ja hyvinvoinnin laitos (THL). Raportti 6/2024.

Phillips, R. (2014): Alcohol: A History. University of North Carolina Press.

Raitio, J. – Tuominen, T. (2020): Euroopan unionin oikeus. Alma Insights.

The Brewers of Europe (2024): The Contribution made by Beer to the European Economy.

Van Gerven, W. (1999): The effect of proportionality on the actions of Member States of the European Community: national viewpoints from continental Europe. The Principle of Proportionality in the Laws of Europe. Bloomsbury Publishing.

Villa, S. – Pihlajarinne, T. – Raitio, J. – Viitanen, K. – Airaksinen, M. – Bärlund, J. – Jauhiainen, J. – Kaisanlahti, T. – Knuts, M. – Kuoppamäki, P. – Kymäläinen, S. – Mähönen, J. (2024): Yritysoikeus. Alma Insights.

Virtanen, M. (1982): Änkyrä, tuiske, huppeli – muuttuva suomalainen humala. WSOY.

Warpenius, K. – Holmila, M. – Tigerstedt, C. (toim.) (2013): Alkoholi ja päihdehaitat läheisille, muille ihmisille ja yhteiskunnalle. Terveyden ja hyvinvoinnin laitos (THL).

Warsell, L. (2005): Perikato vai uuden alku? Alkon purku 1990-luvulla. Sosiaali- ja terveysalan tutkimus- ja kehittämiskeskus (Stakes).

Verkkolähteet

Aalborg Akvavitin verkkosivut, kohta Historien. Katsottu 25.3.2025. Saatavilla osoitteessa https://www.aalborgakvavit.dk/historien/

AGLC:n verkkosivut, kohta About liquor in Alberta. Katsottu 27.3.2025. Saatavilla osoitteessa https://aglc.ca/liquor/about-liquor-alberta

Alkohol & Samfund -verkkosivut, kohta Rapport: En gratis omgang. Katsottu 31.3.2025. Saatavilla osoitteessa https://alkohologsamfund.dk/viden-om-alkohol/rapport-en-gratis-omgang

Alkon verkkosivut, kohta 5-4-3-2-1-0: Alkon historia. Katsottu 27.3.2025. Saatavilla osoitteessa https://www.alko.fi/alko-oy/yritys/5-4-3-2-1-0

Alkon verkkosivut, kohta Alko ja mainonta. Katsottu 7.3.2025. Saatavilla osoitteessa https://www.alko.fi/alko-oy/yritys/yhteiskunnallinen-rooli/alko-ja-mainonta

Alkon verkkosivut, kohta Alkon myyntitilastot. Katsottu 19.3.2025. Saatavilla osoitteessa https://www.alko.fi/alko-oy/uutishuone/myyntitilastot/myynti

Alkon verkkosivut, kohta Alkon taloudellinen merkitys yhteiskunnalle yli miljardi euroa. Katsottu 7.1.2025. Saatavilla osoitteessa https://www.alko.fi/alko-oy/yritys/yhteiskunnallinen-rooli/taloudellinen-merkitys

Alkon verkkosivut, kohta Liikepaikat. Katsottu 7.3.2025. Saatavilla osoitteessa https://www.alko.fi/alko-oy/liikepaikat-alko

Alkon verkkosivut, kohta Myymälöiden lukumäärä. Katsottu 19.3.2025. Saatavilla osoitteessa https://www.alko.fi/alko-oy/liikepaikat/myymaloiden-lukumaara

Aluehallintoviraston verkkosivut, kohta Alkoholin vähittäismyynti ja anniskelun valvonta. Katsottu 8.1.2025. Saatavilla osoitteessa https://avi.fi/asioi/viranomainen/valvonta-ja-kantelut/alkoholin-vahittaismyynnin-ja-anniskelun-valvonta

Aluehallintoviraston verkkosivut, kohta Anniskelulupa, katsottu 8.1.2025. Saatavilla osoitteessa https://avi.fi/asioi/yritys-tai-yhteiso/luvat-ilmoitukset-ja-hakemukset/alkoholin-myynti-ja-anniskelu/anniskelulupa

Carlsberg Groupin verkkosivut, kohta A history of Brewing. Katsottu 25.3.2025. Saatavilla osoitteessa https://www.carlsberggroup.com/175-years/a-history-of-brewing/

Centralförbundet för alkohol- och narkotikaupplysning -verkkosivut. Katsottu 31.3.2025. Saatavilla osoitteessa https://www.can.se/

Denmarks Nationalleksikon -verkkosivut, kohta Alkoholforbruget i Denmark. Katsottu

25.3.2025. Saatavilla osoitteessa https://lex.dk/alkoholforbruget_i_Danmark

EHYT ry:n verkkosivut, 20.8.2024 julkaistu tiedote "Tuore selvitys: Alkoholin kustannukset julkiselle terveydenhuollolle jopa 1,1 miljardia euroa vuodessa". Katsottu 8.1.2025. Saatavilla osoitteessa https://ehyt.fi/uutishuone/tiedotteet/tuore-selvitys-alkoholin-kustannukset-julkiselle-terveydenhuollolle

Erhervsstyrelsen-verkkosivut, kohta Restaurationslovens. Katsottu 31.3.2025. Saatavilla osoitteessa https://erhvervsstyrelsen.dk/vejledning-restaurationsloven-lovens-regler-om-ansogning-om-alkoholbevilling

Euroopan komission Eurostat-verkkosivut, kohta Alcohol consumption statistics. Katsottu 14.3.2025. Saatavilla osoitteessa https://ec.europa.eu/eurostat/statistics-explained/index.php?title=Alcohol_consumption_statistics

Euroopan komission Eurostat-verkkosivut, kohta How alcohol prices vary across the EU. Katsottu 14.3.2025. Saatavilla osoitteessa https://ec.europa.eu/eurostat/web/products-eurostat-news/-/ddn-20210830-1

Euroopan komission verkkosivut, kohta Kilpailupolitiikan tavoitteet. Katsottu 31.3.2025. Saatavilla osoitteessa https://competition-policy.ec.europa.eu/about/what-competition-policy/why-competition-policy-important-consumers_fi

Folkhälsömyndigheten-verkkosivut. Katsottu 31.3.2025. Saatavilla osoitteessa https://www.folkhalsomyndigheten.se/

Kanadan provinssien ylläpitämät verkkosivut, kohta Alberta Alcohol Laws. Katsottu 31.3.2025. Saatavilla osoitteessa https://www.saq.com/en/importing-beverage-alcohol

Liikenneturvan verkkosivut, kohta Alkoholi ja liikenne. Katsottu 8.1.2025. Saatavilla osoitteessa https://www.liikenneturva.fi/liikenteessa/rattijuopumus

Liikenneturvan verkkosivut, kohta Ajankohtaiset tilastot. Katsottu 31.3.2025. Saatavilla osoitteessa https://www.liikenneturva.fi/tutkimukset/ajankohtaiset-tilastot

Lääkärilehden verkkosivut, 12.2.2016 julkaistu artikkeli "Alkoholinkulutus, juomatavat ja alkoholipolitiikka". Katsottu 27.3.2025. Saatavilla osoitteessa https://www.laakarilehti.fi/tieteessa/katsausartikkeli/alkoholinkulutus-juomatavat-ja-alkoholipolitiikka

NABCA:n verkkosivut, kohta The Three-tier System: A Modern View. Katsottu 27.3.2025. Saatavilla osoitteessa https://www.nabca.org/three-tier-system-modern-view-0

NABCA:n verkkosivut, kohta Strutcture of U.S. Alcohol Regulation. Katsottu 27.3.2025. Saatavilla osoitteessa https://www.nabca.org/structure-of-us-alcohol-regulation

Om Systembolaget -verkkosivu, kohta Alkoholens Kostnader. Katsottu 31.3.2025. Saatavilla osoitteessa www.omsystembolaget.se/vart-uppdrag/alkoholpolitik/alkoholens-kostnader/

Päihdelinkin verkkosivut, kohta Alkoholimyrkytys. Katsottu 8.1.2025. Saatavilla osoitteessa https://paihdelinkki.fi/tietopankki/tietoiskut/alkoholi/alkoholimyrkytys/

Päihdelinkin verkkosivut, kohta Alkoholinkäytön riskirajat. Katsottu 8.1.2025. Saatavilla osoitteessa https://paihdelinkki.fi/tietopankki/tietoiskut/alkoholi/alkoholinkayton-riskirajat/

Päivittäistavarakauppa ry:n verkkosivut, kohta Ikärajavalvontaa testataan säännöllisesti. Katsottu 8.1.2025. Saatavilla osoitteessa https://www.pty.fi/kaupan-toiminta/vastuullisuus/ikarajavalvonta/ikarajavalvontaa-testataan/

Päivittäistavarakauppa ry:n verkkosivut, kohta Kaupan ikärajavalvonta. Katsottu 8.1.2025. Saatavilla osoitteessa https://www.pty.fi/kaupan-toiminta/vastuullisuus/ikarajavalvonta/

SAQ:n verkkosivut, kohta Importing alcoholic beverages. Katsottu 31.3.2025. Saatavilla osoitteessa https://www.saq.com/en/importing-beverage-alcohol

Systembolaget Historia -verkkosivu. Katsottu 31.3.2025. Saatavilla osoitteessa https://systembolagethistoria.se/

Systembolagetin verkkosivut. Katsottu 31.3.2025. Saatavilla osoitteessa https://www.systembolaget.se/

Sikkerhedsstyrelsen-verkkosivut, kohta Alderskontrol med salg af alkohol. Katsottu 31.3.2025. Saatavilla osoitteessa https://www.sik.dk/erhverv/medicin-og-alderskontrol/alderskontrol/alderskontrol-salg-alkohol

Socialstyrelsen-verkkosivut. Katsottu 31.3.2025. Saatavilla osoitteessa https://www.socialstyrelsen.se/

Terveyskirjaston verkkosivut, kohta Alkoholi ja terveys. Katsottu 8.1.2025. Saatavilla osoitteessa https://www.terveyskirjasto.fi/dlk01120

THL:n verkkosivuilla 17.6.2024 julkaistu tiedote "Alkoholin kokonaiskulutus väheni edelleen vuonna 2023 – myyntimäärissä suuria alueellisia eroja". Katsottu 31.3.2025. Saatavilla osoitteessa https://thl.fi/-/alkoholin-kokonaiskulutus-vaheni-edelleen-vuonna-2023-myyntimaarissa-suuria-alueellisia-eroja

THL:n verkkosivut, kohta Alkoholinkäytön haitat muille kuin käyttäjille. Katsottu 8.1.2025. Saatavilla osoitteessa https://thl.fi/aiheet/alkoholi-tupakka-ja-riippuvuudet/

alkoholi/alkoholihaitat/alkoholinkayton-haitat-muille-kuin-kayttajille

THL:n verkkosivut, kohta Ehkäisevä päihdetyö. Katsottu 9.1.2025. Saatavilla osoitteessa https://thl.fi/aiheet/alkoholi-tupakka-ja-riippuvuudet/ehkaiseva-paihdetyo

THL:n verkkosivut, kohta Lainsäädännön kehitys. Katsottu 8.1.2025. Saatavilla osoitteessa https://thl.fi/aiheet/alkoholi-tupakka-ja-riippuvuudet/alkoholi/alkoholipolitiikka/lait-ja-linjaukset/lainsaadannon-kehitys

TTB:n verkkosivut, kohta About TTB. Katsottu 27.3.2025. Saatavilla osoitteessa https://www.ttb.gov/about-ttb

TTB:n verkkosivut, kohta Importing Bottled Alcohol Beverages Into the United States. Katsottu 27.3.2025. Saatavilla osoitteessa https://www.ttb.gov/import-export/itd/importing-bottled-alcohol-beverages-into-the-united-states

Turvallisuuskeskuksen verkkosivut. Katsottu 31.3.2025. Saatavilla osoitteessa https://turvallisuuskeskus.fi/

Työturvallisuuskeskuksen verkkosivut, 22.11.2023 julkaistu uutinen "Arvio: Alkoholihaitat aiheuttivat työnantajille vähintään 500 miljoonan euron menetykset vuonna 2022". Katsottu 8.1.2025. Saatavilla osoitteessa https://ttk.fi/2023/11/22/arvio-alkoholihaitat-aiheuttivat-tyonantajille-vahintaan-500-miljoonan-euron-menetykset

Valtioneuvoston verkkosivut, Sosiaali- ja terveysministeriön 12.2.2021 julkaistu tiedote "Euroopan komissio pyytää Suomelta lisätietoja enintään 5,5 tilavuusprosenttia sisältävien alkoholijuomien vähittäislupaa koskevasta järjestelmästä". Katsottu 27.3.2025. Saatavilla osoitteessa https://valtioneuvosto.fi/-/1271139/euroopan-komissio-pyytaa-suomelta-lisatietoja-enintaan-5-5-tilavuusprosenttia-sisaltavien-alkoholijuomien-vahittaismyyntilupaa-koskevasta-jarjestelmasta

Valtiovarainministeriön verkkosivut, kohta Alkoholiverotus. Katsottu 9.1.2025. Saatavilla osoitteessa https://vm.fi/alkoholiverotus

Valviran verkkosivut, kohta Alkoholijuomien markkinointi sosiaalisessa mediassa. Katsottu 8.1.2025. Saatavilla osoittteessa https://valvira.fi/alkoholi/alkoholijuomien-markkinointi-sosiaalisessa-mediassa

Valviran verkkosivut, kohta Anniskelupassi. Katsottu 8.1.2025. Saatavilla osoitteessa https://valvira.fi/alkoholi/anniskelupassi

Valviran verkkosivut, kohta Maahantuonti anniskelua tai vähittäismyyntiä varten. Katsottu 8.1.2025. Saatavilla osoitteessa https://valvira.fi/alkoholi/maahantuonti

Valviran verkkosivut, kohta Mietojen alkoholijuomien markkinointi. Katsottu 8.1.2025. Saatavilla osoitteessa https://valvira.fi/alkoholi/mietojen-alkoholijuomien-markkinointi

Valviran verkkosivuilla 20.6.2024 julkaistu uutinen "Alkoholin valmistus ja tilastoitu ku-
lutus laskivat vuonna 2023". Katsottu 19.3.2025. Saatavilla osoitteessa: https://
valvira.fi/-/alkoholin-valmistus-ja-tilastoitu-kulutus-laskivat-vuonna-2023

Verohallinnon verkkosivut, 12.10.2022 julkaistu tiedote "Verotulojen kehitys: Verohal-
linto keräsi tammi-syyskuussa 2022 veroja yhteensä 61 494 miljoonaa euroa".
Katsottu 27.3.2025. Saatavilla osoitteessa https://www.vero.fi/tietoa-verohal-
linnosta/uutishuone/uutiset/uutiset/2022/verohallinto-kerasi-tammi-syys-
kuussa-2022-veroja-yhteens%C3%A4-61-494-miljoonaa-euroa

Verohallinnon verkkosivut, kohta Alkoholin ja tupakan tuonti matkalta. Katsottu 8.1.2025.
Saatavilla osoitteessa https://www.vero.fi/henkiloasiakkaat/verokortti-ja-ve-
roilmoitus/ulkomailta_suomeen/matkustajatuonti/alkoholin-ja-tupakan-tuon-
ti-matkalta

Verohallinnon verkkosivut, kohta Usein kysyttyä alkoholin nettitilaamisesta. Katsottu
8.1.2025. Saatavilla osoitteessa https://www.vero.fi/henkiloasiakkaat/verokort-
ti-ja-veroilmoitus/ulkomailta_suomeen/matkustajatuonti/usein-kysyttyä-alko-
holin-nettitilaamisesta/

Vinmonopoletin verkkosivut, kohta Innkjøpsprosess for basis- og partiutvalgene. Kat-
sottu 31.3.2025. Saatavilla osoitteessa https://www.vinmonopolet.no/om-oss/
drift/innkjopsprosess

WHO:n verkkosivut, kohta Alcohol, recorded per capita (15+) consumption (in litres of
pure alcohol), three-year average. Katsottu 25.3.2025. Saatavilla osoitteessa
https://www.who.int/data/gho/indicator-metadata-registry/imr-details/462

WHO:n verkkosivut, kohta Annual revenues from alcohol excise tax by country. Kat-
sottu 9.1.2025. Saatavilla osoitteessa https://apps.who.int/gho/data/view.
main.53920